はじめに

全国屈指の豊富で多様な文化財をかかえる滋賀県では、文化財が持つすばらしい価値に、多くの方々にふれていただけるよう、文化財探訪や文化財修理の見学会、文化財をテーマとした講座など、さまざまな普及啓発活動を積極的に行っています。

そうした活動のひとつとして、京都新聞滋賀版において、平成28年4月3日から平成31年4月28日までの間、『歴史街道をたどる』と題した連載を、3年間にわたって行ってきました。これらは、滋賀県教育委員会事務局文化財保護課の文化財専門職員が、日頃の調査・研究をもとに執筆したものです。

このたび、それらをまとめた単行本をサンライズ出版から刊行していただくこととなりました。

この連載は、滋賀県内を通る街道に沿って文化財を取り上げ、紹介したものです。街道をたどりながら、文化財を訪れられるよう工夫していますので、ぜひ本書を手にとって、街道をめぐり、滋賀の文化財の魅力にふれていただければ幸いです。

最後になりますが、取材や写真掲載などで、格別のご高配を賜りました関係者の皆様に、厚くお礼申し上げます。

令和元年10月

滋賀県教育委員会事務局文化財保護課長　澤本尚人

街道でめぐる滋賀の歴史遺産　目次

北国街道
塩津街道
長浜市
北国脇往還
九里半街道
若狭街道
西近江路
高島市
米原市
近江鉄道
朝鮮人街道
中山道
多賀町
湖の道
近江八幡市
東近江市
八風街道
京阪電気鉄道
野洲市
千草街道
御代参街道
日野町
東海道
湖南市
大津市
甲賀市
信楽高原鐵道
杣街道

［凡例］

●本書は、「京都新聞」滋賀版に2016年4月3日から2019年4月28日まで連載された「歴史街道をたどる」を元に加筆修正したものである。ただし、空中写真上の地図は新たに作成し、コラムは書き下ろした。

●掲載している空中写真はすべて、国土地理院のサイト「地理院地図（電子国土Web）」にある全国最新写真（シームレス）を使用した。

●空中写真上の街道ルートは、滋賀県教育委員会編集・発行の『中近世古道調査報告書1　朝鮮人街道』（1994年）、『中近世古道調査報告書2　中山道』（1996年）、『中近世古道調査報告3　東海道1』（2000年）、『中近世古道調査報告3　東海道2』（2000年）、『中近世古道調査報告4　八風街道』（2001年）、『中近世古道調査報告5　御代参街道・杣街道』（2002年）、『中近世古道調査報告6　北国街道・北国脇往還』（2003年）、『中近世古道調査報告7　北国街道・北国脇往還（補遺）』（2004年）、『中近世古道調査報告8　西近江路』（2005年）、『中近世古道調査報告9　若狭街道・塩津海道』（2006年）、『滋賀県「歴史の道」整備活用総合計画調査報告書　港と湖上交通』（2013年）掲載の地図を元とした。

●空中写真上に置いた地名は、本文中に記載のある歴史的地名を用いており、現在の行政上の地名とは一致しない場合がある。

●提供者名・撮影者名のない写真はすべて、滋賀県教育委員会事務局文化財保護課の提供である。

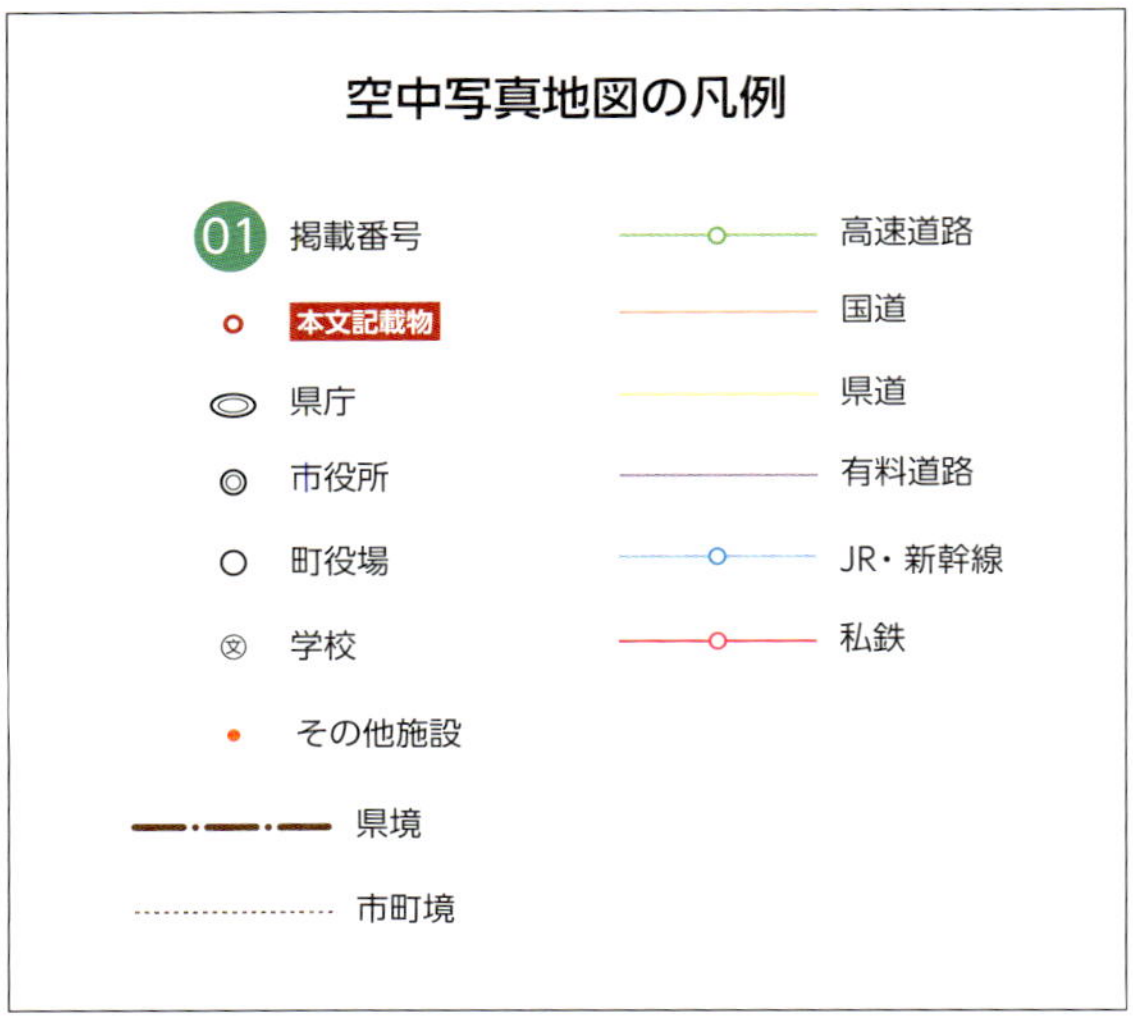

西近江路

西近江路は、琵琶湖の西側を北陸地方に抜ける街道です。途中、坂本《さかもと》や堅田《かたた》、和邇《わに》、小松《こまつ》などを経て、高島《たかしま》から安曇川《あどがわ》、新旭《しんあさひ》、今津《いまづ》を通り、海津《かいづ》へと続く全長約70㎞の街道です。海津からは七里半《しちりはん》街道に入り、追坂《おっさか》峠や剣熊関《けんくませき》跡を越え、越前《えちぜん》の敦賀《つるが》に向かいます。京と北陸地方を最短で結ぶ重要な街道で、七里半街道を含め、北国海道《ほっこくかいどう》とも呼ばれています。

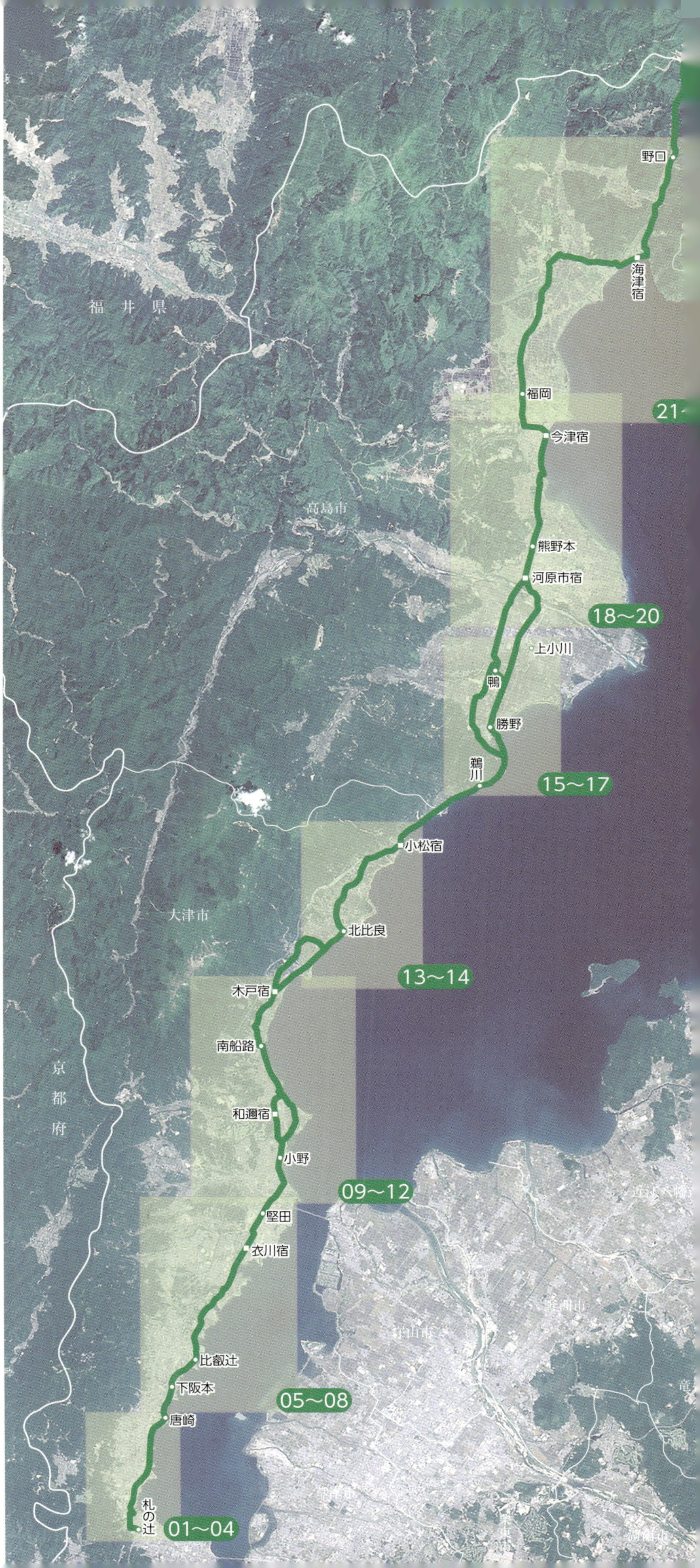

500m
N
唐崎駅
唐崎中
白鬚神社の道標
唐崎神社
滋賀里
161
唐崎小
際川
04
滋賀里駅
西大津バイパス
自衛隊大津駐屯地
南志賀
南滋賀駅
志賀小
大津市
鏡が浜
近江神宮
錦織
近江神宮前駅
柳ヶ崎
161
大津京駅
皇子山駅
山上町
西近江路
皇子山中
皇子山球場
びわこ競艇場
琵琶湖
大津市役所
別所駅
161
長等山
大津商高
皇子山陸上競技場
大津市歴史博物館
琵琶湖疏水
大津港
三井寺（園城寺）
02
長等小
三井寺駅
びわ湖浜大津駅
03
京阪京津線
京阪石坂線
西友
滋賀県立琵琶湖文化館
京町一丁目交差点
小関越道標
中央小
島ノ関駅
びわ湖ホール
小関越
長等創作展示館・三橋節子美術館
大津赤十字病院
札の辻
京町
東海道
上栄町駅
01
滋賀県庁
石場駅

➡札の辻の交差点

⬇札の辻の交差点に立つ大津市道路元標

西近江路

01

札の辻―小関越

小関越の道標

大津市

京と北陸を最短で結ぶ

近江は、日本列島のほぼ中央に位置し、東西を結ぶ交通の要に位置しています。また、日本海と伊勢湾とを結ぶ南北交通の要でもあります。このように東西南北の交通路が交差する近江には、多くの街道が通っています。

西近江路は、国道１６１号京町一丁目の交差点で江戸と京を結ぶ幹線道路である東海道から分かれて西に進みます。このあたりは東海道の53番目の宿場町であった大津宿に含まれ、幕府の命令を記した高札が建てられた場所であったことから、「札《ふだ》の辻《つじ》」と呼ばれています。

また、江戸時代の古絵図によると、近くには人足や荷物を振り分ける人会所や馬会所といった宿場の中核施設があり、大津宿の中心であったことがうかがえます。

大正９（１９２０）年に施行された旧道路法により、当時の市町村ごとに道路元標が設置された際、大津市では陸上交通の起点であった札の辻に設置されました。

現在も札の辻の西角に残されており、台座もふくめて高さ１０２cmの石標には、表に「大津市道路元標」、裏に「滋賀県」と刻まれています。

逢坂越の裏道

西近江路は京町一丁目の交差点を西に折れて直進し、その先の突き当たりのT字路を右折して北進します。T字路を右折してすぐに西に進む道が分かれていますが、この道は「小関越《こぜきごえ》」と呼ばれる間道で、藤尾《ふじお》（大津市藤尾奥町）を経て横木《よこぎ》（大津市横木一丁目）で東海道に合流します。

西近江路から小関越に向かって約１５０m進むと道の左側に小関越の道標（大津市指定文化財）があります。道標の三面には「左り三井寺《みいでら》　是《これ》より半丁」「右小関越　三条五条いまく満《ま》　京道」「右三井寺」と刻まれています。

この道標の立つ場所から北に道が分かれており、進むと三井寺の西門前に出ます。「いまくま」は西国三十三所観音巡礼の第十五番札所の京都今熊野《いまくまの》観音寺のことです。三井寺は第十四番札所ですので、この道が巡礼道であったことを示しています。三井寺には今も多くの参拝者がありますが、かつても、このあたりは観音巡礼で賑わっていたことでしょう。

（松下浩）

⬅大津市指定文化財石造小関越道標

➡園城寺（三井寺）山門
⬇西近江路より三井寺門前をのぞむ

西近江路

02

小関越―三井寺

三井寺の起源

大津市

天智天皇の発願

小関越《こぜきごえ》道標から西近江路に戻り、北進すると琵琶湖の水を京都へ流すために明治時代に作られた琵琶湖疏水《そすい》に出ます。そこをさらに進むと、左手に三井寺の大門へと伸びる道が現れます。

琵琶湖疏水から三井寺一帯は、今ではサクラの名所として春先には大勢の人で賑わっています。かつても、巡礼の人々など多くの参詣者で、三井寺の門前は今と同じような賑わいを見せていたのでしょう。

ところで、三井寺というのは地名による寺号で、正式な寺名は園《おん》城《じょう》寺《じ》です。法隆寺を斑鳩寺《いかるがでら》と呼ぶように、古代の寺院は、地名による別号をもっていました。三井の地名の由来は、霊泉という意味の御井《みい》で、『日本書紀』天智《てんじ》天皇９（６７０）年3月9日条に「山《やまの》御井《みい》」の名が記されています。

寺伝によると、６６７年の大津遷都後、天智天皇は夢のお告げによって、用明《ようめい》天皇（５８６～５８７）の頃に百済《くだら》から渡来した金銅の弥勒菩薩《みろくぼさつ》像を安置するため、長等《ながら》山の麓に寺院を建てることを発願《はつがん》しました。

ところが、天智天皇の死後、壬《じん》申《しん》の乱が始まり、寺院の造営も立ち消えとなってしまいます。乱に勝利した大海人皇子《おおあまのおうじ》が（天《てん》武《む》）天皇に即位してから15年後（６８６）、敗れた大友皇子の遺児与多王《よたのおおきみ》が祖父天智天皇の遺志を果たすべく、自邸を寄進して寺を造営し、さきの弥勒菩薩像を安置したといいます。天武天皇は与多王のこの善行をたたえて園城寺の寺号を贈り、天皇の勅願寺としたと伝えています。

7世紀の屋根瓦片が出土

園城寺の草創に関しては、１９２６（大正15）年に園城寺金堂《こんどう》の修理がおこなわれた際、古代の屋根瓦片が出土しました。また、１９９０（平成2）年の大津市教育委員会の発掘調査でも同様の瓦片が出土しています。これらは紋様や製作技法から7世紀後半に作られたことが明らかです。当時の瓦葺《かわらぶき》建物は、ほぼ寺院に限られますので、瓦片の出土はそこが古代寺院跡であることを示唆《しさ》します。つまり、園城寺の草創は瓦片の年代である天武天皇の頃とみてよいでしょう。

そして、天智天皇、大友皇子、大友与多王との関係を述べる寺伝から推測すると、園城寺は天智天皇に仕えて大友皇子を養育した当地の有力な渡来氏族、大友村主《おおとものすぐり》氏の氏寺《うじでら》として創建されたと考えられます。

（北村圭弘）

⬆園城寺境内出土瓦
（大津市指定文化財　園城寺蔵）

→「近江名所図会」に描かれた鐘楼と金堂

←県指定梵鐘

（三井の晩鐘　園城寺蔵）

西近江路

03　**三井寺**

三井の晩鐘

大津市

三井寺の3口の梵鐘

江戸時代、街道をゆく旅人たちにとって三井寺は近江八景のひとつ「三井の晩鐘《ばんしょう》」として親しまれた名所でした。三井寺の鐘《かね》は古くから日本一の音色と謳《うた》われてきましたが、大津に旅宿をとった人々はたそがれ時、悲喜こもごもな思いで「入相《いりあい》の鐘」の余韻《よいん》に聞き入ったことでしょう。

三井寺には指定文化財の梵鐘《ぼんしょう》が3口《こう》もあります。最も古いのが奈良時代に作られた重要文化財の梵鐘で「古鐘」「われ鐘」などと呼ばれてきました。総高197・3cm、口径122・4cmという巨大な鐘で、俵藤太秀郷《たわらのとうたひでさと》が竜宮からもらい受けたものを寄進したと伝えています。また、鐘身に大きな摩擦疵《きず》があるのは武蔵坊弁慶《むさしぼうべんけい》が比叡山に引きずりあげたときの痕跡《こんせき》だともいわれます。1549（天文18）年頃から音が出にくくなり、江戸時代以後は霊鐘《れいしょう》堂に置いて寺宝として公開されてきました。参詣者は堂々たる姿形に感嘆《かんたん》の声をあげ、鐘にまつわる伝説を旅みやげとして語り伝えたことでしょう。

かわって桃山時代の1602（慶長7）年に鋳造《ちゅうぞう》されたのが、「新鐘」と呼ばれる県指定有形文化財の梵鐘です。奈良時代の初代鐘を模して作られたため、大きいうえに古い鐘の様式を随所にとりいれた重厚な趣の作品です。江戸時代の旅人が親しんだ「三井の晩鐘」はこの鐘の音で、今も重要文化財の鐘楼に吊るされて美しい音色を響かせています。

さらにもう一つ、重要文化財の梵鐘が境内の文化財収蔵庫に安置されています。1032年に高麗《こうらい》国で作られ、のちに日本へもたらされて三井寺金堂《こんどう》に秘蔵されていたものです。

悲しい竜女の伝説

なお三井の鐘といえば、竜女としての正体が露見した漁師の妻が、生き離れになるわが子を養うために両目を夫に与えて、代わりに毎夕三井寺の鐘を撞《つ》いて子の無事を知らせてほしいと頼む伝説も有名です。

日本画家・三橋節子《みつはしせつこ》が伝説に取材して描いた「三井の晩鐘」の画中には、ずっしりと重量感のある梵鐘が描かれています。

（井上優）

→三橋節子「三井の晩鐘」。作者は幼な子を遺し35歳で早世した

（三橋節子美術館蔵）

➡唐崎の松
⬇西近江路沿いの道標

西近江路

04

三井寺―唐崎

唐崎の松

大津市

広重が描き、芭蕉が詠む

三井寺の門前で西近江路は東へと進路を変え、200mほど進んだ後北へ曲がります。そのまま琵琶湖岸を約4km北上すると唐崎《からさき》にいたります。

唐崎は古来より知られる琵琶湖岸の景勝の地。古くは清少納言《せいしょうなごん》が「枕草子《まくらのそうし》」の中で「崎は唐崎」と記しており、また、江戸時代初期までに成立した近江八景の一つ「唐崎夜雨《からさきやう》」とされ、唐崎は名所として広く知られていたことがわかります。

傘のように大きく枝を広げる様子で知られる唐崎神社の大きな松（霊松）もまた平安時代から広く知られており、紀貫之《きのつらゆき》は「唐崎の　松の扇《おうぎ》は　要にて　こぎ行く船は　墨絵なりけり」と詠んでいます。歌川広重《うたがわひろしげ》の代表作「近江八景」においても琵琶湖に突き出た岬に大きな松が描かれ、芭蕉《ばしょう》が「からさきの　松は花より　おぼろにて」と詠んでいます。名所としての唐崎と大きな松は分かちがたい関係にあったことがわかります。

このように、西近江路を行き交う人たちにとっては是非とも訪れておきたい琵琶湖を感じることのできる名所の一つでありました。

日吉山王祭の舞台の一つ

また、唐崎は湖国に春の到来を告げる日吉山王祭《ひよしさんのうさい》の舞台の一つになっています。数日にわたる祭礼の終盤、日吉大社を出た壮麗な神《み》輿《こし》は七本柳《しちほんやなぎ》から船に載せられ唐崎沖まで漕ぎ出します。そこで粟津《あわづ》の御供《ごく》と称されるお供え物が捧げられ、これらを琵琶湖に投じ、日吉大社西本宮に帰還する「神輿渡《と》御《ぎょ》」という神事があります。

これは、近江大津宮《おおつのみや》を鎮護《ちんご》するために大神《おおみわ》神社の大己貴神《おおなむじのかみ》を日吉大社西本宮に迎えた折に、湖上にて膳所《ぜぜ》の漁師田中常世《たなかつねよ》が神に粟飯《あわめし》を献上したという故事に基づき、神事として再現されています。神輿渡御の当日は、湖上の神事を見守る人で唐崎神社は賑わいます。

さて、唐崎神社境内を背に西近江路をのぞむと、道際に道標が見えます。残念ながら上下は欠失していますが「白鬚」「京都」「天保七年」という文字を読み取ることができます。これは、1836（天保《てんぽう》7）年に京都寿永講《じゅえいこう》によって西近江路沿いに建てられた高島《たかしま》の白鬚《しらひげ》神社への道標の一つです。この道標に導かれながら西近江路を北へと進んでいきます。

（畑中英二）

⬆山王鳥居が立つ七本柳
（サンライズ出版撮影）

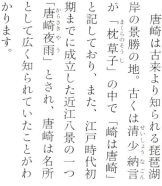

N
真野谷口町
477
堅田駅
今堅田
161
堅田中
堅田小
堅田高
居初氏庭園
祥瑞寺
本福寺
仰木
衣川
161
衣川廃寺跡
満月寺
浮御堂
仰木小
奥比叡ドライブウェイ
仰木中
成安造形大
衣川宿
堅田
08
湖西道路
北大津高
天神川
大津市
仰木雄琴IC
おごと温泉駅
千野
雄琴
雄琴小
07
西近江路
苗鹿
坂本北IC
苗鹿の常夜灯
木の岡古墳群
日吉大社
坂本
新大宮川
琵琶湖
聖衆来迎寺
坂本比叡山口駅
比叡山坂本駅
比叡辻
比叡山高
坂本小
日吉中
若宮神社
06
京阪石山坂本線
大宮川
下阪本小
藤ノ木川
東南寺
下阪本
東南寺川
坂本城跡
七本柳の山王鳥居
05
四ツ谷川
500m
唐崎
草津市

➡堀を埋め立てた跡を通る西近江路

⬆坂本城祉の碑と東南寺（中央奥）

西近江路 05 唐崎—下阪本

坂本城跡

大津市

明智光秀の築いた名城

　唐崎神社から北へ７００ｍほど進むと、国道が湖岸に沿って東へ折れるのに対して、まっすぐに通じている道が西近江路です。ここから下坂本《しもさかもと》（明治の合併後、下阪本）と呼ばれる西近江路沿いの集落に入っていきます。四ツ谷《よつや》川を越え、日吉大社山王祭で神輿が船《ふな》渡御《とぎょ》に出発する七本柳《しちほんやなぎ》の山王鳥居を右手に眺め、東南寺《とうなんじ》川を渡ると、道は弓なりにカーブしていきます。実はこの道は１５７１（元亀《げんき》２）年明智光秀《あけちみつひで》が築城した坂本城の、二の丸と三の丸を隔てていた堀の跡なのです。

　１５７１年９月の比叡山焼き討ち後、織田信長《おだのぶなが》は明智光秀に、滋賀郡の支配と比叡山延暦寺の監視、琵琶湖水運の掌握《しょうあく》を目的に坂本城を造らせます。宣教師のルイス・フロイスは、『日本史』に安土城に次ぐ名城と記し、湖に突き出た本丸には大小の天守や御殿、茶室などがあったことが伝えられています。

　１５８２（天正10）年６月２日京都本能寺で織田信長を急襲した光秀は、同年６月13日に山崎の戦いで羽柴秀吉《はしばひでよし》に敗れ坂本城に落ち延びる際中、落ち武者狩りにあい落命します。この時安土城を守っていた光秀の重臣明智秀満《ひでみつ》は坂本城へと向かい、いったんは城に入りますが、秀吉方の攻撃を受け、城に火を放ち光秀の妻子もろとも自害しました。

渇水期に現れる石垣

　坂本城は、その後羽柴秀吉が丹《に》羽《わ》長秀《ながひで》に再建を命じ、杉原家次《すぎはらいえつぐ》、浅野長政《あさのながまさ》と城主が替わりますが、１５８６（天正14）年に大津城が築城されると廃城となります。現在は湖岸で渇水《かっすい》期になると石垣の一部が見られるのみで、地上にはまったく痕跡《こんせき》すらうかがうことができません。街道沿いに１９２０（大正９）年に建てられた「坂本城祉《じょうし》」の碑があるのみです。

　さて、この「坂本城祉」の碑の奥にお寺の甍《いらか》が見えます。伝教《でんぎょう》大師最澄《だいしさいちょう》が創立した寺で、比叡山の東南方向にあったので東南《とうなん》寺と呼ばれています。最澄の法華経《ほけきょう》説法の場であったといわれ、今も毎年８月21日から５日間、延暦寺の高僧による「戸津《とつ》説法」が続けられています。法華経を民衆にわかりやすく説くもので、天台宗の座主《ざす》になるために欠くことができない通過儀礼です。また、東南寺には坂本城落城の時の戦死者供養塔などがあります。

（仲川靖）

⬆東南寺

➡比叡辻の若宮神社

⬇聖衆来迎寺境内（手前は本堂、奥は客殿）

西近江路

06 下阪本―比叡辻

聖衆来迎寺

大津市

日吉大社祭神を祀る若宮神社

坂本城跡を過ぎると、西近江路は国道の西側を並行します。藤ノ《ふじの》木《き》川を過ぎて国道を横切り、琵琶湖岸に沿って北上します。比叡山を源とする大宮《おおみや》川を渡り、100mほどで比叡辻《ひえいつじ》と呼ばれる十字路に至ります。辻のかたわらには、「旧比叡辻」と刻まれた新しい石碑が立っています。

琵琶湖岸に面する比叡辻には船着場もあり、古くから水陸交通の要所でした。中世には馬借《ばしゃく》と呼ばれる輸送業者が集住し、延暦寺・日吉社への物資集積地として栄えました。比叡辻の名は、日吉大社東本宮の祭神小比叡神《おびえのかみ》（大山咋《おおやまくいの》神《かみ》）が勧請《かんじょう》されたことに由来すると伝えられます。

現在、比叡辻には小比叡神を祭神とする若宮《わかみや》神社が鎮座しています。神社の裏手には若宮港があり、毎年春の山王祭では、唐崎までの船渡御を終えた神輿の下船場となります。

比叡山の正倉院

比叡辻をあとにし、左手に比叡山、正面に比良《ひら》山を眺めながら歩を進めると、再び国道と交わります。その手前にあるのが国道「比叡辻」交差点で、北西角に天台宗の名刹、聖衆来迎寺《しょうじゅらいこうじ》が伽藍《がらん》を構えています。

聖衆来迎寺は、790（延暦9）年に最澄が自ら彫った地蔵菩薩《ぼさつ》を本尊とする地蔵教院の創立にはじまると伝えられます。1571（元亀2）年の織田信長による比叡山焼き討ちは、山麓の坂本にもおよびますが、幸いにも聖衆来迎寺はその難を逃れました。

聖衆来迎寺の境内は、国道の喧《けん》騒《そう》から一転して静かなたたずまいを見せています。石垣と白塀に囲まれた参道を進み、坂本城から移築されたと伝えられる表門をくぐると、本堂、客殿、開山堂（いずれも重要文化財）など、近世に再興された堂舎が並びます。

聖衆来迎寺は、「比叡山の正倉《しょうそう》院《いん》」とも呼ばれるほど、質量ともに優れた宝物を伝えています。なかでも鎌倉時代に描かれた六道《ろくどう》絵《え》（国宝）は、六道（地獄、餓鬼《がき》、畜生《ちくしょう》などの六つの苦の世界）の凄《せい》惨《さん》なようすを迫真的に描いており、日本絵画史上の傑作として有名です。これら宝物の一部は毎年8月16日の虫干会《むしぼしえ》で公開されます。

（古川史隆）

⬆「旧比叡辻」と刻まれた石碑が立つ
（サンライズ出版撮影）

➡苗鹿の常夜灯
⬇史跡衣川廃寺跡

西近江路
07
比叡辻―衣川
苗鹿の常夜灯・衣川廃寺跡
大津市

山間部の村々が寄進した常夜灯

聖衆来迎寺から北に進んで新大《しんおお》宮《みや》川を渡ると、低い丘陵が琵琶湖岸にせまり、比叡山東麓に広がっていた細長い平地が一旦途絶えます。西近江路は、前方後円墳や帆《ほ》立貝《たてがい》式古墳など7基の古墳からなる木《こ》の岡《おか》古墳群などが築かれた丘陵を左手に見ながら北上します。

しばらく先の国道「苗鹿《のうか》三丁目」交差点で左に入り、西近江路は再び国道と分かれます。この交差点の北西脇に建つのが苗鹿の常夜灯です。道路の拡幅工事で本来の位置から少し移動していますが、千《ち》野《の》方面から来た道が西近江路に到達する場所に建てられた常夜灯は、西近江路沿いで最大規模を誇るものです。

火袋《ひぶくろ》の下に「大神宮」、「苗鹿講」、「両宮月参」、「弘化四丁未《ひのとひつじ》正月造立」と記された江戸時代の伊勢灯籠で、石段面には、南は上《かみ》坂本《さかもと》、北は和邇《わに》村や安曇《あど》川上流沿いの榎《えのき》村におよぶ19の村名などが刻まれています。西近江路沿いよりも、苗鹿から分岐して花折《はなおれ》峠へ向かう道沿いにある山間部の村が多く、村人が西近江路に出て、伊勢をはじめとした外界へと向かう結節点がこの苗鹿の地であり、刻まれた村々の名は街道を介した当時の結びつきの広がりを今に伝える興味深いものです。

近江最古の寺院跡

常夜灯を過ぎた西近江路は国道の西を並走し、戦国時代の和田秀《わだひで》純《ずみ》の居城と伝わる雄琴《おごと》城跡の麓に形成された雄琴村を抜けて北上を続けます。そして、国道「北雄琴」交差点北側からは国道に重なり、やがて大津を出て最初の宿、衣川《きぬがわ》村に至ります。

この宿場町の西側の丘陵にあるのが、近江最古の寺院跡の史跡衣川廃寺跡です。仏教が伝わって間もない飛鳥時代に、地方豪族の淡《おう》海国造《みのくにのみやつこ》が造営したと考えられています。金堂跡と塔跡の基壇や、瓦窯が公園整備された寺院跡からは、眼下に衣川・堅田《かたた》の平地、その向こうには琵琶湖と対岸の平野が眺められ、ここが要の地であることが体感できます。

（大崎哲人）

⬆衣川廃寺の金堂基壇（大津市埋蔵文化財調査センター提供）

→満月寺浮御堂
←内湖から南に延びる掘割

西近江路
08
衣川—堅田

満月寺浮御堂・出島灯台

大津市

1000体の阿弥陀仏を奉る

西近江路最初の宿場である衣川《きぬがわ》から北に進むと、街道は天神《てんじん》川を越え、県立堅田《かたた》高校のグラウンドの先で変則の五叉路に出ます。ここで左に曲がり、続いて榎《えのき》の大木の手前から右に曲がる緩いカーブの道を入り、西近江路はJR堅田駅前を通って北上していきます。ここでは、この五叉路を右に曲がり、琵琶湖岸の堅田の町に寄り道したいと思います。

堅田は、琵琶湖の最も狭い場所をのぞむ湖上交通の要所であり、漁業や水運など、湖上での活動にあたって他の湊に優位する特権を有していました。

堅田の街区は、琵琶湖とつながった水路（堀割）で区画されていたため、直線的な街道が通るには適していません。そのため、街道は堅田の町を避け西側を通りました。現在も町中に堀割が残っており、当時の面影をしのぶことができます。

さて、堅田の町には現在も、往時を思わせる街並みや文化財が残されています。若き日の一休が修業した祥瑞寺《しょうずいじ》、蓮如上人《れんにょしょうにん》ゆかりの本福寺《ほんぷくじ》など由緒深い寺院もありますし、対岸の三上《みかみ》山を借景《しゃっけい》とした居初氏《いそめし》庭園（国指定名勝）も有名です。まさに文化財の宝庫ともいうべき堅田ですが、特に有名なのは、湖中に浮かぶ小堂、満月寺《まんげつじ》浮御堂《うきみどう》でしょう。

近江八景の一つ「堅田落雁《かたたらくがん》」で知られる浮御堂は、比叡山横川《よかわ》の恵心僧都源信《えしんそうずげんしん》が、平安中期に湖上交通の安全と衆生済度《しゅじょうさいど》を願い、1000体の阿弥陀仏を奉る堂を建てたのが始まりと伝えられています。現在の浮御堂は1937（昭和12）年の再建ですが、2000（平成12）年には登録有形文化財（建造物）になりました。湖上に浮かぶその姿は、まさに琵琶湖を代表する景観といえます。

明治に建てられた灯台

もう一つ、堅田でしか見ることのできないものとして出島《でけじま》灯台があります。出島灯台は1875（明治8）年に建てられた、近代湖上交通の証《あかし》です。

灯台としての役割はすでに終え、現在のものは1973（昭和48）年に復元されたものですが、琵琶湖に唯一存在する灯台として、1991（平成3）年に大津市有形民俗文化財に指定されました。

このように、近代になっても堅田は湖上交通の要であり続けたのです。

（松室孝樹）

←出島灯台

N
志賀駅
木戸
西近江路
清林パーク
志賀清林墓地
八屋戸
12
蓬莱駅
志賀中
白鬚大明神の道標
八所神社
南船路
大津市
161
和邇北浜
11
喜撰川
栗原
和邇中浜
和邇高城
10
和邇駅
和邇IC
龍華越
和邇南浜
和邇小
和邇中
榎の顕彰碑
和邇川
天皇神社
伊香立下龍華町
和邇今宿
小野篁神社
小野神社
上海道
下海道
小野
石上神社
小野道風神社
湖西道路
琵琶湖
小野小
唐臼山
真野北小
小野妹子神社
唐臼山古墳
ゼニワラ古墳
真野中
曼荼羅山
金比羅宮
和邇大塚山古墳
小野駅
南口バス停
清風町
真野IC
真野小
真野
09
JR湖西線
500m
真野川
守山市

➡ゼニワラ古墳の石室

⬇小野神社参道との分岐点。右手が小野神社

西近江路

09

堅田―小野

小野の古墳群

大津市

古代豪族・小野氏

西近江路は、JR堅田《かたた》駅からJR小野《おの》駅までの間、JRと琵琶湖岸の間を進みます。小野周辺には多くの古墳があります。小野は古代豪族小野氏の本拠とされているところで、小野妹子《おののいもこ》の出身地といわれています。妹子は、607年に遣隋使《けんずいし》として派遣され、聖徳太子が隋の皇帝煬帝《ようだい》を怒らせた「日《ひ》出処《いずるところ》の天子」の国書を携えたとされています。

古墳めぐりのスタートはJR小野駅です。駅からは曼荼羅《まんだら》山の登り口である清風町南口のバス停まで団地の中を進みます。登り口の鳥居をくぐり、金比羅宮《こんぴらぐう》から尾根をしばらく進んだ曼荼羅山の最高所に和邇大塚山《わにおおつかやま》古墳があります。全長約72m、4世紀前半の前方後円墳で、このあたりでは一番古い古墳です。

少し進み、右方の階段を下りるとT字路になり、右に進むと左手に小丘が見えます。これがゼニワラ古墳です。6世紀中ごろの直径約20mの円墳で、曼荼羅山古墳群の中でも最大規模の横穴式石室が残っています。その規模から地域の有力豪族の墓ではないかと推定されています。説明板の前から墳丘に上がり、左手に回り込むと横穴式石室が開口しています

ここから下った公園の北側の道を、唐臼《からうす》山を正面に見ながら東に進みます。唐臼山には小野妹子神社があり、社殿の裏にある小丘が小野妹子の墓と伝わる唐臼山古墳です。棺を納める施設は数枚の大きな板石を組み合わせたもので、古墳が作られなくなる7世紀前半以降のものとされています。

境内に古墳を残す4つの神社

山を下り、北東へ湖西線の高架を目指して進むと、小野の集落へと続く西近江路に戻ります。湖西線の高架と交わるあたりで街道は東西二手に分かれますが、ここでは西側の山手の道をたどります。

街道筋には小野道風《おののとうふう》神社、石上神社、小野神社、小野 篁《おののたかむら》神社があり、それぞれの境内に古墳が残されています。道標が整備されているので、それに従って見学することができるでしょう。

なお、小野道風神社、小野篁神社の本殿は重要文化財です。

（岩橋隆浩）

➡小野道風神社本殿（辻村耕司氏撮影）

西近江路

10　小野―和邇

天皇神社本殿

大津市

➡重要文化財天皇神社本殿

⬇西近江路と竜華越の交差点に立つ榎の顕彰碑

豪族和邇氏の居住地

「小野」交差点で県道558号高島大津線（旧国道161号）と分かれた西近江路は、JR湖西線の高架と交差する手前で、小野神社や古墳群の東側を通る上《かみ》海道と琵琶湖畔を通る下《しも》海道に分岐します。上海道を北上し、小野を抜けると和邇《わに》川に出ます。

古代からこのあたりは水陸交通の要所であり、古代北陸道の駅や和邇泊《わにのとまり》と呼ばれる港が設けられました。和邇という地名は、古代大和王権を支えた豪族、和邇氏の一族が住んでいたことによると考えられます。

和邇川を渡って300mほど北へ進むと、榎《えのき》の顕彰碑が立っている交差点に出ます。この石碑は、1604（慶長9）年に一里塚の木として植えられたと伝わるエノキ（榎）の木が枯れたために、1968（昭和43）年に建てられたもので、交差点を左に曲がると、龍華越《りゅうげごえ》と呼ばれる西近江路と若狭街道を結ぶ道となり、道に沿って進むと正面に天皇《てんのう》神社の石鳥居が見えてきます。

珍しい切妻造の神社本殿

天皇神社は、平安時代中期の966（康保3）年に京都八坂祇《やさかぎ》園《おん》の牛頭天王《ごずてんのう》を奉遷《ほうかん》し、和邇牛頭天王社と称したと伝えられています。1876（明治9）年に現在の社名に改称されました。

境内には、鎌倉時代後期の1324（正中《しょうちゅう》元）年建立の天皇神社本殿（重要文化財）のほか、樹下《じゅげ》神社や三宮《さんのみや》神社、若宮神社などの社殿が建ち、江戸時代に和邇荘《しょう》を形成していた和邇中《なか》村・今《いま》宿《じゅく》村・中浜《なかはま》村・北浜《きたはま》村・高城《たかしろ》村の産土《うぶすな》神を祀っています。

滋賀県内の中世の神社本殿は、横から見ると「へ」の字のように正面側の屋根が長い「流造《ながれづくり》」と呼ばれる形式の本殿が多いのですが、この天皇神社本殿は、正面と背面が同じ長さの「切妻造《きりづまづくり》」の屋根の正面に「向拝《こうはい》」と呼ばれる庇《ひさし》を付けた本殿で、全国的にも類例の少ない形式の本殿です。

切妻造の本殿は、天皇神社本殿のほか室町時代前期に建立された小野篁《おののたかむら》神社本殿と小野道風《とうふう》神社本殿の2棟があり、いずれも重要文化財に指定されていますが、なぜこの地域に集中して建てられたのかは謎に包まれています。

（尾山義高）

⬆龍華越を進むと見えてくる天皇神社の鳥居（サンライズ出版撮影）

⬆西近江路沿いに立つ天保７年建立の白鬚大明神への道標

➡「石山寺縁起絵巻」より良弁（左）と比良明神（石山寺蔵）

西近江路 11

和邇―南船路

八所神社と良弁生誕地伝承

大津市

消滅した旧街道ルート

和邇《わに》川を越えると、西近江路は和邇中《なか》と和邇今宿《いまじゅく》の大字《おおあざ》境界に沿って北へと進みます。さらに和邇高城《たかしろ》を通ってＪＲ和邇駅近くで東へと進路を変え、和邇中浜《なかはま》へ出ます。ここで下海道と呼ばれた琵琶湖沿いの枝道と合流し、喜撰《きせん》川を越えて和邇北浜《きたはま》に入り、琵琶湖の風景を東に望みながらまっすぐ北へと延びていきます。

南船路《みなみふなじ》に至ると、東から琵琶湖、西から比良《ひら》山系の蓬莱《ほうらい》山が迫ってくるような風景のなか、湖岸沿いに街道が通っていましたが、消滅した部分が多く、今は完全に旧街道をたどれません。南船路と北接する八屋戸《はちやど》の境目に白鬚《しらひげ》大明神（別名・比良明神）への道標がありますが、そこに「北国海道」と刻まれており、街道はそこから西に進んでＪＲをくぐったところで北に進路を変えます。

高僧良弁をめぐる伝承

ところで奈良時代の著名な高僧である良弁《ろうべん》はこの南船路《みなみふなじ》で生まれたとする伝承があります。良弁は幼いころ、畑仕事をしていた母親が目を離したすきに鷲《わし》にさらわれ、東大寺二月堂前の杉の木に引っ掛かっているのを義淵《ぎえん》大僧正に助けられ、僧として育てられたといわれています。

南船路の八所《はっしょ》神社は良弁が神の告げにより建立したと伝え、境内には良弁が１字ずつ石に書いた法《ほ》華経《けきょう》を埋めたという良弁納経塚も存在します。

⬆良弁が創建したと伝えられる八所神社境内

良弁の出自については、相模《さがみ》国の漆部《ぬりべ》氏とする説と近江国の百済《くだら》氏とする説などがあって定説をみません。ただ、石山寺の建立に深く関わったことは「正倉院文書」などから史実とみて間違いないでしょう。

鎌倉時代成立の「石山寺縁起絵巻」の冒頭では、聖武《しょうむ》天皇の命を受けた良弁が琵琶湖畔で比良明神と出会い、明神の教えで石山観音に金の産出を祈願する場面が描かれます。

比良明神と良弁が深い関係をもっていたとされることの背景に、良弁自身が比良山麓の出身であった可能性を想像することも許されるのではないでしょうか。歌舞伎や文楽の「二月堂良弁杉《すぎの》由来《ゆらい》」において良弁が近江志賀の里生まれとされるのは、近江に残る誕生地伝承を踏まえてのことなのかもしれません。

（井上優）

➡志賀清林の墓（３点ともサンライズ出版撮影）

⬇木戸を通る西近江路

西近江路

12 西船路―木戸

志賀清林墓地

大津市

相撲の基本を確立した志賀清林

ＪＲ湖西線蓬莱《ほうらい》駅の前から西近江路は１０００ｍ級の山が連なる比良山系の山裾を北小松《きたこまつ》まで北進していきます。八屋戸《はちやど》の集落を通り、さらに北へ行くと「清林パーク」と呼ばれる公園が山側に見えてきます。この公園の入口に、公園の名前にもなっている志賀清林《しがのせいりん》の墓地があります。

志賀清林は大相撲の行司《ぎょうじ》の祖とされる人物です。現在の行司は木村家・式守《しきもり》家ですが、その前は、複数の家が行司を務めていました。その一つである吉田司《よしだつかさ》家に伝わる「相撲式」に、志賀町木戸《きど》の出身の志賀清林が、７３４（天平６）年に定められた「相撲節《すまひのせち》」の立案に携わり、それまで明確な作法も土俵もない格闘技だったものを、「突く、蹴《け》る、殴《なぐ》る」の三技を禁じ手とし、「投げ」「掛け」「捻《ひね》り」「反《そ》り」の四手を基本に相撲四十八手を確立したと書かれています。

明治に発見された清林の墓

志賀清林は力士でもあり、現在の横綱に相当する「最手《さいて》」でしたが、『続日本紀《しょくにほんぎ》』などの史書に記述がないことから架空の人物ともいわれています。

ところで、１８９２（明治25）年６月２日の「日出《ひので》新聞」に清林の墓地発見について書かれています。清林の墓を探していた行司の木村瀬平《せへい》が、志賀町木戸に、墓石を移したところ疫病《えきびょう》がはやって力士のたたりだと村人が騒ぎ、元にもどした古い墓があることを聞きました。墓標を洗うとあぐらをかいた力士像が彫りつけてあり、その姿は、瀬平が秘蔵していた清林の画像そのままだったので、この場所を清林の墓としたとあります。

この墓碑の横には１９１８（大正７）年に結成された志賀清林会が建てた顕彰碑があります。

実在がはっきりしない志賀清林ですが、地元志賀町（現大津市）ではこれを顕彰するため１９６１（昭和36）年に清林相撲公園を建設しました。１９９９（平成11）年には清林パークとしてリニューアルしました。

園内には相撲をモチーフとした各種の遊具があり、週末には子供連れの家族で賑わっています。東にはほとんど遮《さえぎ》るものがなく、琵琶湖を眺める絶景スポットにもなっています。

（仲川靖）

⬆清林パーク

大津市
北小松
北小松駅
161
志賀バイパス
西近江路
八幡神社
南小松
近江舞子駅
小松小
JR湖西線
14
琵琶湖
近江舞子内湖
雄松崎
びわこ成蹊スポーツ大
比良川
天満神社
樹下神社
上海道
北比良
比良駅
南比良
下海道
13
大物
500m

➡天満神社（右）と樹下神社（左）
⬇北比良から比良山をのぞむ
（サンライズ出版撮影）

西近江路 13 木戸―北比良

天満神社

大津市

天満神社に伝わる天王立像

清林パークを過ぎると西近江路の旧道は県道と合流・分岐しながら北へ進みます。南比良《みなみひら》に至ると道は、集落内を経て湖岸を進む下《しも》海道と、そのまま進む上《かみ》海道に分かれます。

南比良と北比良の境界にある鎮守の森には、樹下《じゅげ》神社と天満《てんまん》神社が隣り合って鎮座しています。両社はかつて一体の社でしたが、明治時代になって樹下神社が南比良村、天満神社が北比良村の氏神と定められ、境内が二分されました。樹下神社は湖西地方に多くみられる神社で、日吉大社の上七社のひとつである樹下宮《じゅげぐう》（玉依姫命《たまよりひめのみこと》）を祀ります。

菅原道真《すがわらのみちざね》を祭神とする天満神社は、縁起《えんぎ》によると平安時代中期の946（天慶《てんぎょう》9）年の創建とされます。ここには、全国的にも著名な天王立像《てんのうりゅうぞう》（重要文化財）が伝えられています。

製作は平安時代中期の10世紀頃と推定され、カヤの一木造《いちぼくづくり》で像高155cm、量感豊かな堂々たる体躯《たいく》を誇ります。本像については、四天王像のうちの1体が残ったもの、当初から単独の神像として製作されたなど、さまざまな見解があります。

西日本では珍しい鉈彫の像

本像の特色は全面に水平方向の鑿目《のみめ》を規則的に残している点です。このように意識的に彫り痕《あと》を残して仕上げた彫刻を「鉈彫《なたぼり》」といいます。鉈彫像の分布は、東北・関東地方が多く、かつては東日本限定の造像様式とされていましたが、近年は西日本での作例が報告されています。

鉈彫像の多くは平安中期から後期に集中して造像されていますが、平安中期に製作された本像は比較的初期の作例に位置づけられます。

その立地から、本像はかつて比良山中の寺院に安置されていたともいわれています。比良山はかつて山岳信仰が栄え、山中から山麓にかけて多くの寺院が創建されましたが、たび重なる災害や戦乱でことごとく衰亡しました。

現在、比良山における山岳信仰を示す遺品はほとんど残っていません。天満神社の天王像はその稀《まれ》な例として、今後さらに評価されるかもしれません。（古川史隆）

⬅天満神社の天王立像（重要文化財）
（滋賀県立琵琶湖文化館提供）

➡南小松の八幡神社にある中野甚八作狛犬
（2点ともサンライズ出版撮影）
⬇南小松を通る西近江路

西近江路

14 北比良—北小松

名石と石工の里

大津市

比良山系から産出された石

南比良で上海道と下海道に分かれた西近江路は、比良川あたりで合流し北比良・南小松・北小松の集落内を進みます。大津市八屋戸から大津市北小松にかけての旧志賀町北部一帯は比良山系から産出される石を材料として常夜灯や灯《とう》籠《ろう》を作る石工を輩出した里でもありました。

大津市木戸《きど》・荒川《あらかわ》・大物《だいもつ》では「木戸石」、南小松では「アテ石（アカ石ともいう）」という独特の赤色のさびが出る花崗岩《かこうがん》が有名です。

これらの石を加工して製品を作った石工《いしく》の名前が刻まれた代表的なものでは、大津市下阪本《しもさかもと》四丁目にある幸神《さいのかみ》神社に奇石収集家木《き》内石亭《うちせきてい》が1805（文化2）年に奉納した「荒川村石工今井丈左衛門」作の石灯籠、東近江市五個《ご》荘《か》川並《かわなみ》町の観音正《かんのんしょう》寺登山口に建《しょう》てられた1735（享保《きょうほう》20）年「石工南比良孫吉」作の常夜灯、大津市建部《たけべ》大社の1826（文政9）年建立の「石工嘉右衛門」作の石灯籠などがあります。

このほか江戸時代に京都・大津間の東海道に敷設された車石《くるまいし》は、1805（文化2）年の工事で木戸石が使われ、「南小松村治郎吉」「木戸村嘉左衛門」が連名で石運送に関わった請状が残っています。

また、小松の名工初代西村嘉兵《にしむらかへ》衛《え》（1850〜1915）の石灯籠は石鑿《いしのみ》だけで施された彫刻が見事で、京都 蛤《はまぐり》御門《ごもん》前の平安会館の嘉兵衛灯籠は一見の価値があります。新しい物では南小松の八幡神社に明治15年・17年に名工中野《なかの》甚八《じんぱち》が制作した県下最大の狛犬《こまいぬ》があり、その迫力に圧倒されます。

後世に伝えたい石工の伝統

灯籠は、1880（明治13）年にまとめられた『滋賀県物産誌』の木戸村の項に特産物として挙げられ、また昭和59年度に滋賀県伝統的工芸品江州《ごうしゅう》灯籠として指定されましたが、平成18年度には解除品目となってしまいました。

現在、守山（現大津市八屋戸《はちやど》）・木戸・南小松に数軒残る造園業者や石材店が中心になってシンポジウムなどの活動を行い、名石と名工の里を後世に伝えようとしています。

（仲川靖）

⬆八屋土産の守山石を用いた御神馬の台座

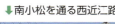

500m
安閑神社
上御殿遺跡
胞衣塚
三尾里
西万木
青柳小
藤樹神社
上小川
18
藤樹書院跡
御殿川
志呂志神社
鴨稲荷山古墳
鴨川
下小川
高島歴史民俗資料館
宿鴨
鴨遺跡
南鴨
宮野
高島市
中世古道
JR湖西線
近世古道
永田
161
音羽南遺跡
音羽
17
琵琶湖
音羽古墳群
勝野
高島中
高島小
近江高島駅
高島市民病院
大溝城跡
乙女ヶ池
16
鵜川四十八躰仏
西近江路
鵜川
白鬚神社
15

⬆白鬚神社の鳥居

⬅白鬚神社の本殿（左）と拝殿（右）

西近江路

15

白鬚神社

北小松―鵜川

大津市・高島市

湖中に立つ大鳥居

西近江路は北小松の集落を過ぎると国道161号に沿って進みます。その後、北小松の一里塚（26ページ地図の範囲外）のところで国道からはずれ、東寄りの湖岸沿いの道へと移ります。そのあたりで道の痕跡はたどれなくなりますが、左手を通る湖西線がトンネルに入るあたりから湖西線ぎわの道が現れます。

そのまま進むと右手湖中に白鬚《しらひげ》神社の大鳥居、左手に社殿が見えてきます。周辺は古くは三尾崎《みおのさき》と呼ばれ、高島郡への玄関口にあたる交通の要衝として古くから開かれていました。

白鬚神社の大神祭神は猿田彦《さるたひこの》命《みこと》であり、全国に祀られている白鬚社の総本社とされています。現在の本殿は社蔵の棟札《むなふだ》から、豊《とよ》臣秀頼《とみひでより》が片桐且元《かたぎりかつもと》を奉行として1603（慶長8）年に造営したことがわかり、本殿正面に設けられた向拝《こうはい》の手挟《たばさみ》や、蟇股《かえるまた》と呼ばれる部材の彫刻には桃山時代の特徴がよくあらわれています。

本殿は昭和13年に重要文化財に指定されました。滋賀県の神社本殿は流造《ながれづくり》と呼ばれる形式が多く見られますが、白鬚神社本殿の屋根は側面にも屋根を流した入母屋《いりもや》と呼ばれる形式です。

入母屋造は仏堂等に使われる屋根形式であり、神社本殿でありながら仏堂風の外観の建造物です。明治12年に同じく入母屋の屋根を持つ拝殿が本殿の正面に接続して建てられたため、現状は複雑な屋根形式の建造物になっています。

対岸の六角氏が建立した石仏

さて、白鬚神社から500mほど東に進むと、西近江路は国道と別れ左手の丘陵上にのぼります。ここには滋賀県指定史跡鵜川《うかわ》四十八躰仏《しじゅうはったいぶつ》と呼ばれる33体の石造仏群があります。長年の風化で表面の摩滅が進んではいますが、容貌や衣文《えもん》の掘り出しの技法などから、すべて室町時代後半ころに造られた阿弥陀《あみだ》如来坐像であると考えられています。

⬆鵜川四十八躰仏
（びわこビジターズビューロー提供）

この石仏は、観音寺《かんのんじ》城（近江八幡市・東近江市）の城主で、近江守護を務めた六角義賢《ろっかくよしかた》が、1553（天文22）年に、亡き母の供養のために48体建立したものと伝えられます。48体のうち13体は大津市坂本に運ばれ、江戸時代以降の天台座主の墓があることで知られる慈眼堂《じげんどう》（重要文化財）の西側に、現在も安置されています。

（原香菜絵）

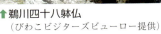

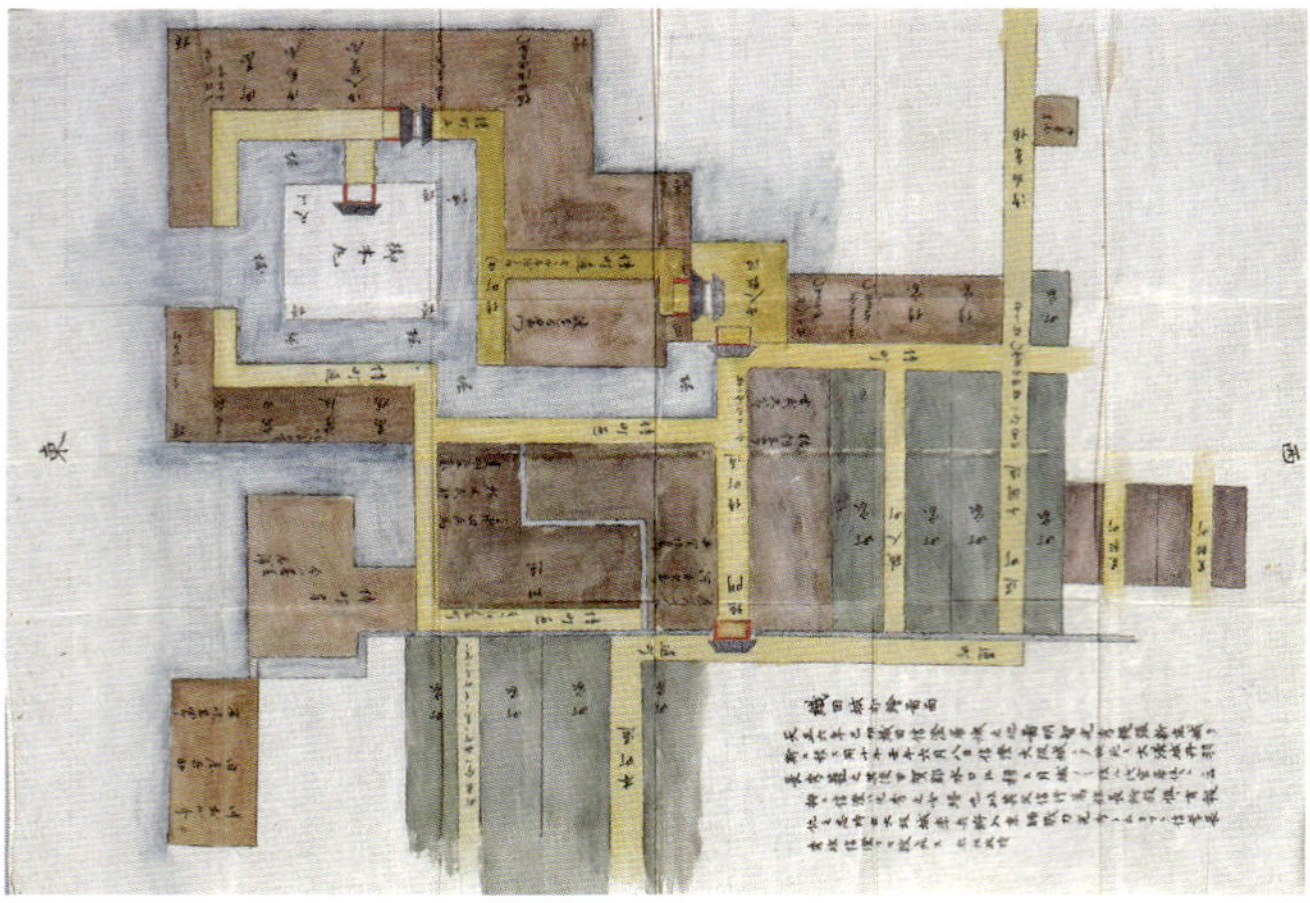

⬆大溝城天守台跡の石垣

⬅織田城郭絵図面
（個人蔵・滋賀県立安土城考古博物館提供）

西近江路

16

鵜川—勝野

大溝城跡

高島市

内湖を取り込んだ水城

鵜川四十八躰仏《うかわしじゅうはったいぶつ》を過ぎ、しばらく行くと西近江路は二手に分かれます。西の道は中世の古道で、打下《うちおろし》（現勝野《かつの》）から音羽《おとわ》、永田《ながた》、鴨《かも》へと至ります。一方東の道は近世の古道で琵琶湖岸を経て勝野の町中を通り、永田を経て鴨に向かいます。

この近世古道沿いに、大溝《おおみぞ》城跡があります。大溝城は、織田信長《おだのぶなが》の甥《おい》織田信澄《のぶずみ》が1578（天正6）年に築いた城で、高島郡の拠点城郭です。高島郡は、浅井《あざい》氏の旧臣だった磯野員昌《いそのかずまさ》が信長から支配を任されていましたが、1578（天正6）年突然謎の出奔《しゅっぽん》をしたことにより、信澄がその跡地を与えられ、新たに大溝を居城としました。

大溝城は内湖である乙女《おとめ》ヶ《が》池を縄張に取り込むように築かれた水城です。当時の城の様子を描いたとされる「織田城郭絵図面」（個人蔵）によれば、本丸の周囲を琵琶湖につながる堀が囲い、北から西にかけて城下町が広がっていました。今も、高島市民病院の裏に、天守台の石垣が残ります。

大溝城が築かれた勝野の地は、若狭地方からの物資を琵琶湖へ運び出す湊《みなと》があり、古代から交通・物流の要所でした。信長はこうした琵琶湖周辺の交通・物流の要所に家臣を配置し、城を築かせました。明智光秀《あけちみつひで》の坂本城（大津市）、羽柴秀吉《はしばひでよし》の長浜城（長浜市）、信長自身の安土城（近江八幡市・東近江市）、そしてこの大溝城です。

これらの城は、琵琶湖を城の縄張に取り込んでいること、天守を持ち、城内の建物に瓦が使用されていることなど共通点が多く、信長が琵琶湖を面的に支配する意図をもって築かせたものといわれています。

解体後、部材は水口へ

1582（天正10）年、本能寺の変が起こった時、信澄は明智光秀の娘婿《むすめむこ》であったことから、織田信孝や丹羽長秀《にわながひで》によって殺されてしまいます。信澄以後、数人の城主が交替しますが、大溝城は、最後は解体されて部材が水口岡山《みなくちおかやま》城（甲賀市《こうか》）に運ばれました。その後、江戸時代には分部《わけべ》氏が城の三の丸跡に陣屋を築き、明治維新まで大溝藩として続きました。

町中を通る折れ曲がった道筋など、今も勝野の町並みにはかつて繁栄を誇った大溝城下町の名残を見ることができます。（松下浩）

⬇大溝城下の船入跡

西近江路

17 勝野—鴨

鴨稲荷山古墳・鴨遺跡

高島市

➡鴨遺跡から出土した遠敷《おにゅう》郡木簡《もっかん》。若狭国遠敷郡（福井県小浜市）の人物の庸米（都での労役の代わりに納めた米）が記されている
（高島市教育委員会提供）

⬆鴨稲荷山古墳の家形石棺
（サンライズ出版撮影）

⬅鴨稲荷山古墳出土品による復元像
（滋賀県立安土城考古博物館蔵・提供）

古道沿いに続く遺跡

西近江路の中世古道は打下《うちおろし》から乙女ヶ池を右手に見ながら丘陵の裾に添って勝野の西側を通過し音《おと》羽《わ》に続いています。道は音羽の南方で方向を変え、平野に向かって永田《ながた》へと延びていきます。この付近には音羽古墳群、古代北陸道に設置された三尾駅《みおえき》と推定される音羽南遺跡などが存在します。永田から南鴨《みなみがも》へと続いていた道が中世古道だったとされていますが、付近一帯で行われた圃場《ほじょう》整備により部分的に道は失われています。

南鴨から宿鴨《しゅくがも》にかけては集落のほぼ中央を貫く古道が残っています。南鴨の東側には鴨遺跡が位置しています。鴨遺跡は縄文時代から近世にかけての遺跡ですが、特筆されるのは発掘調査により平安時代の役所と思われる建物跡が大量の土器や木製品などと一緒に発見されていることです。

三尾氏の族長を葬った古墳

宿鴨北側の志呂志《しろし》神社付近で道は東に向かって一度曲がり天王坂を上って鴨川《かも》に架かる天皇橋に至ります。この付近には鴨稲荷山《かもいなりやま》古墳が位置しています。

鴨稲荷山古墳は6世紀頃の前方後円墳です。後世の開発で元の姿は失われていますが、築造当初は2段に築かれた全長約60mの墳丘の周囲に周溝が回り、後円部に築かれた横穴式石室には家形石棺が納められていました。石棺は現在も墳丘上に残され、覆屋《おおいや》越しに見学できます。

1912（明治45）年に調査された石棺内からは金の冠や靴といった古墳に葬られた人の装身具等が発見されています。おそらく、当時この地を治めていた三尾氏の族長が葬られた古墳と思われますが、古墳の築造時期からは当地にゆかりの深い継体天皇との関係もうかがえます。

鴨稲荷山古墳からの出土資料のうち、1912（明治45）年の発掘で出土したものは東京国立博物館に収蔵されていますが、その後に行われた発掘調査で出土した埴《はに》輪《わ》などの資料は、宿鴨に所在する高島歴史民俗資料館に収蔵されており、ここで見学することができます。この資料館には鴨遺跡で出土した遺物や大溝城跡（28ページ参照）で発見された遺物も見学できます。

（上垣幸徳）

史跡藤樹書院跡

現書院

西近江路

18 藤樹書院

鴨—上小川

高島市

継体天皇にまつわる遺跡

中世古道と近世古道の2つの道は、そのまま鴨《かも》川を渡り旧安曇川《あどがわ》町に入ります。中世古道は南市の集落へ、近世古道は西万木《にしゆるぎ》の集落に向かいます。

この地は三尾里《みおのさと》と呼ばれ、継体《けいたい》大王《おおきみ》出身地という伝承があり、伝承にまつわる遺跡をたくさん見ることができます。鴨川に次いで御《ごん》殿《でん》川を渡りますが、このあたり一帯は上御殿《かみごんでん》、下《しも》御殿と呼ばれ、大王の御殿があったとされています。川のそばには胞衣塚《えなづか》と呼ばれる塚があります。これは大王が生まれたときの胎盤を埋納したところといわれています。

上御殿遺跡では、2014（平成26）年に日本初かつ唯一、中国のオルドス型銅剣を模した弥生時代後期の双環柄頭《そうかんえがしら》短剣の鋳型《いがた》が出土したことでも有名です。

西前方の山には、継体天皇の父彦主人王《ひこうしのおう》の墓と伝えられる田中大《たなかおお》塚《つか》古墳もあります。また、北出集落の安閑《あんかん》神社には「神代《じんだい》文字」が刻まれた石碑や、つがいのツルを供養したことから鶴塚《つるづか》と呼ばれる満願《まんがん》寺宝塔などがあり、この地域一帯は文化財の宝庫として知られています。

陽明学者・中江藤樹

中世古道からJR安曇川駅前の銅像を見て東に進み西万木からさらに南東に進むと、上小川《かみおがわ》に史跡藤樹《とうじゅ》書院跡があります。ここは、近江聖人という名で知られる陽明学者中江藤樹《なかえとうじゅ》の住居・講堂跡です。

藤樹は1608（慶長13）年、小川村の農家に生まれ、祖父の養子となり武士として米子《よなご》（現鳥取県米子市）、大洲《おおず》（現愛媛県大洲市）に住んで郡奉行を務めました。27歳の時に母の看病のため帰郷を願い出ますが許されず、脱藩して帰国します。その後、孝行と勉学、門弟の教育に専念し、朱子学を学びます。37歳で陽明学に目覚め、41歳で亡くなるまでに独自の学風を築きました。

藤樹書院は1880（明治13）年に焼失しましたが、2年後に再建され、現在は藤樹書院・良知館として資料が展示・保管されています。

滋賀県教育委員会では、中江藤樹の言葉である「良知《りょうち》（生まれながらにして持っている美しい心）」の心を大切にし、藤樹をはじめとした「先人の『近江の心』を未来につなぎます」を職員の心得としています。

（木戸雅寿）

JR安曇川駅前に建つ中江藤樹の銅像

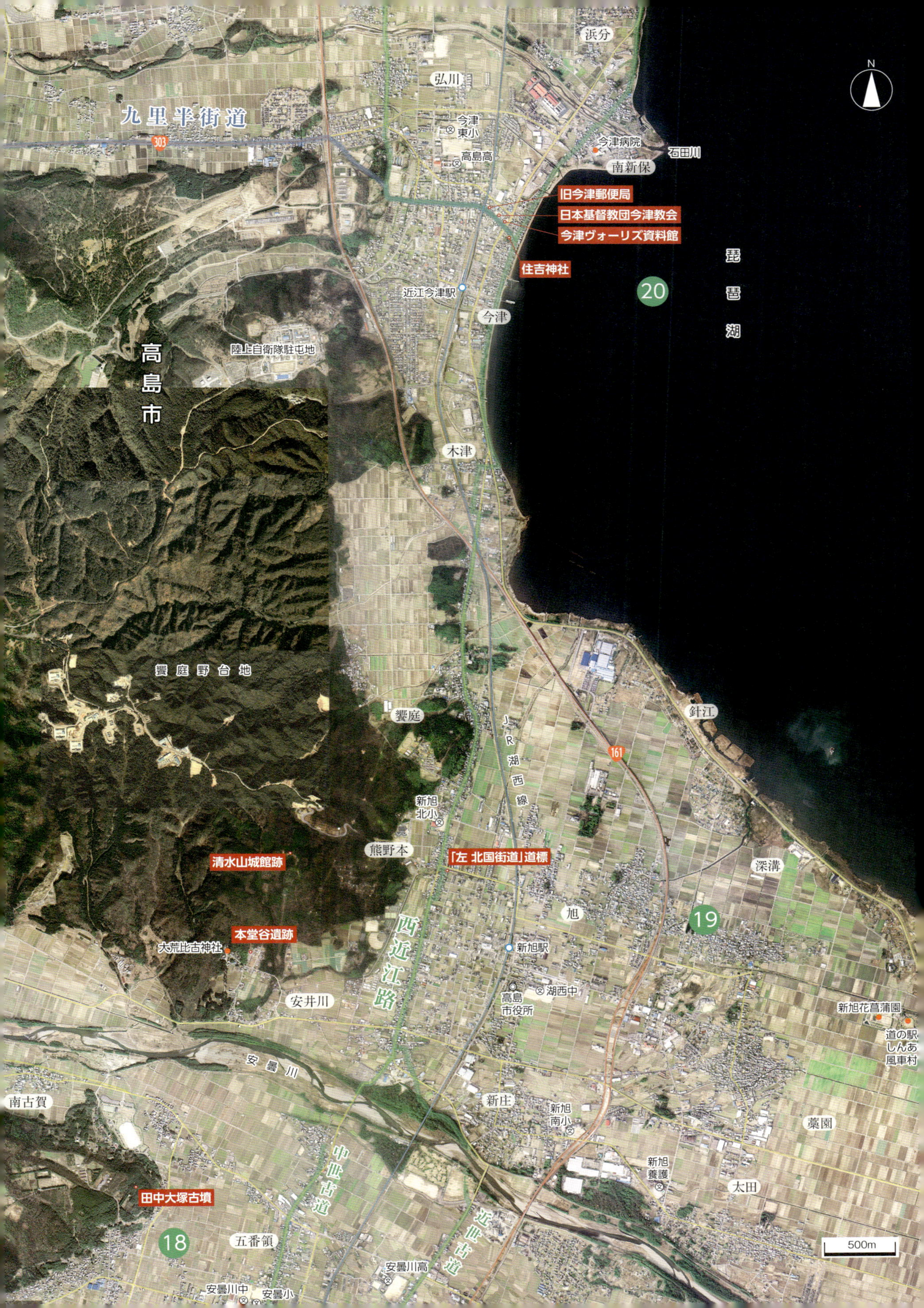
N
浜分
弘川
九里半街道
303
今津東小
高島高
今津病院
石田川
南新保
旧今津郵便局
日本基督教団今津教会
今津ヴォーリズ資料館
住吉神社
琵琶湖
20
近江今津駅
今津
高島市
陸上自衛隊駐屯地
木津
饗庭野台地
饗庭
針江
JR湖西線
161
新旭北小
熊野本
「左 北国街道」道標
清水山城館跡
深溝
旭
19
西近江路
本堂谷遺跡
大荒比古神社
新旭駅
湖西中
高島市役所
安井川
新旭花菖蒲園
道の駅しんあさひ風車村
安曇川
南古賀
新庄
新旭南小
藁園
新旭養護
太田
中世古道
田中大塚古墳
近世古道
18
五番領
安曇川高
500m
安曇川中
安曇小

➡清水山城跡主郭
（滋賀県立安土城考古博物館提供）

⬇本堂谷遺跡の空堀

西近江路

19 上小川―熊野本

清水山城館跡

高島市

檜皮葺の御殿のあった山城

中世古道と近世古道に分かれていた西近江路は、安曇《あど》川を渡った後合流します。合流後、西近江路はJR湖西線の西側、山裾の平野部を北に進みます。

安曇川の北に饗庭野《あいばの》台地が広がりますが、その南東端に史跡清水《しみず》山《やま》城館跡があります。清水山城館跡は、山上部の山城と山麓の屋敷跡、そこから西ノ谷川を隔てて西側にある本堂谷《ほんどうだに》遺跡（井ノ口館）で構成されています。

山城は、主郭《しゅかく》を中心に北西、南東、南西へと3方向に伸びる尾根上に郭《くるわ》が配置されています。主郭で行われた発掘調査では建物礎石が検出されました。瓦が出土していないことから檜皮葺《ひわだぶき》の御殿だと考えられます。また主郭の東斜面には、斜面をタテ方向に掘った空《から》堀《ぼり》を連続して数本並べた畝《うね》状空堀群が見られます。畝状空堀群は北西尾根上の郭群の北斜面にも見られますが、近江ではめずらしい遺構です。

一方、南東尾根郭群から山麓に向けて大手道がまっすぐ南に伸びており、道沿いに西屋敷と呼ばれる郭群が広がっています。方形の郭が規則正しく並ぶ様子は、かつてここにあったとされる天台寺院清水《せいすい》寺の遺構との関連が指摘されています。

西屋敷と谷を隔てて東側にも東屋敷と呼ばれる郭群が広がっています。また西屋敷、東屋敷、いずれも南端に大規模な土塁《どるい》と堀がめぐっており、城の惣構《そうがまえ》の痕跡とも考えられています。

西近江路沿いの城下町

西近江路は、清水山城の東山麓を北に進みますが、道沿いには城下町が広がっていました。特に城下の北端とされる今市《いまいち》（現高島市新旭町熊野本《くまのもと》）には、道が屈曲して進む様子が残っており、曲がり角には「左　北国街道」と刻まれた道標が立っています。

⬇今市の道標

清水山城は、中世に高島郡を支配した佐々木越中《えっちゅう》氏の居城です。佐々木越中氏は近江源氏佐々木氏の一族で、高島郡に勢力を誇った西佐々木一族の本家にあたります。西佐々木一族は、本家である越中と田中、朽木《くつき》、永田、能登《のと》、横山、山崎の七氏から成り、戦国時代には一揆《いっき》を結んで六角氏や京極氏・浅井氏から自立した独自の勢力を築いていました。

（松下浩）

→日本基督教団今津教会（旧今津基督教会館）
↓西近江路今津宿を北から望む

西近江路 20

熊野本―今津

ヴォーリズ通り

高島市

水陸交通の要として発展

　熊野本の集落を抜けると、西近江路は饗庭《あいば》野台地の山裾を北へ進み、木津《こうつ》の集落を通り東に折れ、琵琶湖岸に出ます。さらに、湖岸に沿って北上すると、今津《いまつ》へと至ります。

　今津は、近世以前には琵琶湖と内湖に挟まれた細長い島状の陸地でした。ここに西近江路の今津宿と、琵琶湖の水運の要所となる今津浦（港）がおかれ、水陸交通の要として発展しました。

　今津宿の北に鎮座する湖上交通の守り神である住吉《すみよし》神社を過ぎると、西近江路は進路を西へ変えます。

湖を渡り伝道したヴォーリズ

　この通りには、ウィリアム・メレル・ヴォーリズ設計の建造物が3棟並び、通称「ヴォーリズ通り」として親しまれています。いずれも国の登録有形文化財です。

　西近江路と県道333号線が交差する角地に建つのが、今津ヴォーリズ資料館（旧百卅三《ひゃくさんじゅうさん》銀行今津支店）です。1922（大正12）年に建てられた鉄筋コンクリート造の建物で、石積風の重厚な外観の銀行建築です。

　続いて、日本基督《キリスト》教団今津教会（旧今津基督教会館）があります。1934（昭和9）年の建築で、切妻造《きりづまづくり》の正面に大きな妻面《つまめん》を見せ、その頂部には塔屋《とうや》を設けた明朗で印象的な建物です。

　さらにその西に、旧今津郵便局が建ちます。1936（昭和11）年に建てられた木造2階建の建物で、半円アーチの玄関をもち、郵便局として使われていた当時の内装や建具が良く残ります。

　ヴォーリズは、アメリカ・カンザス州の生まれで、1905（明治38）年に滋賀県立商業学校（現八幡商業高等学校）の英語教師として来日しました。教職を離れた後も近江八幡にとどまり、キリスト教の伝道とともに全国で1000棟を超える建築設計を行いました。

　彼は、滋賀県西部にもキリスト教を広めたいと考えましたが、鉄道などの陸上交通網が未整備であったため、伝道船「ガリラヤ丸」で今津へ渡り、キリスト教の布教を行うとともに建造物の設計を手掛けました。

（長谷川聡子）

↓今津ヴォーリズ資料館（旧百卅三銀行今津支店）

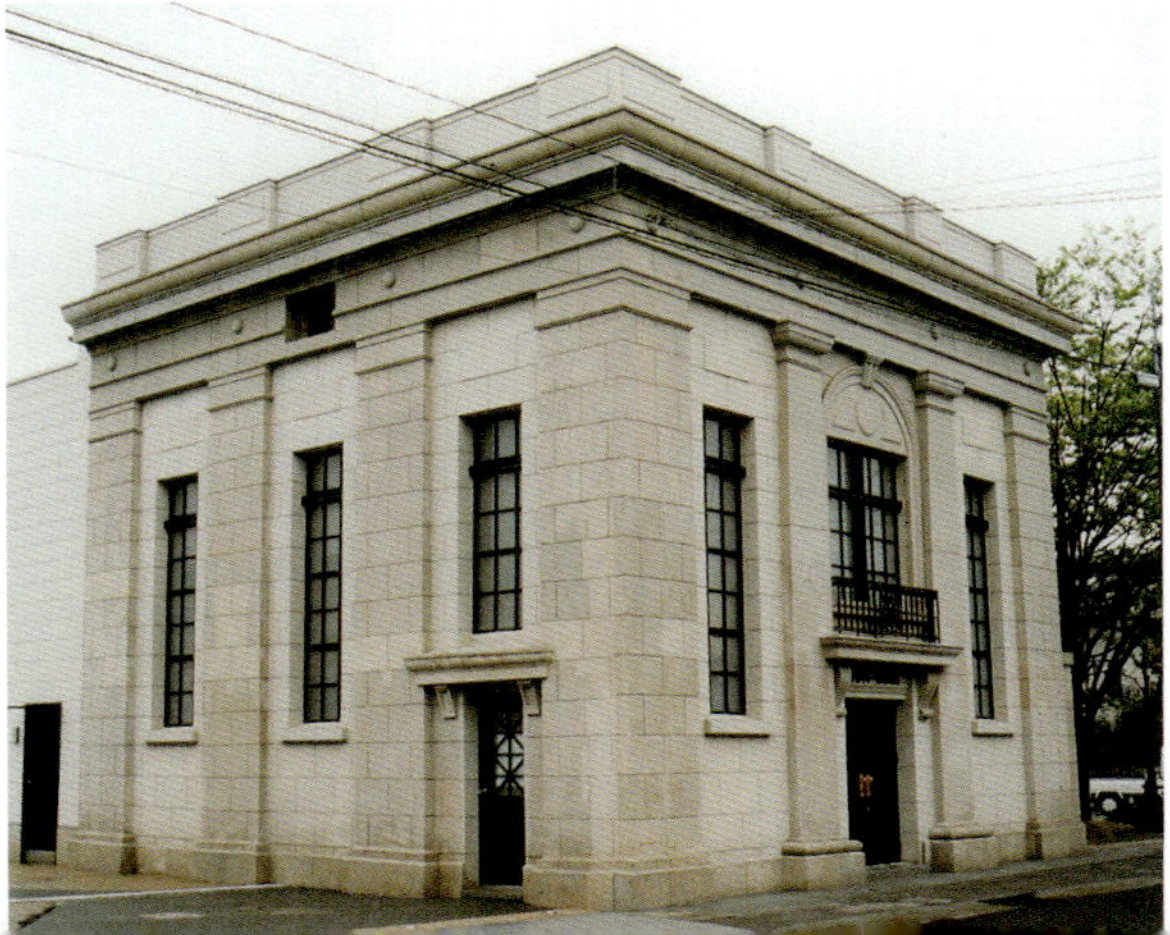

N
1 km
野口
剣熊関跡
西近江路
マキノ北小
小荒路
23
追坂峠
道の駅マキノ追坂峠
高島市
長浜市
マキノ西小
マキノピックランド
海津
海津天神社
マキノ中
マキノ東小
西浜
蛭口
東山
マキノ駅
161
JR湖西線
22
知内
マキノ南小
知内川
百瀬川
海津大崎
近江中庄駅
琵琶湖
貫川内湖
日置前
今津北小
追分沼
極楽寺
妙見山古墳群
福岡
今津中
21
弘川
今津東小
高島高
石田川

➡極楽寺庭園
⬇小高い丘の上にある極楽寺
（サンライズ出版撮影）

西近江路

21 今津―福岡

極楽寺の枯山水庭園

高島市

作庭記録が残る県の名勝

今津宿北端の住吉神社で西に曲がった西近江路は、栄町《さかえ》の交差点を過ぎて約２００m進んだところで、北に進路を変えます。このあたりが、西近江路と若狭《わかさ》へと向かう九里半《くりはん》街道との分岐点です。分岐点から北へ７００mほどで、饗《あい》庭野《ばの》丘陵《きゅうりょう》の北側を蛇行しながらほぼ東西に流れ、河口付近では春先のアユを獲るヤナ漁が行われている石田《いしだ》川を越えると、左手奥に極楽《ごくらく》寺の木々が目に入ります。

極楽寺は小高い丘の上に建つ、別名「山崎堂」とも称される浄土宗の寺院です。火災で焼失した本堂を江戸時代後期の１８０５（文化2）年から5年をかけて再建したのは、説誉《せつよ》上人《しょうにん》歓寿《かんじゅ》和尚《おしょう》です。本堂に向かって左（南側）には庭も作られています。寺の記録によると、上人は同郷（伊香《いか》郡西浅井《にしあざい》村字大浦《おおうら》）であった庭師の岩崎清《いわさききよ》光《みつ》に作庭を依頼します。江戸で活躍中の清光が作庭に着手したのは１８２３（文政６）年6月16日で、本堂再建から13年後のことでした。この日から信徒・寺子らのべ45人が作業にあたり、15日後の30日には完成しました。経費として清光へのお礼が金子《きんす》1両、他に石材、酒飯雑用に2両が使われたとあります。

丘の上に建つ寺の立地を生かし、自然の傾斜を利用した枯山水《かれさんすい》の庭園で、築山《つきやま》の頂上には趣ある配置の三尊《さんぞん》石を配置し、その下側に見ごたえある枯滝を構成しています。滝の前面は平らで杉苔《すぎごけ》が覆い、わずかに顔をのぞかせる水分石《みくまりいし》を配することで、滝からの水を湛えた水面が強調されているようです。

一般的に庭師や作庭の時期は明確でない中にあって、この庭園は作庭の記録が残されており、経緯が詳細にわかる稀有《けう》な事例として、庭園の研究上貴重であることから、１９８７（昭和62）年3月に県の名勝に指定されました。

西に広がる妙見山古墳群

なお、極楽寺の西に広がる丘陵には、古墳時代中期から後期（5～6世紀）にかけての古墳群である妙見山《みょうけんやま》古墳群が分布しています。国道１６１号バイパス建設にともなう発掘調査では、一辺15m、高さ１・５mの方墳の周溝から、家形埴輪《はにわ》や水鳥形埴輪が見つかっています。

（大崎康文）

⬅妙見山古墳出土の水鳥形埴輪
（滋賀県立安土城考古博物館蔵・提供）

➡海津の護岸石積み（サンライズ出版撮影）
⬇力士まつり（高島市教育委員会提供）

西近江路

22 福岡―海津

力士まつり

高島市

北陸からの物資の集積地

西近江路は、いくつもの扇状地の扇端部を通って、今津町からマキノ町へと北上します。途中いくつもの天井川《てんじょうがわ》を越えていくことになり、荷車などでの川の横断はたいへんではなかったかと推測されます。百瀬川《ももせ》を越え蛭口《ひるぐち》の集落から街道は琵琶湖に向かって東に向かいます。知内川《ちない》を渡り湖岸の西浜《にしはま》集落から海津《かいづ》へと到着します。

海津は、湖岸の浜堤《ひんてい》上に細長く延びる港町であり宿場町です。湖上と陸上の交通が交差する要衝《ようしょう》です。江戸時代には北陸からの物資が海津に集積し、港から航路で大津港へと運ばれました。海津は、加賀《かが》藩から大坂に廻送される年貢《ねんぐ》米《まい》を一手に扱ったとされ、大きな経済力を持っていました。

その集落を散策してみると、街道の両側には町屋が建ち並び、多数の寺院や造り酒屋などがあり、町場であったことがしのばれる街並みが続きます。

また街道筋のところどころから琵琶湖岸に出る通路があります。湖岸には立派な石積みの護岸が築かれています。江戸時代に海津の経済力を背景に築かれたもので、押し寄せる波や増水から地域を守ってきました。ぜひ湖岸に出て、間近で見ていただきたいところです。

化粧まわしをしめて神輿を担ぐ

さらに集落から山側に足を延ばすと海津天《かいづてん》神社が鎮座しています。海津天神社の祭神は菅原道真《すがわらのみちざね》で、1191（建久2）年に勧請《かんじょう》されたとされています。

海津天神社と言えば何といっても「海津祭り」です。「力士まつり」として知られた春の例祭で、毎年4月29日に行われます。江戸時代、廻船問屋《かいせんどんや》の荷役《にやく》の若衆たちが、神社境内での草相撲で、力士をまねて豪華な化粧まわしをしめて、力を競いあったのがこの祭礼の起源といわれています。化粧まわしをしめた海津と西浜の若者が神輿《みこし》を2基担いで海津と西浜の各町内を渡御《とぎょ》します。日が暮れる頃、神輿は海津天神社に戻ってきます。神輿は境内を数回激しく練りまわり、力士たちによる熱い一日はなごりおしく還御を迎えます。

（矢田直樹）

⬇海津の街並み（サンライズ出版撮影）

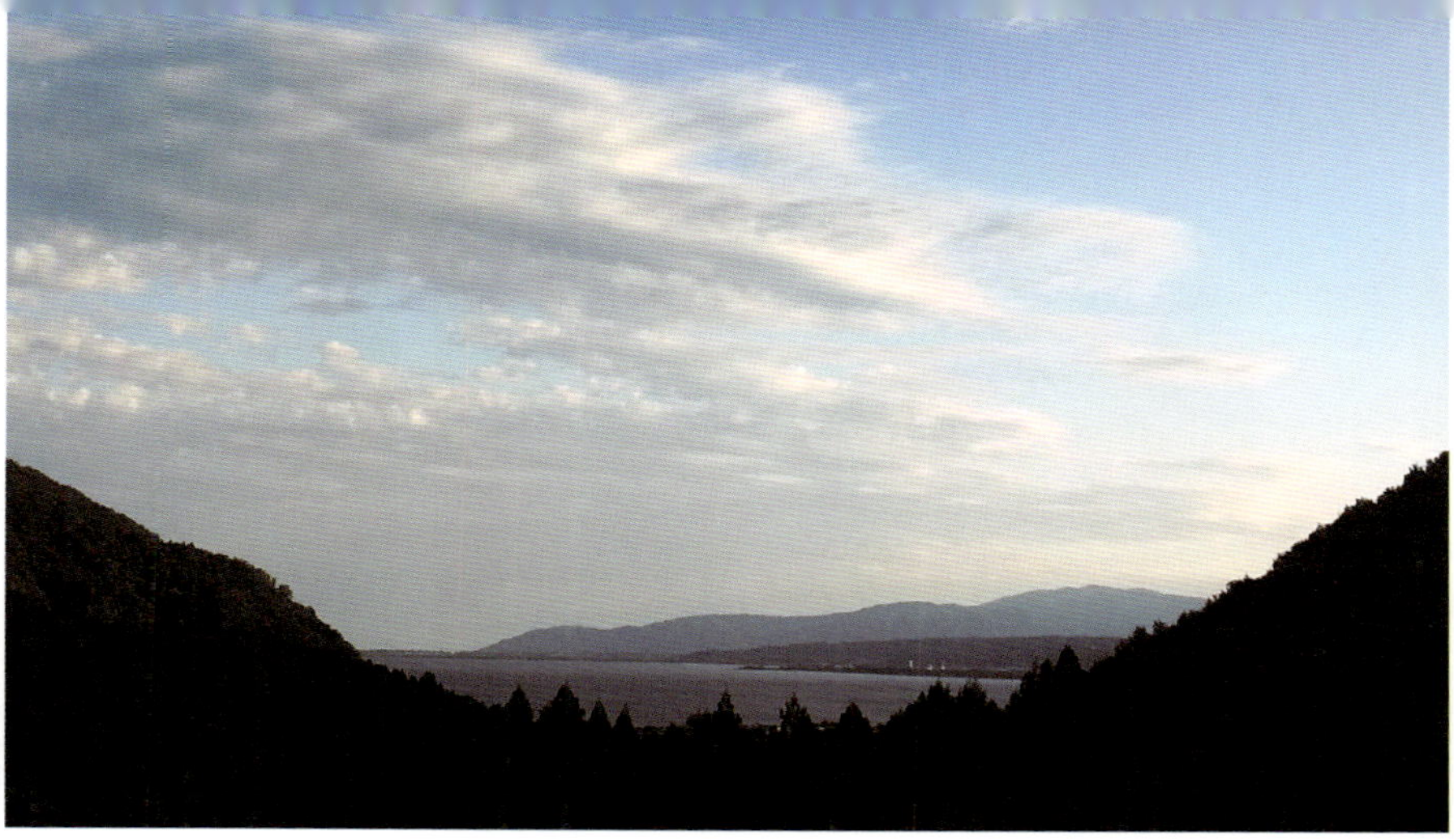

➡追坂峠から琵琶湖を望む

⬇「剣熊関之跡」の石碑

西近江路

23

剣熊関跡

海津―野口

高島市

女性の出入りを改めた剣熊関

海津から七里半越《しちりはんごえ》の道を北に進み、最初の峠である追坂峠《おっさか》を過ぎると野口《のぐち》の集落が見えます。小荒《こあら》路《じ》あたりでは比較的開けていた土地も、このあたりになると急激に谷が迫り空は狭くなります。

野口の集落には、江戸時代に設けられた剣熊関《けんくまのせき》(野口関・天限関《てんのくま》)があり、野口番所とも呼ばれました)がありました。今は物々しい面影はありませんが、街道の北と南に関門を設け、その西に武具庫、見張所、東に馬小屋、役宅《やくたく》、長屋が置かれたといいます。

江戸時代中期に記された『近江《おうみ》輿地志略《よちしりゃく》』によると、「専《もっぱ》ラ女人ノ出入《でいり》ヲ改ムル公儀ヨリノ御関所」であり「東海道新井関所ノ格ニ似タリ」とされています。女性の移動を厳重にチェックする公的な関所の一つで、東海道沿いの主要関所である静岡県の新居《あらい》関の格に似ているということですから、近江と北陸を結ぶ道の重要な関所であったことがわかります。

現在、かつて関所があった場所に建てられた「剣熊関之跡」と記された石碑を見ることができます。

古代三関の一つ、愛発関

そこから街道を北に進み路原《ちばら》、国境《くにざかい》の集落を越えると福井県、かつての越前《えちぜん》国です。

近江国と越前国の境には、奈良時代に「愛発関《あらちのせき》」が設けられていました。東海道沿いに近江国と伊勢国の境に設けられた「鈴鹿関《すずかのせき》」、東山道《とうさんどう》沿いに近江国と美濃《みの》国の境に設けられた「不破関《ふわのせき》」とあわせて古代の三関と呼ばれ、宮都の置かれた畿内を防衛するための重要な役割を担いました。

たとえば、天平宝字《てんぴょうほうじ》8(764)年の藤原仲麻呂《ふじわらのなかまろ》の乱の際には、仲麻呂が越前へ逃亡するのを防ぐために愛発関が封鎖されたように、有事の際は効力を発揮したのでした。

愛発関をめぐってこのような歌がのこされています。

「過所《かしょ》無しに関飛び越ゆる霍公鳥《ほととぎす》まねく吾子《わこ》にも止《や》まず通《かよ》はむ」(万葉集3754)

越前に流された中臣朝臣宅守《なかとみのあそんやかもり》が、平城京にいる妻の狭野弟上《さののおとがみ》娘子《おとめ》との間で交わした歌で、自由に愛発関を飛び越えるホトトギスを羨《うらや》み詠んだものです。

国境に設けられた関所は、ホトトギスと妻を恋う夫の思い以外は、強固に阻《はば》んだのでした。

(畑中英二)

⬇野口の集落を通る西近江路
(サンライズ出版撮影)

中山道よりも直線的だった古代の東山道
(滋賀県教育委員会『尼子西遺跡２』掲載の図をもとに作成)

尼子西遺跡で発見された古代東山道の遺構

五畿七道

街道あれこれ 一

古代・中世の街道

東海道《とうかいどう》や東山道《とうさんどう》というと街道のことを指すと思われるかもしれませんが、本来は古代の律令《りつりょう》国家の地方制度を指すことばです。７０１（大宝《たいほう》元）年の大宝律令の完成によって、全国を統治する律令国家が誕生しました。全国を国《こく》・郡《ぐん》・里《り》という行政単位によって把握し、地方支配を行う方式が、７１０（和銅３）年の平城遷都以降定着します。そして全国を五畿七道《ごきしちどう》に大きく区分して、そのもとに国・郡・里といった行政単位が編成されるのです。

五畿七道とは、当時の都である大和《やまと》を含む畿内（摂津《せっつ》・河内《かわち》・和泉《いずみ》・山城《やましろ》・大和）と、北陸道《ほくりくどう》・東山道・東海道・南海道《なんかいどう》・山《さん》陰道《いんどう》・山陽道《さんようどう》・西海道《さいかいどう》です。そして、中央と地方とを結ぶ主要な街道として七道が整備されたのです。近江は東山道に属し、北陸道・東山道・東海道の３つの街道が通過していました。

これら七道は、「駅路《えきろ》」とも呼ばれ、律令国家が都と地方とを結び、正式な使者が利用する道路として整備したものです。そして駅路の沿線には「駅家《うまや》」という施設が置かれました。駅家は、駅路を通る使者が休憩・宿泊する施設であり、そこでは使者が乗る馬が飼われていました。駅路は、国家が整備した官道であり、都と地方とを行き交う情報がいち早く伝えられるよう、都と地方を最短距離で結ぶように整備されました。そのため、幅広い道が、ひたすら一直線に伸びているのが特徴で、発掘調査でも幅の広い、直線で伸びる駅路の遺構が発見されています。滋賀県内でも犬上《いぬかみ》郡甲良《こうら》町の尼子《あまご》西《にし》遺跡から幅約12ｍ、長さ３００ｍの道路遺構が発見されています。８世紀頃に造られたもので、古代東山道の遺構と考えられます。

中世にはいると、律令国家の衰えとともに、中央政権の力は衰退し、かつて地方行政単位であった国や郡、あるいは村といった地方組織が自立して、独自の支配を展開するようになります。その結果、直線的で大規模な官道の維持・整備は行われなくなり、街道は、地形や、地方の生活実態に合わせた形で道筋が付け替えられるようになります。かつては幅広く直線的に伸びていた古代の官道ですが、道幅が狭まり、屈曲《くっきょく》や迂回《うかい》が見られるようになります。(松下浩)

北国街道

北国脇往還

北国街道は、彦根市鳥居本で中山道《なかせんどう》と分かれた後、ほぼ国道8号に沿って湖北平野を木之本《きのもと》まで、木之本からは余呉《よご》川沿いに国道365号に沿って北上し、福井県南《みなみ》越前《えちぜん》町へと通じるものです。近畿と北陸とを結ぶ主要交通路として、街道が整備された江戸時代には、米原《まいはら》、長浜、木之本、中河内《なかのかわち》に宿駅が置かれ、柳ケ瀬《やながせ》には彦根藩によって関所が設けられました。

北国脇往還《わきおうかん》は木之本《きのもと》宿で北国街道から分岐し、湖北地域の東側を斜めに横断して関ケ原《せきがはら》宿で中山道と合流します。北陸の諸大名が参勤交代に利用した幹線道です。

栃ノ木峠
余呉高原リゾートYAP
淀川の源の碑
兜造民家
南越前町
01
中河内
中河内宿
廣峯神社
本陣跡石碑
高時川
北国街道
長浜市
大黒山
椿坂トンネル
椿坂峠
椿坂
敦賀市
安蔵山
365
椿坂
北陸自動車道
柳ケ瀬トンネル
刀根PA
02
玄蕃尾城跡
余呉川
七々頭ケ岳
分岐点道標
「明治天皇行在所」石碑
柳ケ瀬
柳ケ瀬氏長屋門
1 km

➡栃ノ木峠を越えてすぐにある兜造の民家
⬇中河内本陣跡の石碑（サンライズ出版撮影）

北国街道

01 栃ノ木峠―中河内

兜造民家

長浜市

県最北端の中河内

北国街道の滋賀県の北の起点は、福井県との県境にある栃ノ木《とちのき》峠です。標高は537mで、斜面には樹齢数百年といわれるトチの大木があり、この峠を行き交った旅人たちを長年にわたって見つめ続けてきました。

栃ノ木峠には、高時《たかとき》川の最上流部であり、淀《よど》川水系の最北端にあたることから「淀川の源」と刻まれた石碑が置かれています。峠から北国街道沿いに南下してきた高時川は、中河内《なかのかわち》の本陣跡近くで方向を南東に変え、丹生谷《にうだに》と呼ばれる谷あいを経たのち、再び木之本《きのもと》から北国街道のそばを流れます。

栃ノ木峠から南へ下ると程なく中河内に至ります。中河内は近江最北端の集落で、椿坂峠《つばきさか》と栃ノ木峠の間の小さな盆地に立地しています。「滋賀県の北海道」と称せられるだけあって、県下で最も寒く、また随一の豪雪地帯です。

中河内宿は間宿《あいのしゅく》の椿坂と越前の板取《いたどり》宿を結ぶ宿場であり、かつては街道に沿って本陣・脇本陣・問屋などが並んでいました。明治29（1896）年に北陸線の敦賀《つるが》―福井《ふくい》間が開通するとともに、宿場として役割を終え、現在は残念ながら本陣跡の石碑を残すのみとなっています。宿場としての往時の景観は薄れつつありますが、同地区には昔ながらの民家が今も点在しています。

珍しい兜造の民家

これらの民家のうち注目されるのが、中河内の集落の北端、峠を少し下ったあたりに所在する兜《かぶと》造《づくり》の民家です。建物は妻を街道に向けて建ち、街道に面した妻側の屋根を切り下げて窓を設け、その下に庇《ひさし》が付いています。

➡中河内の集落を横切る高時川（サンライズ出版撮影）

こうした屋根の形式をもつ民家は一見兜に似ているところから「兜造」と称されますが、滋賀県内に残る多様な民家建築の類型からみても稀有《けう》な存在です。

建築時期は、工法その他から19世紀後期の建築と考えられています。現在はトタン葺《ぶき》になっていますが、「栃ノ木峠の兜造」として知られた建物で、全体的に当初の姿をよく残しており、街道沿いの民家の風格を留めている貴重な建物です。

（清水一徳）

➡玄蕃尾城跡主郭部南側の土橋と馬出

⬇明治天皇柳ケ瀬行在所

北国街道

02 中河内―柳ケ瀬

玄蕃尾城跡

長浜市

元関所役人・柳ヶ瀬氏の長屋門

柴田勝家《しばたかついえ》が栃ノ木《とちのき》峠越（現在の国道365号）を整備し、近江と越前を結ぶ最短ルートである北国街道となりました。このルート上にある柳ヶ瀬《やながせ》の集落の北部には古代から利用された福井県敦賀《つるが》市（刀根《とね》村）へ通じる倉坂《くらさか》峠（久々坂《くぐさか》峠・刀根坂・刀根越）道が分岐していたことから交通上の要衝となり、江戸時代には間宿《あいのしゅく》が置かれました。

宿の入口北方には、元和《げんな》年間（1615～24）に彦根藩の柳瀬関所が設置され、1687（貞享《じょうきょう》4）年この関所は宿の南に移転整備され、敷地約100坪、番人6人が昼夜2人ずつ勤務し、鉄砲5挺《ちょう》、槍《やり》5筋など種々の武器や諸道具を備え警備しました。とくに女子の通行を厳しく取り締ったので女改関所とも称されました。関所の跡には石碑が建てられています。

現在の柳ケ瀬集落は、道に沿って水路が設けられておりかつての街道の雰囲気を残しています。明治天皇行在所《あんざいしょ》の石碑や元関所役人柳ケ瀬氏の長屋門もみることができます。集落の北端に倉坂峠に向かう道が西側に分岐し、分岐点には1883（明治16）年建立の道標が建てられています。

勝家配下の人名がついた城

さて、この北国街道を見下ろし、倉坂峠道を守る場所に築かれたのが玄蕃尾《げんばお》城（別名は内中尾《うちなかお》城）です。この城郭は、1582（天正《てんしょう》10）年に本能寺の変で没した織田信長《おだのぶなが》の後継を争った賤ヶ岳《しずがたけ》の合戦の際に、柴田勝家が本陣を構えた場所であると言われています。

なぜ勝家の城の名前に配下の佐久間《さくま》玄蕃盛政《もりまさ》の名がついているのか不思議です。刀根村の言い伝えでは行市山《ぎょういちやま》砦に布陣した盛政が勝家本陣との連絡のために馬で走れる尾根道を開き「玄蕃ヶ尾」と呼び、城の名前になってしまったのだと言います。

城郭には、本丸の櫓台《やぐらだい》や機能的に配置された郭《くるわ》、土塁《どるい》や幅広く深い空堀《からぼり》と土橋《どばし》、巧妙につくられた虎口《こぐち》や馬出《うまだし》などが設けられており、当時最先端の防御施設であったと言えます。しかし、秀吉の攻勢を受け、ここで戦うことなく、勝家は越前北之庄《きたのしょう》へと退却したのでした。

賤ヶ岳合戦の陣城群を横目に見ながら北国街道を南に進むと、羽柴秀吉が本陣を置いた木之本宿に至ります。

（畑中英二）

⬆賤ヶ岳に建つ武者像

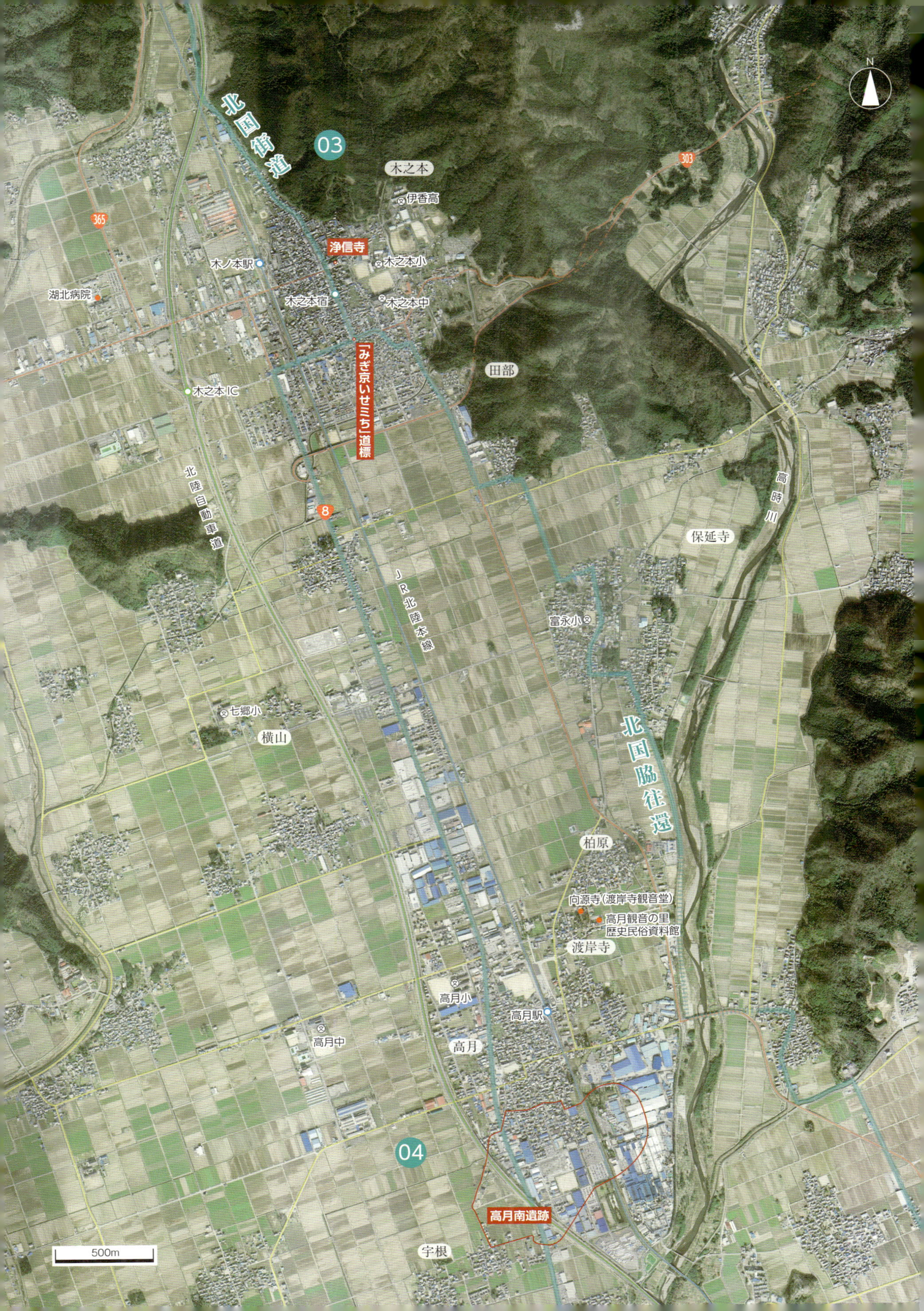

北国街道
03
木之本
伊香高
浄信寺
木ノ本駅
木之本小
湖北病院
木之本宿
木之本中
303
365
「みぎ京いせミち」道標
田部
木之本IC
北陸自動車道
8
JR北陸本線
高時川
保延寺
富永小
七郷小
横山
北国脇往還
柏原
向源寺（渡岸寺観音堂）
高月観音の里
歴史民俗資料館
渡岸寺
高月小
高月駅
高月中
高月
04
高月南遺跡
宇根
500m
N

➡浄信寺本堂と木之本地蔵（サンライズ出版撮影）

⬇旧木之本宿の町並み

北国街道

03

柳ケ瀬—木之本

木之本宿と木之本地蔵

長浜市

牛馬市も開かれた木之本宿

　北国街道は柳ケ瀬を過ぎると、余呉《よご》川源流の谷に沿って北陸自動車道・国道365号と並行しながら南下します。街道を進むと、周囲の景観は山間部の農村から町屋が並ぶ平野部の集落へと変わり、間もなく木之本宿に至ります。

　木之本宿は北国街道と美濃へ向かう北国脇往還《わきおうかん》が分岐する交通の要所で、江戸時代初期には本陣、脇本陣、問屋、馬持《うまもち》、旅籠《はたご》および十数戸の商家と人家が街道の両側に並び、昭和の初期まで、街道の中央には水路が流れていました。現在、水路は埋め立てられましたが、街道の両側には古い商家が軒《のき》を連ね、宿場町の面影を残しています。また室町時代頃から昭和初期まで毎年2回、牛馬市《ぎゅうばいち》が開かれ、盛況を極めたそうです。

高さ6mの地蔵菩薩造

　木之本宿には「木之本地蔵」の名で親しまれる浄信《じょうしん》寺があり、宿場町であると同時に浄信寺の門前町としても栄えました。浄信寺は地蔵菩薩《ぼさつ》を本尊とする時宗の寺院で、寺伝によると、7世紀の天武《てんむ》天皇の時代、金光を放つ地蔵菩薩像が難波《なにわ》の浦《うら》（大阪湾の淀川河口付近の古称）に漂着し、これを当地にまつったのが始まりとされます。

　境内には、本堂・書院・庫裏《くり》・阿弥陀《あみだ》堂などがあり、高さ6mにおよぶ地蔵菩薩の銅像はひときわ目を引きます。1894（明治27）年に造立されたこの像は、本堂に安置される秘仏本尊と同じ姿で、浄信寺のシンボルとなっています。毎年8月22日から25日の地蔵大縁日には全国から多数の参拝者が訪れ、大いに賑わいます。

　その歴史に比例するかのように、浄信寺には彫刻や絵画、工芸品など、多くの文化財が伝えられています。本堂に安置される秘仏本尊の地蔵菩薩立像《りゅうぞう》、脇侍《きょうじ》の閻魔王《えんまおう》立像・倶生神《ぐしょうしん》立像は鎌倉時代の製作で、重要文化財に指定されています。書院の庭園は江戸時代中期の作庭とされ、名勝に指定されています。

　木之本宿の南端には四つ辻があり、「みぎ京いせみち」「ひだり江戸なごや道」と記された道標が立ちます。ここから北国脇往還が分岐し、関ヶ原、大垣へと通じますが、わたしたちは北国街道に歩を進め、次の高月宿を目指します。

（古川史隆）

➡木之本宿の南端に立つ道標（サンライズ出版撮影）

➡高月南遺跡で発見された竪穴建物群

⬇重要美術品子持勾玉（東京個人蔵）
（写真はいずれも長浜市提供）

北国街道 04

木之本—高月

高月南遺跡

長浜市

玉作りも盛んだった中核集落

木之本で北国脇往還と別れた北国街道は、国道8号に沿って南下し、やがて高時川《たかとき》にさしかかります。この高時川の右岸の微高地の上、北国街道沿いに高月南《たかつきみなみ》遺跡があります。

高月南遺跡は、長浜市高月町高月に所在する弥生時代から平安時代にかけての遺跡です。ここからは、多くの竪穴《たてあな》建物や掘立柱《ほったてばしら》建物、墓地など、各時代のさまざまな遺構が見つかっています。一般的な集落の遺構だけでなく、古代の役所に関係する遺構も見つかっています。こうした遺構からは、弥生時代後期から古墳時代の終わりにかけての集落の変遷や、生活の様子がうかがえます。

この遺跡で最も注目すべきことは、出土した遺物にあります。まず弥生時代の装飾品であった玉《たま》や、それを製作するための道具などからは、ここが県内でも有数の玉作りの集落であったことがうかがえます。中でも子持勾玉《こもちまがたま》は、重要美術品に認定されている貴重な資料です。

他地域との活発な交流を示す痕跡

また、古墳時代の出土遺物としては、鍛冶《かじ》関連の遺物や、金属製品、製塩土器などがあります。鍛冶関連遺物の出土は、古墳時代にこの地域で鍛冶を生業とする人々がいたことを示しています。

出土した土器の中には、ほかの地域から持ち込まれたと思われるものがあります。また、製塩土器からは、塩づくりをしていた海辺の地域などとの交流があったことが想像されます。

以上のことから考えると、高月南遺跡は弥生時代から古墳時代にかけて、地域の中核的な集落であり、流通の拠点の一つであったとみることができます。

このことと、遺跡が北国街道付近に位置していることとは偶然ではないと考えられます。たとえば玉作りでは、その素材となる石材を入手するため、あるいはできた製品を各地へ運ぶため、この道を利用したと思われるからです。このように北国街道は、古くは弥生時代から人とモノが行き交う重要な交易路だったのかもしれません。

（福西貴彦）

⬅高月南遺跡出土の玉類

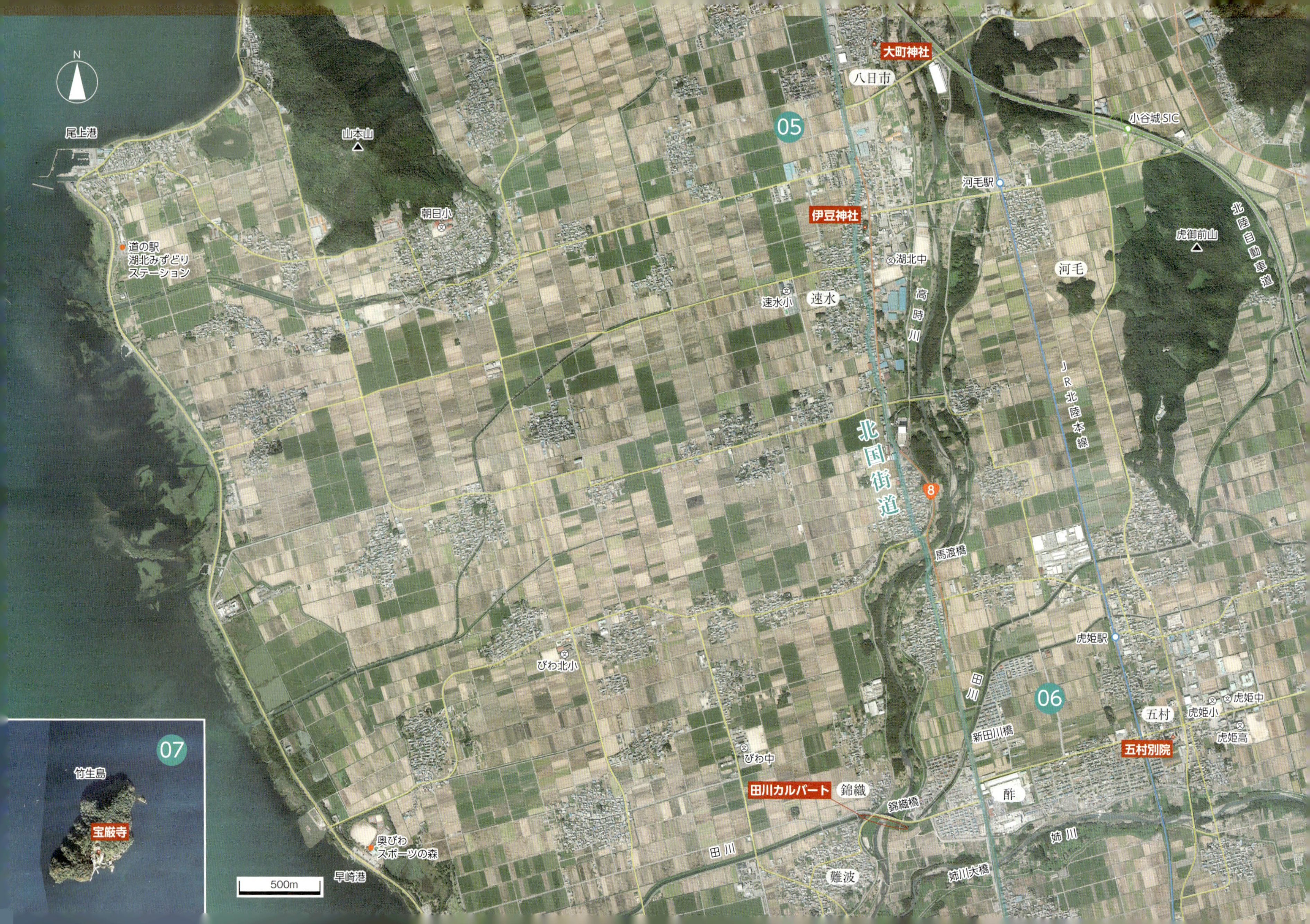
N
尾上港
山本山
朝日小
道の駅
湖北みずどり
ステーション
大町神社
八日市
05
伊豆神社
湖北中
速水小
速水
高時川
河毛駅
小谷城SIC
北陸自動車道
虎御前山
河毛
JR北陸本線
北国街道
8
馬渡橋
虎姫駅
06
虎姫中
虎姫小
五村
虎姫高
五村別院
新田川橋
田川
びわ北小
びわ中
田川カルバート
錦織
錦織橋
酢
姉川
姉川大橋
難波
田川
07
竹生島
宝厳寺
奥びわ
スポーツの森
早崎港
500m

➡長浜市湖北町八日市の大町神社境内で行われている太鼓踊り

⬇速水の青物神輿（川島朱実氏提供）

北国街道

05 高月—速水

太鼓踊りと八朔祭

長浜市

八日市の太鼓踊り

北国街道は高時《たかとき》川に沿って高月町から湖北町に入ります。湖北町に入るとすぐ東側に八日市《ようかいち》の集落があります。八日市では、「太鼓《たいこ》打ち」と称される太鼓踊りが地域の人たちによって伝承されています。

八日市の太鼓踊りは、雨乞《あまご》いの際に踊られたことがその始まりとされ、雨乞いや寺社の落慶《らっけい》法要など特別な機会に限って踊られてきました。和泉《いずみ》神社（長浜市小谷上《おだにかみ》山田《やまだ》町）や大町《おおまち》神社（長浜市湖北町八日市）などで、直径1mほどの大きな太鼓を円の中心に、締め太鼓を着けた小太鼓と鉦《かね》が大太鼓の周囲を回りながら踊ります。小太鼓は子どもたちが務め、顔を白く化粧し、シャグマと称するヤマドリの羽根でできた被《かぶ》り物を頭に着けて踊るのが特徴です。体を大きく振って踊り、シャグマが美しく揺れるところが見どころです。

速水の八朔祭

八日市からさらに南に歩みを進めると、速水《はやみ》の集落に至ります。

速水の集落には伊豆《いず》神社が氏神として鎮座しています。八朔《はっさく》祭として9月1日に行われる祭礼に、青物神輿《あおものみこし》が5年に一度、幡母衣《ばんぱら》武者行列は10年に一度奉納されます。

青物神輿とは、地域で収穫された五穀、野菜、果物や草花など約80種類を使って作り上げられる生ものの神輿です。

神輿の軒《のき》の垂木《たるき》はサトイモのずいき、屋根は青葉で葺《ふ》かれ、屋根の上には、藁《わら》や野菜、ススキなどで作られた大きな鳳凰《ほうおう》が据《す》えられます。神輿の4面には毎回趣向をこらした造り物がつくられ、人々の楽しみの一つとなっています。

精巧かつきらびやかな神輿は、五穀豊穣《ほうじょう》を祈り、若者たちに担がれ集落を渡御《とぎょ》します。

幡母衣武者行列は、甲冑《かっちゅう》を着けた若武者が地域を練り歩きます。武者は、背中に竹を24本に割った母衣《ほろ》を背負います。垂れ下がった竹の中ほどと先端に提灯《ちょうちん》が吊るされ、明かりがともされた提灯が揺れる夜の渡御は、幻想的な光景です。

八日市と速水、両者とも趣向をこらし人々を驚かそうという風《ふ》流《りゅう》の心意気が今に生きる祭りと言えるでしょう。

（矢田直樹）

⬅速水の幡母衣武者

➡高時川にかかる錦織《にしこおり》橋に平行して地下を田川が流れる(サンライズ出版撮影)

⬇昭和4年の田川カルバート継ぎ足し工事の様子(長浜市長浜城歴史博物館提供)

北国街道

06

速水—五村

田川カルバートと五村別院

長浜市

水害常襲地に近代的治水事業

速水《はやみ》を出た北国街道は、じきに高時《たかとき》川と田《た》川を渡りますが、田川に架かる新田川橋から約600m下流に、高時川と田川が上下に立体交差する、全国的にも珍しい田川カルバートがあります。

江戸時代には高時川と田川は同じ位置で姉《あね》川に合流しており、大雨の際には河床《かしょう》の低い田川に流水が逆流して、田川流域は冠水し大きな被害を受けました。これを改善するため、江戸時代以降たびたび治水《ちすい》事業が行われ、1885(明治18)年には田川を高時川にも姉川にも合流せず、トンネルにより高時川の下を通して琵琶湖へ流す、煉瓦《れんが》造と石造による田川カルバートが完成し、水害が大きく改善されました。

このカルバートは1929(昭和4)年に継ぎ足し工事が行われ、1966(昭和41)年にさらに改修されて現在の姿になりました。田川カルバートは、かつてこの地が三川《さんせん》合流のため水害が絶えず、地区住民が必死に治水事業を行った歴史の証人と言えるものです。

湖北の真宗信仰の中心寺院の一つ

さて、北国街道をさらに南下し、現在の国道8号の酢《す》の交差点で北国街道を東に折れ、1㎞ほど進むと五村《ごむら》の集落に入ります。五村には浄土真宗大谷派五村別院が所在します。

湖北地方は浄土真宗信仰の篤い地域であり、五村別院はその活動の中心となる寺院の一つとして、重要な役割を果たしてきました。寺院の創建は、1597(慶長2)年に地元の大村刑部《おおむらぎょうぶ》らが本願寺第十二世教如上人《きょうにょしょうにん》のために堂宇《どうう》を建立したことが始まりで、その後順次伽藍《がらん》を整え、今日の境内には本堂、表門、大広間、客殿、鐘《しょう》楼《ろう》、太鼓楼《たいころう》などが建ち並び、江戸時代中期以降の厳《おごそ》かな景観を伝えています。

現在の本堂は1730(享保《きょうほう》15)年に再建されました。湖北地方を拠点に活動した宮大工の西嶋《にしじま》家の作品で、太い柱や虹梁《こうりょう》、背の高い蟇股《かえるまた》など力強い作風が特徴です。1674(延宝《えんぽう》2)年建立の表門も西嶋家の作品で、ともに重要文化財に指定されています。

毎年、五村別院では教如上人の命日に盛大な法要が営まれており、湖北の真宗門徒にとって、また地域の人々にとっても大切な信仰の場として息づいています。

(菅原和之)

⬆重要文化財の五村別院本堂

→竹生島の港
←宝厳寺渡廊

北国街道 07 竹生島

国宝「竹生島経」

長浜市

参詣者が渡った信仰の島

北国街道を行く旅人の中には、著名な観音霊場である竹生島《ちくぶ》に向かう者が多くいました。江戸時代、竹生島へは尾上《おのえ》港（長浜市湖北町尾上）および早崎《はやざき》港（長浜市早崎町）から参詣者用の船が出ており、北国街道の速水《はやみ》や馬渡《もうたり》などの分岐点には旅人をそれらの港へと導く「竹生島道」の道標が建てられていました。

尾上、または早崎から乗船した参詣者は、竹生島の港に上陸します。江戸時代までの竹生島は、弁《べん》才天《ざいてん》と観音菩薩《ぼさつ》への信仰を中心とする、神仏習合の霊地でした。竹生島最大の行事として知られる「蓮華会《れんげえ》」の呼び名は、もともと仏教経典の妙法蓮華経《みょうほうれんげきょう》（法華《ほけ》経）を講釈して讃え、神仏にハスの花を献じたことに由来するからだともいわれます。弁財天と並ぶ信仰対象の観音菩薩も、実は法華経の一部である「観世音菩薩普門品《かんぜおんぼさつふもんぼん》」に登場する尊格ですから、竹生島信仰と法華経は、とても縁が深いのです。

貴族文化の遺品、竹生島経

宝厳寺《ほうごんじ》に伝わる国宝の法華経1帖《じょう》は「竹生島経」の愛称で知られ、金や銀の絵具で蝶《ちょう》や想像上の植物などを描いた華麗な和紙の上に、経文を書写したものです。現在、宝厳寺にあるのは折本仕立ての「序品《じょほん》」が1帖。他に東京国立博物館が所蔵している「方便品《ほうべんぼん》」1巻があり、ともに元は8巻揃《ぞろ》いだったものの一部と考えられます。

下絵の描法や本文の書風はともに、穏やかで整然とした和様《わよう》の趣をあらわしており、平安時代（11世紀前半）に書写されたものと考えられます。貴族社会で隆盛を極めた、法華経を写経する文化の頂点に位置する最高級の遺品です。

なお、「序品」は幕末期の1854（嘉永7）年、京都の熊《くま》谷蓮心《がいれんしん》によって修復されています。蓮心は京都の薬種商「鳩居堂《きゅうきょどう》」の四代目当主として有名な人物ですが、初代の熊谷直心《じきしん》（1639～1731）は近江の出身で、竹生島に寄寓していたこともあったといわれています。蓮心には、先祖の事績を顕彰する思いがあったのでしょうか。

わが国の経典文化を代表する国宝「竹生島経」には、聖なる島へ寄せられた多くの人々の信仰や思いが秘められているのです。

（井上優）

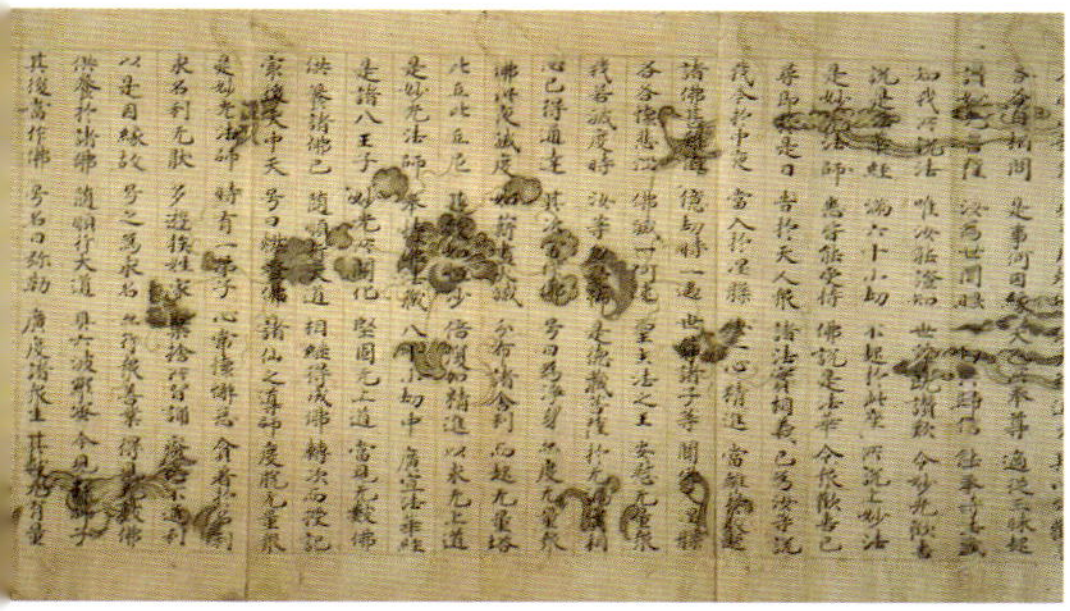

↑国宝法華経序品
（宝厳寺蔵・長浜市長浜城歴史博物館提供）

祇園町
08
大通寺
元浜町
長浜赤十字病院
長濱八幡宮
西中
長浜市役所
長浜小
長浜駅
長浜市長浜城歴史博物館
旧長浜駅舎
慶雲館
長浜北星高
長浜港
09
長浜北高
市立長浜病院
下坂氏館跡
下坂中
長浜南小
長浜市
北陸自動車道
北国街道
琵琶湖
長浜バイオ大
滋賀文教短大
田村駅
田村
神田PA
長浜ドーム
長沢
JR東海道新幹線
8
JR北陸本線
道の駅近江母の郷
宇賀野
米原市
坂田中
坂田駅
飯
岩脇
天野川
JR東海道本線
21
米原道(深坂越)
8
10
米原高
米原
米原宿
「右 中山道」道標
青岸寺
太尾山
米原小
米原市役所
米原中
文化産業交流会館
米原駅
近江鉄道
番場
中山道
番場宿
500m

➡人込みで賑わう大通寺門前

⬇重要文化財大通寺本堂

北国街道

08

大通寺

五村―長浜

長浜市

「御坊さん」と親しまれる

酢《す》の交差点から北国街道は国道8号を南下し、国道が東に曲がった後もさらに南下を続けます。その後、祇園《ぎおん》町南の交差点を東へ曲がり、JRをくぐった後南へ向かいます。しばらく行くと東側に長浜市指定文化財の大通《だいつう》寺山門が見えてきます。

大通寺山門は江戸時代の1840（天保11）年ごろに完成した入母屋造《いりもやづくり》三間《けん》三戸《こ》の大規模な二重門です。細かな彫刻で装飾され、完成まで33年の歳月がかかったとされています。2017（平成25）年からの屋根葺《ふ》き替《か》え修理によって、美しい姿がよみがえりました。

真宗大谷派長浜別院大通寺は、「長浜御坊《ごぼう》」とも呼ばれ、長浜の人々からは「御坊《ごぼう（ごぼ）》さん」と親しみをもって呼ばれています。

大通寺は、天正初年に織田信長《おだのぶなが》に対抗していた大坂本願寺の支援のため、協議を行う寄合い道場を開いたのがその始めといわれています。1602（慶長7）年徳川《とくがわ》家康《いえやす》より本願寺分立が許されたのにともない、無礙智山《むげちざん》大通寺として成立しました。

もともと長浜城内にあったものが、1606（慶長11）年に内藤《ないとう》信成《のぶなり》が長浜に移封された際に、この地に移されたとされています。

今も活気に溢れる門前の通り

長浜城の城下町として多くの人々で賑わったこの地は、今でも当時の面影を残す商店や、民家が点在しています。古民家を改修した飲食店や、土産物店が並ぶ「黒《くろ》壁《かべ》スクエア」やアーケードの商店街に、多くの人々が集まり活気が溢れています。現在の大通寺はこうした町並みに見事に溶け込んでいます。

また大通寺は、建造物の多くが、国や市によって文化財に指定されており、その他にも庭園や障壁画など多くの文化財に触れることのできる場所でもあります。このうち、重要文化財の本堂と広間は、もともと伏見《ふしみ》城（京都市）に建てられていた建造物で、徳川家康が京都の本願寺へ贈り、後にこの地に移築されたと伝えられていました。しかし、本堂については擬宝珠《ぎぼし》の銘文から1657（明暦《めいれき》3）年の建立と考えられています。

いずれも、後世の改変により現在の姿になりました。当時の姿などを想像しながら建物内を見学してみてはいかがでしょうか。

（福吉直樹）

⬅大通寺山門

➡名勝慶雲館庭園

⬇滋賀県指定文化財旧長浜駅本屋

（3点ともサンライズ出版撮影）

北国街道 09 長浜

旧長浜駅舎と慶雲館

長浜市

日本初の鉄道記念物、旧長浜駅舎

明治初頭、鉄道を敷設するにあたって建設資金を圧縮するために、滋賀県内は湖上交通で代替《だいたい》する国内初の鉄道連絡船が計画されました。

1882（明治15）年、岐阜・名古屋方面と敦賀《つるが》方面の分岐点として、そして琵琶湖を介して大津とを結ぶ連絡船に接続する駅として長浜駅が誕生しました。しかし、長浜と大津を結んだ連絡船は天候により時間どおりに運航できないことなどがあるため、鉄道で結ぶことが強く求められました。1889（明治22）年に東海道線が全通したことで連絡船は廃止されました。わずかな期間でしたが、長浜駅は鉄道史上非常に大きな役割を果たしました。

旧長浜駅は、現在の長浜駅の位置とは異なります。今は琵琶湖と離れていますが、ここそがまさに連絡船と接続する位置だったのです。新橋駅を手本とした英国風のもので、現存する駅舎としては日本最古です。施設内は、駅長室や待合室など、当時の面影をそのまま残しています。

日本初の鉄道記念物に指定され、1983（昭和58）年からは資料館として一般公開されています。また、2005（平成17）年には「旧長浜駅本屋《ほんおく》」の名称で、滋賀県指定有形文化財となりました。

明治天皇が休憩した迎賓館

旧長浜駅舎の前に建てられているのが慶雲館《けいうんかん》です。これは、1887（明治20）年に明治天皇・昭憲皇太后《しょうけんこうたいごう》夫妻が、長浜にて13時前に到着する船と13時45分に出発する鉄道の乗換え待ち時間を過ごしてもらうためだけに地元の実業家である浅見又蔵《あさみまたぞう》によってつくられた迎賓館《げいひんかん》です。夫妻が昼食と休憩をとった2階の部屋は、玉座《ぎょくざ》として遺されています。伊藤博文《いとうひろぶみ》が「慶雲館」と名付けたと言われています。また、慶雲館の庭園は明治天皇を迎えて25年を記念してつくられたもので、近代日本庭園の傑作の一つと呼ばれる池泉《ちせん》回遊式庭園です。作庭は名人として名高い七代目小川治兵衛《おがわじへえ》の手によるもので、国の名勝庭園に指定されています。

旧長浜駅舎とその道向かいに建つ冬の盆梅《ぼんばい》展で知られる慶雲館。それらの成り立ちは分かちがたく結びついているのです。

（畑中英二）

⬆慶雲館

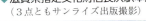

⬆北国街道から中山道へと向かう道の分岐点に立つ道標

➡名勝青岸寺庭園

北国街道

10 長浜—米原 米原宿と青岸寺

長浜市・米原市

彦根藩の命で開かれた米原湊

北国街道を長浜から南に向かうと米原宿《まいはら》に至ります。宿場の北端には中山道へと向かう米原道（深《ふか》坂越《さかごえ》）との分岐を示す道標が建てられています。「右　中山道　ばんば　さめがい」「左　北陸道　ながはま　きのもと」と彫られており、１８４６（弘化３）年に建てられたものです。

米原道は、中山道と米原湊《みなと》を結ぶルートですが、米原が栄えた理由の一つは街道の宿場町としてというよりは米原湊の存在が大きかったと言えます。

江戸時代までは朝妻湊《あさづま》が利用されていましたが、１６０３（慶長8）年に彦根藩の命をうけた北村《きたむら》源十郎《げんじゅうろう》が現在のＪＲ米原駅辺りに、街道に接して米原湊を開きました。１６１１（慶長16）年には中山道の番場《ばんば》宿から米原に通じる道が開かれ、翌年には内湖から琵琶湖への通航路として磯《いそ》川が設けられるようになり、その機能を強化していきました。

その後は、彦根藩の後押しもあり、米原湊は松原《まつばら》湊・長浜湊とともに彦根三湊の一つとして発展しました。かつては6カ所の舟入堀《ふないりぼり》が設けられ、周辺には蔵が建ち並んでいましたが、現在は埋められており見ることはできません。

宿場と湯谷《ゆたに》神社境内には、背の高い建物が見られます。これは湯谷神社に秋に奉納される米原曳《ひき》山《やま》祭の曳山が収められている蔵です。米原の曳山祭りは明和年間（１７６４〜72）に長浜の曳山を手本としてはじめられたと伝承されており、子ども歌舞伎が非常に有名です。「山を見るなら長浜、芸を見るなら米原」と言われ、滋賀県の選択無形民俗文化財となっています。

井伊家家臣が作庭した青岸寺庭園

旧米原宿の東側にそびえる太尾《ふとお》山の山麓には曹洞《そうとう》宗寺院青岸《せいがん》寺があります。ここには江戸時代前期に玄宮《げんきゅう》園築造に関わったとされる井伊《いい》家家臣の香取《かとり》氏が作庭したと伝えられる枯山水《かれさんすい》の庭園があり国の名勝に指定されています。

池には白砂や土ではなく苔《こけ》が用いられており、石組みの白色と対比する緑色が独特の個性を表現しています。梅雨時や雪解け時には枯れ池に水が溜まり、苔を底に貼った池泉《ちせん》庭園となり、格別の美しさとなります。

（畑中英二）

⬇青岸寺（サンライズ出版撮影）

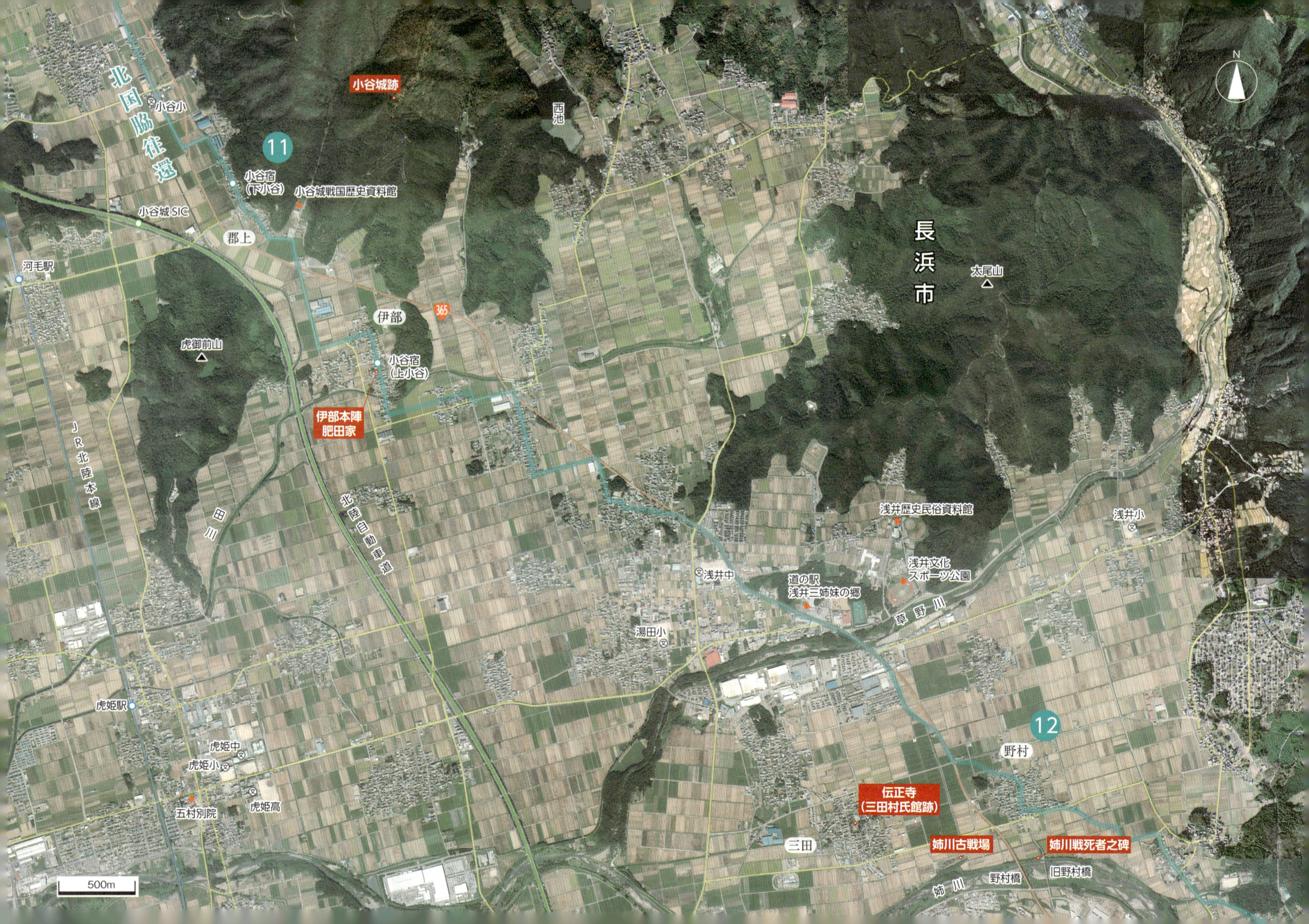
北国脇往還
小谷小
11
小谷城跡
西池
小谷宿（下小谷）
小谷城戦国歴史資料館
小谷城SIC
郡上
河毛駅
伊部
365
虎御前山
小谷宿（上小谷）
伊部本陣
肥田家
長浜市
太尾山
JR北陸本線
田川
北陸自動車道
浅井歴史民俗資料館
浅井小
浅井中
道の駅
浅井三姉妹の郷
浅井文化スポーツ公園
草野川
湯田小
虎姫駅
虎姫中
虎姫小
虎姫高
五村別院
12
野村
伝正寺
（三田村氏館跡）
三田
姉川古戦場
姉川戦死者之碑
野村橋
旧野村橋
姉川
500m
N

➡史跡小谷城跡伝黒金門跡
⬇伊部宿本陣肥田家

北国脇往還

11 木之本―郡上

小谷宿

長浜市

2宿1駅で機能した小谷宿

木之本《きのもと》宿で北国街道から分岐した北国脇往還《わきおうかん》は、脇道ですが、北陸から東海への近道であったため、人馬の利用は北国街道より多かったともいわれます。宿駅には本陣、問屋がおかれ、伝馬《てんま》や人足《にんそく》が常備されるとともに助郷村《すけごうむら》も定められ、沿道には一里塚《いちりづか》も設けられました。

脇往還の名称は明治になって付けられたもので、江戸時代の道標には「北国道」「越前道」、幕府がつくった「中山道分間延絵図《ぶんげんのべえず》」には「北国往還」、伊部《いべ》本陣肥田《ひだ》家文書の多くには「北国海道」と見えています。

木之本宿を発って最初の宿駅は小谷《おだに》宿です。湖北地域を南北に縦断する小谷道（小谷―米原）との分岐点であり、京都に近い伊部宿は上小谷《かみおだに》、郡上《ぐじょう》宿は下小谷《しもおだに》と呼ばれ、2宿1駅として機能しました。伊部宿には本陣と問屋が置かれ、下り専用として北陸への人馬の乗り継ぎを行いました。郡上宿には本陣を兼ねた問屋が置かれ、上り専用として京都への人馬の乗り継ぎを行いました。

浅井氏の小谷城下町

戦国時代、浅井《あざい》氏は小谷宿の背後にそびえる標高495mの小谷山頂から南東に延びた尾根上に大規模な曲輪《くるわ》群を築いて本城とし、北近江を支配しました。そして3代長政《ながまさ》は、妻お市《いち》の兄織田信長《おだのぶなが》との4年間にわたる死闘を繰りひろげるなかで、小谷山全山の要塞化《ようさい》を果たし、今日に日本5大山城の一つに数えられる小谷城をつくりあげました。

また、小谷山南面の小谷城下町の中枢部は、小谷山に深く切り込んだ清水谷《きよみずたに》の武家屋敷地区とその前面に広がる往還沿いの町屋地区です。町屋地区には大谷市場や呉服町といった地名があって、当時の史料からは他国から商人が往来、来住し、質屋や宿もあって諸商売人や馬借《ばしゃく》が活動していたことがうかがわれます。小谷の富豪住民として知られる唐人彦左衛門《とうじんひこざえもん》は、その名乗りから見て海外貿易にもたずさわった豪商かもしれません。

（北村圭弘）

⬆小谷城下清水谷の御屋敷跡

➡姉川河畔に立つ「姉川戦死者之碑」

⬇姉川合戦で徳川家康が布陣した岡山

北国脇往還

12 郡上—野村

姉川古戦場

長浜市

元亀争乱の幕開け

伊部《いべ》宿を過ぎると北国脇往還は、国道365号と一部重なりながら南東方向に進み、やがて長浜市野《の》村《むら》町に入ります。

野村町の南には姉《あね》川が西に向かって流れています。ここは、1570（元亀《げんき》元）年6月、織田《おだ》信長《のぶなが》と徳川家康《とくがわいえやす》の連合軍が、浅井長政《ながまさ》と朝倉景健《あさくらかげたけ》の連合軍と戦った姉川の合戦の舞台となった場所です。

北近江の戦国武将浅井長政は、織田信長の妹お市《いち》の方《かた》を妻に迎え、信長とは友好関係を持っていました。ところが1570（元亀元）年4月、長政は信長の越前進攻中に突如として反信長の兵をあげ、信長は越前攻めを中止して急《きゅう》遽《きょ》京を経て岐阜へと戻ります。岐阜に戻った信長は体制を整え、近江へ出撃します。

一方の浅井氏も美濃との国境付近に砦《とりで》を築き迎撃態勢を取ります。しかし、その砦を守る堀秀村《ほりひでむら》と樋《ひ》口直房《くちなおふさ》が信長に内通したため、信長は近江進入を果たし、小谷城へと迫ります。浅井氏も朝倉氏の救援を受け、緊張状態は一気に高まっていきました。

6月28日未明、両軍は姉川を挟んで対峙《たいじ》します。姉川の北に浅井軍と朝倉軍が、姉川の南に織田軍と徳川軍が布陣しました。卯刻《うのこく》(午前6時ごろ）に戦端が開かれ、両軍入り乱れての激しい戦闘によって、姉川一帯が赤く血で染まったといわれています。

激戦の末、織田・徳川連合軍が押しきり、浅井・朝倉軍は小谷城へと撤退しました。信長もそれ以上追撃せず、小谷の南に位置する横山城へと攻撃の目標を変えました。この後4年間におよぶ信長と近江諸勢力との戦い、元亀争乱の幕開けです。

現在、姉川に架かる野村橋のたもとに、姉川合戦に浅井軍の一員として参加した戦国武将新庄直《しんじょうなお》頼《より》の子孫で、子爵《ししゃく》の新庄直知《なおとも》が記した「姉川戦死者之《の》碑」が立っています。

⬆三田村氏館跡の土塁

在地土豪三田村氏の館跡

また、野村町の西隣の三田《みた》町にある伝正寺《でんしょうじ》は、在地土豪三田村《みたむら》氏の館跡と伝えられ、周囲を囲う土塁や堀が残っていますが、姉川合戦の時、朝倉軍が本陣を置いた場所とされています。なお、三田村氏館跡は、同市下坂中《しもさかなか》町の下坂氏館跡（50ページ地図参照）と合わせ、在地土豪の居館跡として北近江城館跡群の名称で国の史跡に指定されています。（松下浩）

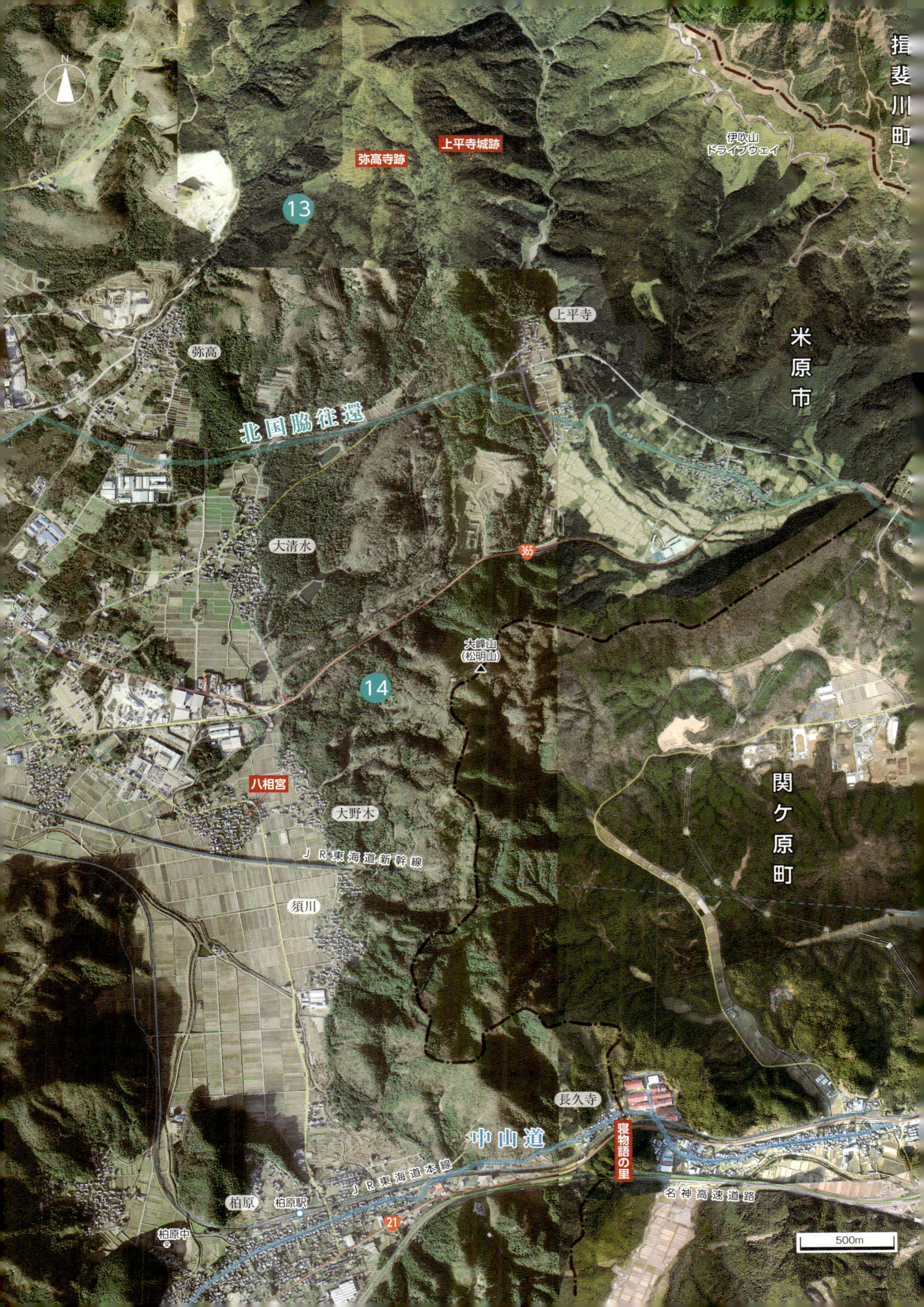

揖斐川町
伊吹山
ドライブウェイ
上平寺城跡
弥高寺跡
13
上平寺
弥高
米原市
北国脇往還
大清水
365
大峰山
（松明山）
14
関ケ原町
八相宮
大野木
JR東海道新幹線
須川
長久寺
寝物語の里
中山道
JR東海道本線
名神高速道路
柏原
柏原駅
21
柏原中
500m

➡京極氏庭園跡

⬇上平寺城跡主郭

北国脇往還

13 野村—上平寺

京極氏遺跡

長浜市・米原市

北近江を支配した京極氏の居館

野村《のむら》町を過ぎ、北国脇往還を伊《い》吹《ぶき》山の南麓に沿って東に進むと上《じょう》平寺《へいじ》に至ります。ここは戦国時代、近江源氏佐々木《ささき》氏の一族で北近江を支配した京極《きょうごく》氏の居館があった場所です。街道の北方にそびえる伊吹山の南に伸びる尾根の麓に居館跡があります。かつては上平寺という山岳寺院がありましたが、戦国時代に京極高清《たかきよ》が寺を改修して館を築きました。

その館跡には隣接して庭園があります。二つの池の周りに多数の石を配し、背後の山や渓谷《けいこく》を借景に取り込んだ池泉《ちせん》観賞式の庭園です。屋敷内に庭園を持つことは、武将にとってのステイタスであり、京極氏が近江有数の武家であることを示しています。

館の北側の尾根の頂上には上平寺城跡があります。もとは、京極氏が合戦時に籠《こ》もるための城だったと思われますが、現在みられる遺構は、1570（元亀《げんき》）年、織田《おだ》信長《のぶなが》に反旗を翻《ひるがえ》した浅井《あざい》長政《ながまさ》が築いたものと考えられます。長政は、信長の近江進攻に備え、美《み》濃《の》との国境付近に「かりやす」と「たけくらべ」の二つの砦《とりで》を築きました。このうち「かりやす」の砦が上平寺城だと考えられます。

上平寺城跡と谷をはさんで西隣の尾根上には弥高寺《やたかでら》跡があります。伊吹山に広がる山岳寺院の一つで、尾根上に多くの坊跡が今も残っています。戦国時代には京極氏によって城郭として整備されたようで、枡形《ますがた》虎口《こぐち》や竪堀《たてぼり》、大堀切《おおほりきり》などの城郭遺構が見られます。

居館から南に広がる城下町

一方、館跡から南、脇往還にかけては城下町が広がっていました。江戸時代に描かれた「上平寺城絵図」（米原市教育委員会蔵）には館の南側に広がる整然と区画された家臣屋敷や町屋の様子が描かれています。発掘調査でもそうした区画が見つかっており、絵図に描かれた景観とほぼ一致しています。

このように上平寺一帯に広がる京極氏館跡、庭園跡、上平寺城跡、弥高寺跡、家臣屋敷跡は、戦国時代の城や城下町の様子を今に伝える貴重な文化財として史跡「京極氏遺跡（京極氏城館跡・弥高寺跡）」に指定されています。

（松下浩）

⬇上平寺城跡から見る弥高寺跡

➡豊年太鼓踊り

⬇章斎文庫（いずれも米原市教育委員会提供）

北国脇往還 14

上平寺―大野木
章斎文庫と豊年太鼓踊り

米原市

地方史家として活躍した中川泉三

今回は街道を少しそれて、北国脇往還の上平寺から中山道の柏原《かしわばら》に向かって歩みを進めます。その途中、大野木《おおのぎ》の集落に立ち寄ってみましょう。大野木は、伊吹山の山裾のなだらかな斜面に位置し、東に大峰山《おおみね》、西に清滝山《きよたき》（松明山《たいまつ》）にはさまれた農村です。

この大野木からは戦前期の滋賀県を代表する地方史研究家を輩出しています。その名は中川泉三《なかがわせんぞう》、章斎《しょうさい》と号しました。中川泉三は、1869（明治2）年に大野木で生まれ、家業の農業に従事しながら、独学で歴史・地理研究に情熱を注ぎ、『近江坂田郡志《さかた》』や『近江蒲生郡志《がもう》』など数多くの地方史の執筆と編纂《へんさん》に携わりました。東京や京都帝国大学の研究者や県内各地の地方史家などと幅広い交友を結び、高い学術性が評価されていました。

泉三は人望も篤《あつ》く、交友のあった人々によって、書斎兼書庫が建設されました。1939（昭和14）年に完成、泉三へ贈呈され「章斎文庫」と名付けられました。同年に泉三が死去してからも章斎文庫の膨大な研究資料や原稿類などは大切に保管されてきました。この貴重な資料群は、滋賀県の有形文化財に指定され、保護が図られています。

雨乞い成就の返礼踊り

もう一つ、大野木を代表する文化財として、豊年太鼓踊り《ほうねんたいこおど》があげられます。毎年10月、八相宮《はっそうぐう》で奉納される大野木豊年太鼓踊りは、雨乞い成就《じょうじゅ》のお礼の踊りとして踊られてきました。記録では、1790（寛政2）年に雨乞いが行われ、翌年に慈雨《じう》の返礼として踊られたことがわかっています。

大野木豊年太鼓踊りの最大の特徴は、太鼓を打ち鳴らしながら大人数で踊ることです。踊りは大人から子ども、踊り手から裏方まで地域が一体となって奉納されます。戦中戦後の混乱期には中断を余儀なくされましたが、1966（昭和41）年に地域の方の努力により復活を果たしました。以来、地域の繁栄を祈って氏神である八相宮への奉納がつづけられています。

郷土の偉人による資料群と民衆の生活に根ざした太鼓踊り。対照的な文化財ですが、地域の長い歴史の中で多様な文化の重なりが、個性豊かな今の地域を形づくっているように感じます。（矢田直樹）

⬅獅子舞も登場する大野木の太鼓踊り

五街道のルート

東海道草津宿

街道あれこれ 二

伝馬制度と宿駅

1601（慶長6）年、関ヶ原の合戦に勝利したばかりの徳川家康《とくがわいえやす》は、江戸と京を結ぶ東海道《とうかいどう》を整備し、宿駅を設けて、公用の物資輸送や役人の往来のために人馬を常備する伝《てん》馬役《まやく》を課しました。1603（慶長8）年、家康が征夷大将軍《せいいたいしょうぐん》に就任し、江戸幕府が開かれてからは、中山道《なかせんどう》をはじめとした五街道《ごかいどう》の整備が進められ、東海道と同様に宿駅が設けられ、伝馬役が課されました。

宿駅は、物資運搬や通信の中継基地であり、休憩や宿泊をする施設でもありました。物資運搬や通信のために、宿駅には人馬が常備されていましたが、この馬を伝馬といいます。幕府の公用荷物は、宿駅に常備された伝馬によりとなりの宿駅へと運ばれ、そこでその宿駅の伝馬へと積み替えられて次の宿駅へと運ばれます。これを継立《つぎたて》といいますが、このように宿駅から宿駅へと伝馬を介して荷物がリレーされて運ばれる制度を伝馬制といい、宿駅の住人はこの伝馬を負担する役を課されていました。

伝馬は本来、幕府の公用荷物を運ぶために各宿駅に常備されていたものですが、余裕がある場合は、一般の旅行者が有料で利用することもありました。また、近世中期以降、伝馬利用が拡大し、宿駅が提供する人馬だけでは対応できなくなったことから、宿駅の周辺農村から人馬を提供させる助郷役《すけごうやく》が課されるようになりました。助郷は、周辺農民にとっては大きな負担であり、助郷徴発《ちょうはつ》に反対する一揆《いっき》が各地で頻発《ひんぱつ》しました。

宿駅には、物資の継ぎ送りや、幕府の使節や大名、また一般の旅人の宿泊に対応するため、本陣《ほんじん》や脇《わき》本陣、問屋《といや》や旅籠《はたご》などがあり、町場として繁栄していました。滋賀県内では東海道に大津《おおつ》（大津市）、草津《くさつ》（草津市）、石部《いしべ》（湖南市）、水口《みなくち》（甲賀市）、土山《つちやま》（甲賀市）の4つの宿駅が、中山道に守山《もりやま》（守山市）、武佐《むさ》（近江八幡市）、愛知川《えちがわ》（愛荘町）、高宮《たかみや》（彦根市）、鳥居本《とりいもと》（彦根市）、番場《ばんば》（米原市）、醒井《さめがい》（米原市）、柏原《かしわばら》（米原市）の9つの宿駅がそれぞれ設けられていました。

伝馬制は、明治維新以後もしばらく継続しますが、1872（明治5）年、伝馬役が廃止され、伝馬制は消滅します。その後、物流の担い手は、官製企業としての陸運会社を経て、陸運元会社から内国通運会社へと私企業の自立が図られ、近代的な市場原理にもとづく物流が広まっていきます。

（松下浩）

中山道

中山道《なかせんどう》は、古代の東山道《とうさんどう》を引き継いだルートで、江戸時代の五街道の一つです。江戸から内陸部を通った街道は関《せき》ケ《が》原《はら》を経て近江国《おうみのくに》に入り、湖東平野を斜めに横切り、草津《くさつ》宿で、東海道《とうかいどう》と合流します。なお、当初は「中仙道」とも記されましたが、1716（享保《きょうほう》元）年に改められました。

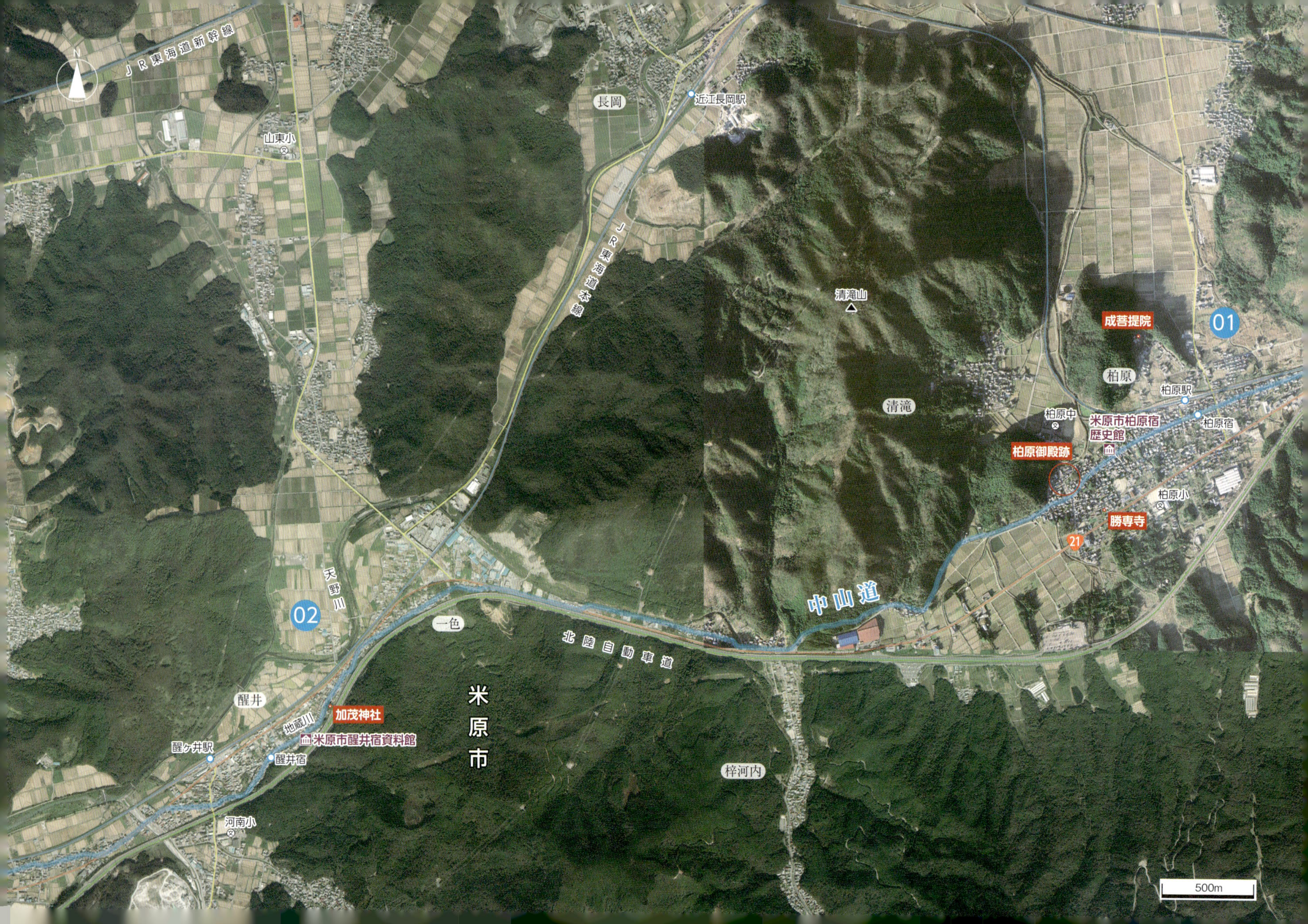
JR東海道新幹線
山東小
長岡
近江長岡駅
JR東海道本線
清滝山
成菩提院
01
柏原
柏原駅
柏原宿
清滝
柏原中
米原市柏原宿歴史館
柏原御殿跡
柏原小
勝専寺
21
中山道
天野川
02
一色
北陸自動車道
米原市
醒井
加茂神社
地蔵川
米原市醒井宿資料館
醒ヶ井駅
醒井宿
梓河内
河南小
500m

➡柏原宿
⬇柏原御殿跡

中山道
01
大野木—柏原

柏原御殿跡

米原市

美濃から近江へ入った最初の宿場

北国脇往還は関ヶ原《せきがはら》宿で中山道と合流します。ここから中山道を西に向かってたどっていきます。

関ヶ原宿から不破《ふわ》の関跡《せき》を越え、近江と美濃《みの》の国境となる寝物語の里を過ぎると中山道60番目の柏原《かしわばら》宿（57ページ地図参照）に着きます。全長13町（約1・4㎞）にわたる宿場で本陣1軒、脇本陣1軒、旅籠《はたご》22軒があり、伊吹《いぶき》もぐさが名物でした。

ところで、戦国時代、この道を何度も往復したであろう織田信長《おだのぶなが》は、街道からやや離れた所にある成菩提院《じょうぼだいいん》を宿所にしていたといわれます。また、１６１５（元和《げんな》元）年大坂夏の陣で覇権を確立するまで幾度か柏原宿を通過したであろう徳川家康《とくがわいえやす》は、宿場の南端にある箕浦《みのうら》氏配下の土豪西村勘助《にしむらかんすけ》の屋敷を休憩所・宿所にしていました。2代将軍秀忠《ひでただ》も上洛《じょうらく》時に休憩2回、宿泊1回の記録が残っています。

徳川将軍休泊用の柏原御殿

ところが、3代将軍家光《いえみつ》の１６２３（元和9）年に、専用の宿泊休憩施設を建設することとなり、西村勘助所有地３３００坪のうち西側１６００坪が提供され、１６２６（寛永3）年に御殿が完成しました。間口32間《けん》、奥行38間、街道に面して門が2カ所造られ、奥の3方は竹矢来《たけやらい》で囲われていた様子が絵図に描かれています。家光は上洛時に休憩6回、宿泊2回したと記録にあります。しかし、徳川幕府の体制が安定し、宿場に本陣・脇本陣が整備されるとともに将軍が上洛することもなくなり、１６８９（元禄2）年頃に柏原御殿は廃止されました。

なお、3代将軍家光が上洛のおり宿所として造らせた御殿は、柏原御殿以外に東近江市（旧能登川《のとがわ》町）の伊庭《いば》御殿、野洲《やす》市永原《ながはら》の永原御殿、甲賀《こうか》市水口《みなくち》町の水口御殿がありました。「近江四御殿」と称され、いずれも小堀政一《こぼりまさかず》（遠州《えんしゅう》）の作事になるものでした。

伊庭御殿・永原御殿は１６８５（貞享《じょうきょう》2）年に廃止、水口御殿は１６３４（寛永11）年の1回だけ使われたのみでした。柏原御殿跡は現在緑地公園となって保存され、井戸跡だけが往時のまま残っています。また、柏原宿にある真宗大谷派勝専寺《しょうせんじ》の門が御殿の門を移築したものであると伝わっています。

（仲川靖）

⬅長比城から見た柏原宿遠景

中山道醒井宿・地蔵川のほとりにある問屋場跡

蓮華寺勅使門
（びわこビジターズビューロー提供）

県指定文化財一向上人像
（米原市蓮華寺蔵、滋賀県立琵琶湖文化館写真提供）

中山道

02

柏原―番場

蓮華寺と一向上人像

米原市

日本武尊を癒した清水

柏原宿を出た中山道は、梓山《あずさ》や清滝山《きよたき》の山裾を西へと進み一色《いっしき》を経て醒井宿《さめがい》に至ります。醒井宿（米原市醒井）の地名は、宿の東端に鎮座する加茂《かも》神社から湧出する「居醒《いさめ》の清水《しみず》」に由来するものです。日本武尊《やまとたけるのみこと》の伝説を伝える清水は地蔵《じぞう》川となって西方へ流れ、宿場の中心を街道沿いに貫いています。宿の名物は「醒ヶ井餅《もち》」。今はもうありませんが記録では「紅白黄のへぎ餅」であったとされ、かき餅のようなものだったかもしれません。

醒井の清水でしばし心身を癒《いや》した江戸時代の旅人は、六軒茶屋、樋口立場《たてば》などを経て、番場《ばんば》宿に到着しました。番場は古くから栄えた宿場ですが、中世と近世では宿場の位置が少し異なっていたようです。中世に西番場にあった宿駅は、慶長年間（1596〜1615）米原湊《まいはら》が築かれ中山道と結ぶ米原道（深坂越《ふかさかごえ》）が開かれたことで、東番場へ移されたと伝えられます。

諸国を遊行した一向上人最期の地

近世番場宿の中央部から東へ200mほど街道をはずれると、聖徳太子《しょうとくたいし》開創の伝承をもつ古《こ》刹《さつ》・蓮華《れんげ》寺があります。1284（弘安7）年に一向俊聖《いっこうしゅんじょう》が中興したといわれています。一向俊聖は一般に一向上人《しょうにん》とも呼ばれ、鎌倉時代に諸国を遊行《ゆぎょう》して踊り念仏をひろめた僧侶です。最期は近江番場の蓮華寺で立ち往生したと伝え、その火葬跡に育ったといわれる「一向杉」が、今も蓮華寺の境内にそびえています。

一向の門徒は独自に、蓮華寺を本山として東北・関東・尾張・近江などに広がりましたが、やがて同じ時代に踊り念仏の行者として活躍した一遍《いっぺん》上人らと混同されるようになり、近世には時宗に属させられました。1943（昭和18）年に独立転宗して、現在は浄土宗本山寺院に位置付けられています。

蓮華寺に伝わる一向上人像（県指定有形文化財）は鎌倉時代末期の作で、画面右側に金泥《きんでい》で大きく書かれた名号《みょうごう》「南無阿弥陀仏《なむあみだぶつ》」に向かって、数珠《じゅず》を懸け合掌したまま立往生する上人の姿を描いています。日本史上に重要な人物の一人でありながら事績があまりはっきりしていない名僧を描いた、貴重な文化財です。

（井上優）

JR東海道新幹線
8
21
米原道（深坂越）
米原高
米原IC
北陸自動車道
米原J
米原
北国街道
米原市
02
番場宿
番場
蓮華寺
米原市役所
文化産業交流会館
米原小
米原中
米原駅
近江鉄道
名神高速道路
梅ケ原
中山道
JR琵琶湖線
フジテック前駅
磨針峠
「番場　醒井／磨針峠　彦根」道標
彦根市
03
上品寺
赤玉神教丸本舗
鳥居本
鳥居本駅
鳥居本中
鳥居本宿
鳥居本小
8
彦根道（朝鮮人街道）
「右　彦根道／左　中山道」道標
500m

➡赤玉神教丸本舗
（重要文化財有川家住宅）

⬇中山道と彦根道の分岐路に建つ道標

中山道

03

番場─鳥居本

赤玉神教丸の置看板

米原市・彦根市

琵琶湖を望む磨針峠

米原《まいばら》市の番場《ばんば》から南へ名神高速道路に沿いに進むと「番場　醒井」「磨針峠《すりはりとうげ》　彦根」と刻まれた道標が立つ分岐路に至ります。中山道はここから磨針峠を越えて彦根へ向かいます。学業半ばにして京を出た弘法大師《こうぼうだいし》（空海《くうかい》）が、この峠で鉄斧《てつぶ》を針になるまで磨く老婆に出会って自分の至らなさを恥じ、再び京に戻って学業に努めたという逸話《いつわ》が残る磨針峠は、東から来た旅人がはじめて琵琶湖を目にした眺望の地でもあります。

峠を越えた中山道は、国道8号に合流して左に折れます。一方、右折して北へ向かう道筋が、ここを起点に北陸へ向かう北国街道です。

道中薬や合羽で知られた鳥居本宿

中山道はしばらく南に進むと国道から左に分かれて鳥居本《とりいもと》に入ります。鳥居本は江戸時代に栄えた宿場町で、本陣1軒と2軒の脇本陣、35軒の旅籠《はたご》屋が設けられていました。宿場の西には石田三成《いしだみつなり》の居城、佐和山《さわやま》城があり、城下の縁辺を通る街道沿いの上矢倉《かみやぐら》、鳥居本、百々《どど》、西法寺《さいほうじ》の村落が、寛永年間（1626～44）に宿場としてまとめられました。

宿場の本陣や脇本陣の建物は残っていませんが、旧旅籠大藤屋や赤玉神教丸《あかだましんきょうがん》本舗の建物、名産鳥居本合羽《かっぱ》の販売を示す道中合羽形看板、新吉原の遊女らが寄進した上品寺《じょうぼんじ》の釣鐘《つりがね》などに当時の風情や往来が感じられます。

江戸時代後期の『近江名所図《ず》会《え》』には、大きな看板を店頭に置き、旅人に腹痛止めの神教丸を売る様子が描かれていて、今もその商いが続く赤玉神教丸本舗・有川《ありかわ》家住宅（重要文化財）では製薬用の釜《かま》や置看板が見学できます。

宿場のたたずまいを楽しみつつ南へ下がり郵便局を過ぎた角に「右　彦根道」「左　中山道京いせ」と刻まれた道標が建っています。ここから西へ分かれる彦根道は、彦根城に通じる道として宿場と同じ頃に整備された新道で、朝鮮人街道あるいは下《しも》街道としても知られています。

宿場の北で北国街道、南で彦根道が分岐する鳥居本宿。「佐和山を制するものは近江を制する」と言われた佐和山城跡とともに、この地が要衝の地であったことを示しています。

（大﨑哲人）

⬇県指定名勝有川氏庭園（彦根市提供）

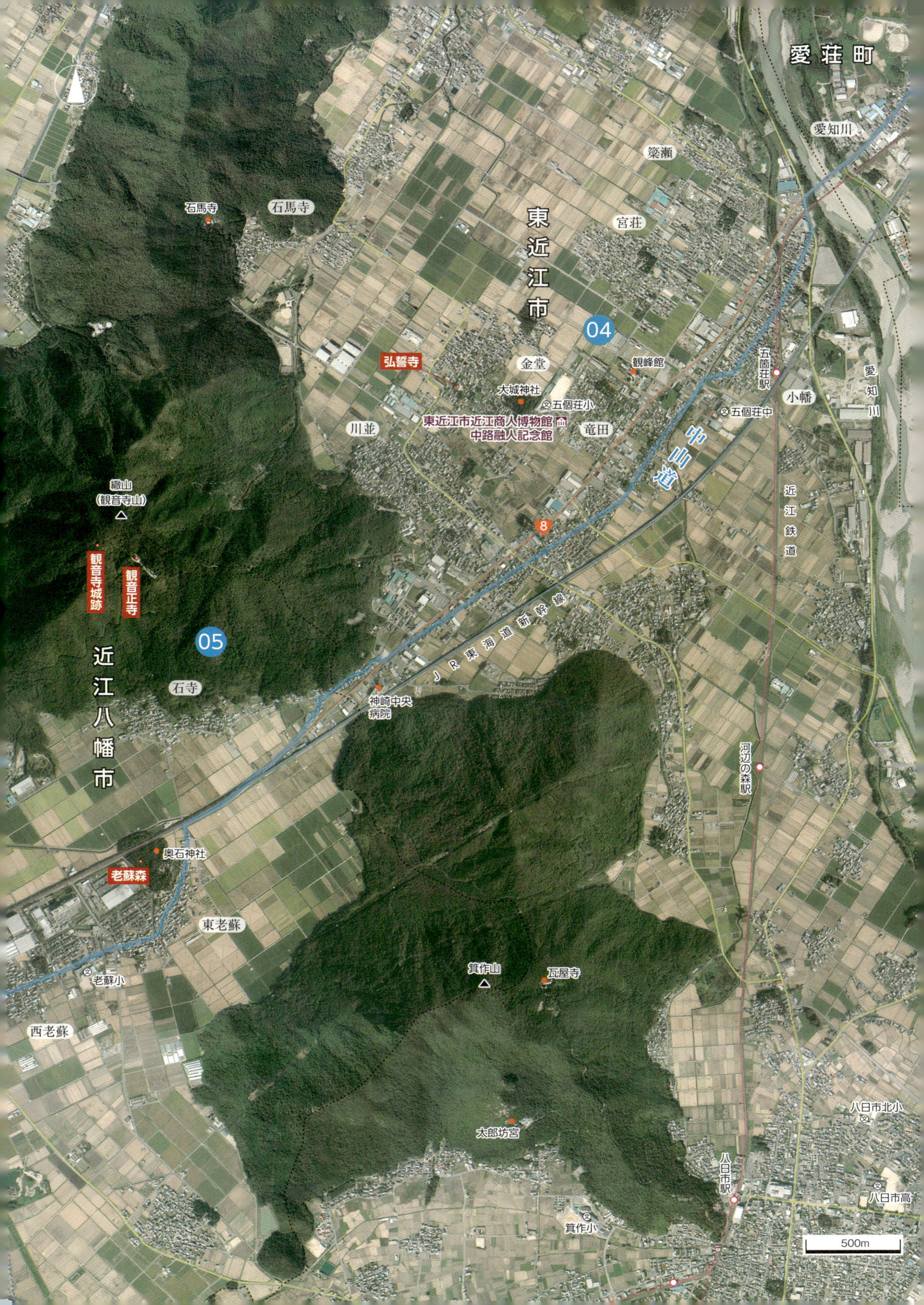

愛荘町
愛知川
簗瀬
宮荘
東近江市
石馬寺
石馬寺
04
弘誓寺
金堂
観峰館
五箇荘駅
大城神社
五個荘小
五個荘中
小幡
愛知川
川並
東近江市近江商人博物館
中路融人記念館
竜田
中山道
繖山
(観音寺山)
近江鉄道
観音寺城跡
観音正寺
8
05
近江八幡市
JR東海道新幹線
石寺
神崎中央病院
河辺の森駅
奥石神社
老蘇森
東老蘇
箕作山
瓦屋寺
老蘇小
西老蘇
太郎坊宮
八日市北小
八日市駅
八日市高
箕作小
500m

➡五個荘金堂の町並み

⬇重要文化財弘誓寺本堂

中山道

04

鳥居本―五個荘

金堂の町並みと弘誓寺

彦根市・東近江市

近江商人の本宅が残る金堂地区

　鳥居本《とりいもと》町から中山道を南下し、愛知《えち》川を渡ると東近江市に入ります。さらに街道沿いを２kmほど進み、西へ折れて１kmほど入ると、重要伝統的建造物群保存地区に選定されている金堂《こんどう》の町並みがあります。

　ここは近江商人の出身地の一つとして知られています。近江商人はその出身地によって取り扱う商品に特徴がありますが、金堂の人々は編笠《あみがさ》の製造販売などを行っていました。地元に残る記録からは、彼らが地場産の編笠などを仕入れて近畿や西国へ売りさばき、関東からは織物や太物《ふともの》（綿織物・麻織物）類を仕入れて上方《かみがた》で売りさばく、いわゆる「産地廻《まわ》し」と呼ばれる商法を行っていたことがわかっています。

　やがて京、大坂や東京など各地に出店を持つようになりますが、彼らは郷里から離れることなく、この金堂地区に本宅を構え続けます。近江商人として活躍した彼らの豪壮な本宅は、長く続く板塀《いたべい》や白壁の土蔵などで取り囲まれ、それにより閑静《かんせい》な邸宅街の町並みが形成されています。また、主な街路に沿って水路が流れており、この地区を訪れる人に特別の印象を与えています。

重要文化財の弘誓寺本堂

　最も幅の広い水路は地区の南西に位置する弘誓《ぐぜい》寺の前を流れるものです。そこでは優雅に泳ぐコイの姿を目にすることができます。

　弘誓寺は１２９０（正応３）年に別の地で創立されましたが、慶長年間（１５９６～１６１５）頃に金堂地区に移ってきたと伝わっています。現在の本堂は１７９４（宝暦14）年に建てられたもので、その優れた意匠などを今日に伝えるものとして、重要文化財に指定されています。

　本堂の外観は桁行《けたゆき》５間（間口２５・８ｍ）、梁間《はりま》５間（奥行き２４・９ｍ）、入母屋造《いりもやづくり》の本瓦葺《ほんかわらぶき》で、優大な屋根が印象的です。内部は前半分が外陣《げじん》と矢来《やらい》の間に、後半分は中央が内陣、その左右が余間となります。

　この本堂は18世紀の大型真宗本堂の典型的な平面構成と架構形式を持つ一方で、円柱の多用や内陣と余間の境を開放するなど、近江における進歩的な構成もみられます。天井の高い外陣や幅を充分にとった広縁《ひろえん》もこの建築の見どころです。

（新井康之）

⬇弘誓寺　平面図

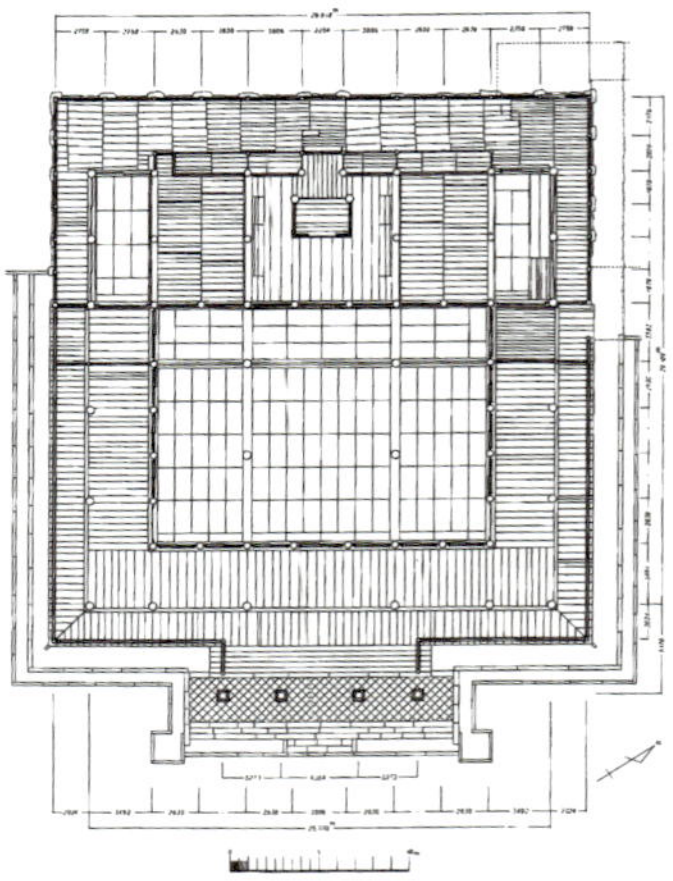

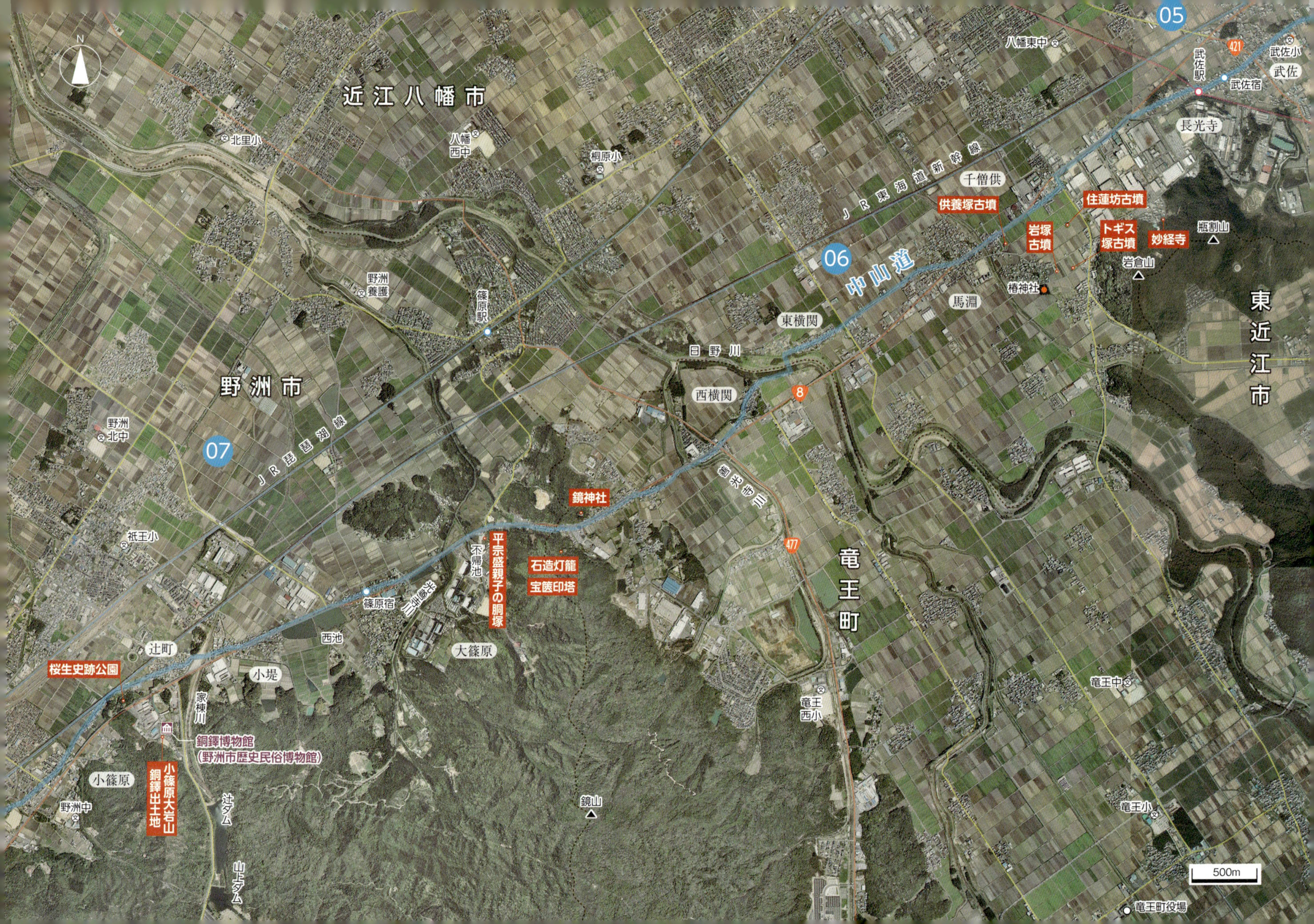

近江八幡市
野洲市
東近江市
竜王町
05
06
07
中山道
JR東海道新幹線
JR琵琶湖線
日野川
家棟川
善光寺川
北里小
八幡西中
桐原小
野洲養護
篠原駅
野洲北中
祇王小
辻町
桜生史跡公園
小堤
西池
篠原宿
不帰池
大篠原
平宗盛親子の胴塚
石造灯籠
宝篋印塔
鏡神社
鏡山
西横関
東横関
8
477
銅鐸博物館
(野洲市歴史民俗博物館)
小篠原大岩山銅鐸出土地
小篠原
野洲中
辻ダム
山上ダム
竜王西小
竜王中
竜王小
竜王町役場
馬淵
椿神社
岩塚古墳
供養塚古墳
千僧供
住蓮坊古墳
トギス塚古墳
妙経寺
岩倉山
瓶割山
長光寺
武佐駅
武佐宿
武佐
武佐小
421
八幡東中
500m

➡遠方からは白い滝が流れるようにも見える瓶割山城跡の石垣

⬇八風街道との分岐点に立つ道標

中山道

05

瓶割柴田《かめわりしばた》・瓶割山城跡《かめわりやまじょうあと》

五個荘―武佐

東近江市・近江八幡市

武佐宿の南にそびえる瓶割山

東近江市五個荘《ごかしょう》金堂《こんどう》町を過ぎて中山道は観音寺城跡・西国三十三所観音霊場三十二番札所観《かん》音正《のんしょう》寺のある繖山《きぬがさやま》の麓の近江八幡市との境界あたりで山から離れ、新幹線・国道8号を横切り、「樹石」として全国で唯一史跡に指定され、万葉時代から和歌に詠まれた史跡老蘇森《おいそのもり》に向かっていきます。

さらに行くと伊勢への商業ルートの八風《はっぷう》街道の分岐点がある中山道66番目の武佐《むさ》宿です。現在、武佐宿の西はずれに近江鉄道武佐駅がありますがここで街道は北に湾曲しながら西宿《にしじゅく》の集落を通り国道8号に合流し六枚《ろくまい》橋へと続きます。この橋の名は、1643(寛永20)年にかけられた橋が6枚の板石を使った石橋だったことに由来します。

西宿の集落から六枚橋にかけての左手には瓶割《かめわり》山(別名長光《ちょうこう》寺《じ》山)・岩倉《いわくら》山と呼ばれる標高220mの小高い山がラクダのこぶのように連なっています。その瓶割山には、近江守護佐々《ささ》木六《きろっ》角《かく》高頼《たかより》と対立した佐々木政堯《まさたか》が1468(応仁2)年に築城した城がありました。

「瓶割り柴田」の伝説

その後、1570(元亀《げんき》元)年、朝倉義景《あさくらよしかげ》を征伐するために越前に出発した織田信長《おだのぶなが》が敦賀まで攻め上った所で、同盟を結んでいたはずの小谷城主浅井長政に裏切られ挟み撃ちにあう絶体絶命の危機に落ち退却を余儀なくされる世に言う「金ケ崎《かねがさき》の退《の》き口」の後、岐阜への帰城通路を確保するため柴田《しばた》勝家《かついえ》を長光寺に入れたことが、「信長公記」巻3に記載されています。

柴田勝家は、この城に籠《こ》もって六角承禎《じょうてい》と戦った際に、城内の水瓶《みずがめ》を割って出陣して勝利したので、「瓶割り柴田」の異名をとったという有名な言い伝えがありますが後世の作り話とも言われています。これより城は瓶割山城とも呼ばれていますが、安土城が築城された1576(天正《てんしょう》4)年には廃城となったようです。

妙経《みょうきょう》寺横の不二《ふじ》滝を登ると主郭北斜面にある高さ6mの城内最大の石垣があり、勝家が造ったものと言われています。遠くから見ると白い滝が流れているように見え、案外これを見た人が瓶割柴田の話を作ったのではないでしょうか。

(仲川靖)

⬆瓶割山城からみた観音寺城

⬆鏡宿にある源義経元服の地の石碑

⬅塔身に鳥の形が掘り出された重要文化財の宝篋印塔

中山道 06 武佐―鏡

鏡宿・鏡神社宝篋印塔

近江八幡市・竜王町

水田の中に残る古墳群

八風《はっぷう》街道と交差する武佐《むさ》宿を過ぎると、旧中山道は湖東平野の水田地帯の中を国道8号と重なり合いながら通過して行きます。道は蒲生《がもう》郡内に設定された条里の区画に沿ってほぼ南西に、竜王《りゅうおう》町の鏡《かがみ》山に向かって延びていきます。この街道の南側には県指定史跡の千《せん》僧供《ぞく》古墳群があります。

千僧供古墳群はかつて10基以上の古墳がありましたが、現在は4基の古墳が残っています。築造されたのは5世紀から7世紀にかけての頃と考えられています。

同古墳群のうち住蓮坊《じゅうれんぼう》古墳は、周溝を含めた直径が90m以上におよぶ円墳で、今も水田の中に2段築成の大きな墳丘が威容を誇っています。また供養塚《くようづか》古墳は、発掘調査で全長約70mの帆立貝《ほたてがい》式古墳であることが確認され、多数の形象埴輪が出土しました。埴輪の一部は県立安土城考古博物館に展示されています。

鏡山の麓の竜王町鏡《かがみ》は、中山道の前身である中世の東山道《とうさんどう》の宿場として機能していました。鏡宿は中世の紀行文にも登場し、『平治《へいじ》物語』には、遮那王《しゃなおう》と名乗っていた源《みなもとの》義経《よしつね》が、奥州平泉《おうしゅうひらいずみ》（岩手県平泉町）へ向かう途中、当地で自ら前髪を落とし、元服《げんぷく》をしたことが記されています。

⬆住蓮坊古墳（滋賀県広報課提供）

クジャクの彫られた宝篋印塔

鏡宿近くにある道の駅鏡の里の背後の鏡山南西側斜面には、西光《さいこう》寺という寺院があったといわれています。この西光寺跡には、重要文化財に指定されている石造の灯籠や宝篋印塔《ほうきょういんとう》が建っています。この宝篋印塔は滋賀県内に多く残された宝篋印塔とは異なり、塔身《とうしん》の四隅に鳥の形が彫り出されており、基礎の側面にも2対のクジャクを配置した装飾文《もん》が彫られています。このような形状の塔で全体の形が残るものはほとんどなく、鎌倉時代の優れた作品として貴重なものです。

また道の駅の北側にある鏡神社は本殿が重要文化財に指定されています。この神社にはこの地に焼き物の技術を伝えたとされる天日《あめのひ》槍《ぼこ》が祀られており、鏡山には多くの須恵器《すえき》の窯《かま》跡が残っています。

（上垣幸徳）

中山道

07

鏡—小篠原

大岩山銅鐸

竜王町・野洲市

⬇平宗盛親子の胴塚

➡大岩山出土銅鐸（滋賀県蔵　滋賀県立安土城考古博物館提供）

古代の野洲郡の中心地

中山道は鏡の宿から峠を越えて大篠原《おおしのはら》（野洲《やす》市大篠原）に向かいます。ここには『吾妻鏡《あづまかがみ》』に見られる平家終焉《しゅうえん》の地伝説で有名な不帰池《かえらずのいけ》（首洗池《くびあらいいけ》）があります。平清盛《たいらのきよもり》の三男の宗盛《むねもり》・清宗《きよむね》親子が京を目前に捕らえられ処刑されて、胴はこの地に葬られ首は都に帰ったとされます。

中山道は中世東山道《とうさんどう》を踏襲《とうしゅう》した街道ですが、大篠原からさらに道を進むと善光寺《ぜんこうじ》川を渡り東山道の宿であった篠原宿に入ります。そこを過ぎると、雄略《ゆうりゃく》天皇の時代に造られたという西《にし》池の堤を左に見て小堤《こづつみ》に入ります。小堤から家《やな》棟《むね》川を越えると辻町《つじまち》を過ぎて小篠《こしの》原《はら》です。小篠原一帯は、弥生時代から古代にかけての野洲郡の中心地でした。特に街道の南に位置する大岩《おおいわ》山を中心に文化財が点在しています。

近畿圏で最多の銅鐸が出土

まず、小篠原大岩山銅鐸《どうたく》（重要文化財）出土地です。ここでは、1881（明治14）年に、弥生時代の祭りに使用された青銅器である銅鐸が発見されました。銅鐸は全部で14個発見されています。

いずれも、弥生時代の終わりころに作成された突線紐《とっせんちゅう》式と呼ばれる、カネを吊る時の吊り手部分に突線を巡らせたもので、近畿地方や三遠《さんえん》（三河《みかわ》・遠江《とおとうみ》）地方で作られたと言われている物で構成されていました。なぜ、これだけの数のものがここに埋められたのかはいまだ謎です。

さらに、1962（昭和37）年6月、東海道新幹線建設のための土取りの最中に、またしても同じ場所から10個の同じような銅鐸が発見され、都合24個の銅鐸出土地として有名になりました。近畿圏では最も多い出土事例となっています。

そして野洲川の右岸、大岩山裾部から西側の平地にかけ、4世紀初頭から6世紀に造られた、史跡大岩山古墳群（甲山《かぶとやま》古墳、丸山古墳、大塚山古墳、冨波《とば》古墳、亀塚古墳、天王山《てんのうやま》古墳、宮山二号墳）、桜生《さくらばさま》古墳群など、湖南地域で勢力を持った首長たちの墳墓である古墳を見ることができます。これらについては、銅鐸博物館（野洲市歴史民俗博物館）や史跡大岩山古墳群桜生史跡公園の施設で学習することができます。（木戸雅寿）

⬅1962年の大岩山銅鐸の発見状況

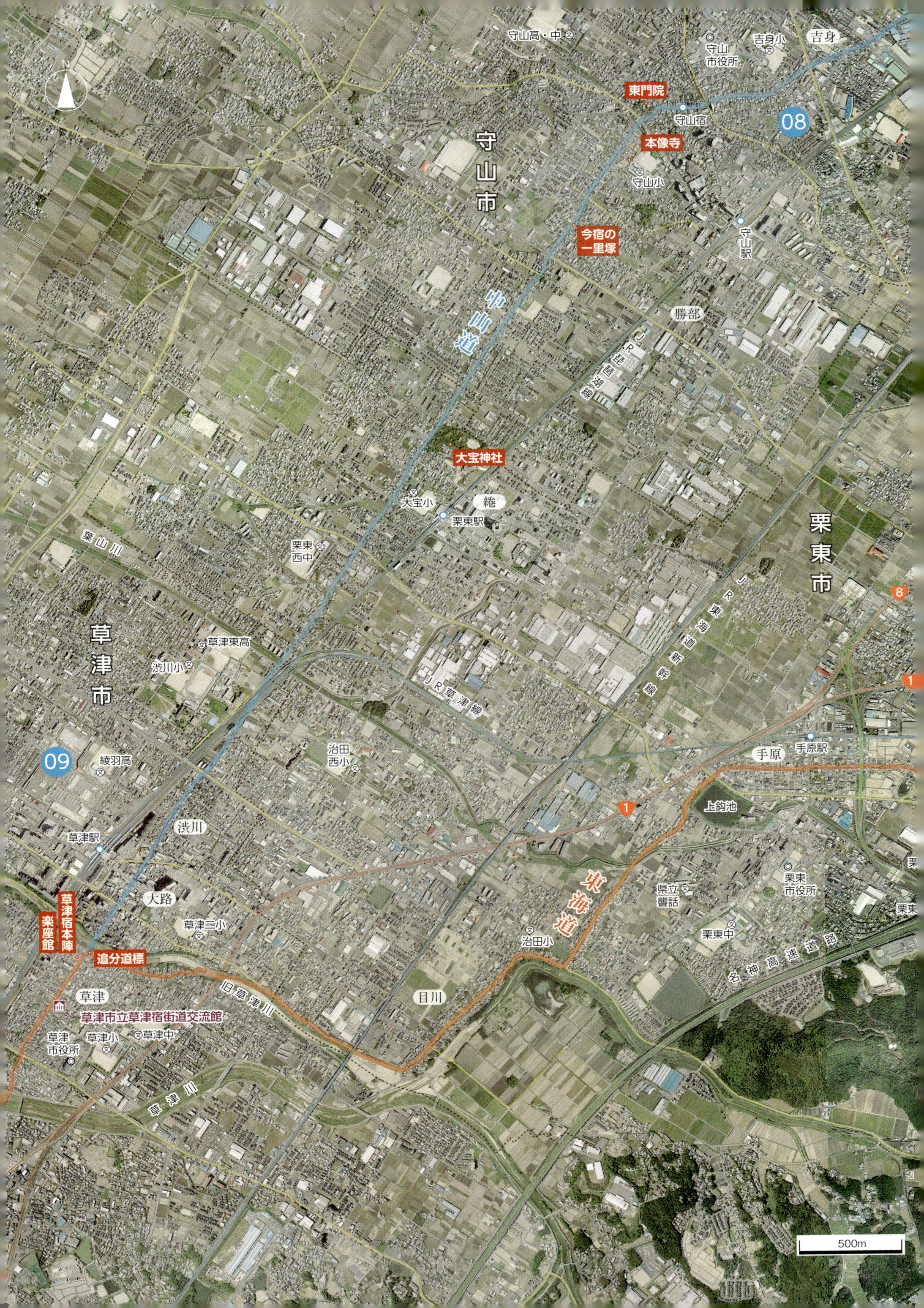
守山高・中
守山市役所
吉身小
吉身
東門院
守山宿
08
本像寺
守山小
守山市
今宿の一里塚
守山駅
中山道
勝部
JR琵琶湖線
大宝神社
大宝小
綣
栗東駅
栗東西中
栗東市
葉山川
草津東高
渋川小
草津市
JR草津線
JR東海道新幹線
8
1
治田西小
09
綾羽高
手原
手原駅
上鈎池
草津駅
渋川
1
大路
東海道
県立聾話
栗東市役所
草津宿本陣
楽座館
草津三小
栗東中
追分道標
治田小
名神高速道路
草津
旧草津川
目川
草津市立草津宿街道交流館
草津市役所
草津小
草津中
草津川
500m

↑木内石亭墓碑

↑中山道と錦織寺道の分岐点に建つ道標
↑今宿一里塚

中山道

08

小篠原—守山

今宿一里塚と木内石亭墓碑

野洲市・守山市

県内で唯一現存する一里塚

小篠原《こしのはら》を出発し、野洲川を超えた中山道は、67番目の宿である守《もり》山《やま》宿へと入ります。「守山」という地名は、ヤマト国家の「山守《やまもり》部《べ》」に由来するという説や、比叡山延暦寺の東の関門として東門院《とうもんいん》が創建されたことに由来するという説があります。1642（寛永19）年に守山宿として制札を与えられ、のちに東の吉身《よしみ》、西の今《いま》宿《じゅく》が加宿《かしゅく》となり、さらに発展していきます。

現在、都市化の進んだ守山宿の街道筋ですが、往時をしのばせる道標などが今なお残っています。なかでも今宿の一里塚《いちりづか》は、中山道の一里塚のうち県内に唯一残るもので、1995（平成7）年に県指定史跡に指定されています。

石の長者、木内石亭の墓碑

さて東門院から中山道を250mほど南に進むと、日蓮宗寺院本《ほん》像寺《ぞうじ》があります。本堂の前には江戸中期に活躍した弄石家《ろうせきか》（愛石家）で「石の長者」とも称された木内《きのうち》石亭《せきてい》（通称小繁《こはん》）の墓碑が建っています。本像寺は木内家の菩提寺《ぼだいじ》で、住職日康《にっこう》が石亭の弄石仲間だったことから、ここに墓が建てられました。

木内石亭は考古学の先学ともいえる人です。彼は滋賀郡下坂本村《しもさかもとむら》（現大津市下阪本）に生まれ、6歳で母の実家である木内家の養子となり、栗《くり》太《た》郡北山田村《きたやまだむら》（現草津市北山田）へと移ります。木内家は膳所《ぜぜ》藩の郷代官を務める家柄でしたが、石亭が郷代官見習いの頃に藩政騒動に巻き込まれ、妻ともども獄につながれてしまいます。

出獄後、家督を譲り分家した彼は、その後の生涯を奇石（鉱物・化石・石器などをはじめとする考古資料）の収集・研究に捧げます。その研究態度は実証的で、学問水準としてきわめて高いものでした。また、彼は全国の弄石家と交流を深め、奇石の蒐集《しゅうしゅう》・交換を行ったり、自宅を開放して資料見学の便を図ったりするなど、現在の博物館の祖形ともいうべき活動も行っていました。

このように石亭は、滋賀県が誇る、わが国の考古学研究の祖ともいうべき存在であるにもかかわらず、彼の蒐集した資料は現在その大半が散逸してしまっています。本像寺に残る彼の墓碑は、彼の足跡を知るうえで貴重な文化財だといえます。

（松室孝樹）

中山道 09 守山―草津

草津宿本陣

守山市・草津市

➡史跡草津宿本陣

⬇追分道標

東海道との合流（分岐）地

守山宿から「へそむらの　まだ麦青し　春のくれ」と松尾芭蕉《まつおばしょう》が詠んだ句碑がある大宝《だいほう》神社（栗《りっ》東《とう》市綣《へそ》七丁目）を過ぎると、葉山《はやま》川のあたりで中山道はＪＲとほぼ重なります。川に架かる橋から１００ｍほどで左手に線路をくぐる細い通路があり、これをくぐると中山道に戻ることができます。

その後、草津駅前のにぎわいのなか、短いトンネルを抜けると左手に追分《おいわけ》道標があります。中山道が東海道と合流（分岐）する地点です。このトンネルは草津川の河《か》床《しょう》をくぐるもので、１８８６（明治19）年に完成するまでは、堤防を上流側に登ったところで川を渡っていました。

草津宿は東海道と中山道の合流・分岐点として大いに栄え、１８４３（天保14）年の「東海道宿《しゅくそんたいがいちょう》村大概帳」によると本陣２軒、脇本陣２軒、旅籠《はたご》72軒があったようです。

歴史上の人物が多数宿泊した本陣

本陣２軒のうち、１軒は明治時代に取り壊されましたが、今も残る田中七左衛門《たなかしちざえもん》本陣は国の史跡に指定されています。１６３５（寛永12）年に創建されましたが１７１８（享保《きょうほう》３）年に焼失、現在の主要部は同年に膳所《ぜぜ》藩主本多《ほんだ》家の瓦ヶ浜御殿《かわらがはまごてん》を移築したものです。現存する本陣としては最大級の規模を誇り、公家や大名など貴人の休息・宿泊施設として利用されました。

１９８９（平成元）年から１９９６（平成８）年にかけて座敷棟などの保存修理工事が行われ、休泊した大名の名を記し入り口に掲げた関札《せきふだ》や、襖絵《ふすまえ》、調度品など、膨大な数の貴重な資料とともに一般公開されています。

帳簿兼宿帳である大福帳には、吉良上野介《きらこうずけのすけ》や浅野内匠頭《あさのたくみのかみ》、土方《ひじかた》歳三《としぞう》など歴史上名だたる人物の名が見えます。14代将軍徳川家茂《とくがわいえもち》に嫁いだ皇女和宮《かずのみや》も、１８６１（文久元）年10月22日にこの本陣で昼食をとったことが記されており、当時の記録をもとに献立が再現されています。近年は年に４回、大名衣装・姫君衣装体験が行われている他、ここで結婚式が執り行われたこともあります。

なお、２０１４（平成26）年４月には隣接地に楽座館《らくざかん》が新しく開館し、本陣の襖絵や田中家拝領の品々を展示している他、本格的な落語を気軽に鑑賞できる「本陣楽座」が毎月第１土曜日に開演されています。

（大崎康文）

⬆参勤交代の大名などが宿泊した上段の間
（草津市立草津宿街道交流館提供）

草津宿本陣資料の調査で発見された、
新選組の忘れ物（煙草入れ）
（草津市立草津宿街道交流館提供）

草津宿本陣台所土間
（草津市立草津宿街道交流館提供）

街道あれこれ 三

本陣と脇本陣

本陣とは、参勤交代の大名や公家・幕府役人など地位の高い旅客が昼食をとったり、宿泊した施設のこと。

１６３４（寛永11）年将軍徳川家光《とくがわいえみつ》の上洛《じょうらく》に際して、東海道や美濃路の宿場にあった大名宿の当主が「本陣職」に命じられたことで一般化したといわれます。武家の棟梁《とうりょう》である将軍や諸大名が利用する目的で設けられたため、旅軍における本営という意味で「本陣」と呼ばれたものです。本陣の規模は大きく、厳重な門構えや広い玄関が設けられ、多くの座敷や書院造《しょいんづくり》の上段の間、美麗な庭園などが備わっていました。

１８４３（天保14）年の段階では東海道筋だけで１１１軒の本陣があったとされますが、その他の街道も含めて現存する本陣は多くありません。近江では草津宿（田中七左衛門《たなかしちざえもん》家）と土山宿（土山家）にそれぞれ本陣の建築が残されていて、全国的にも貴重な存在となっています。

とくに、江戸時代以前の完全な姿で現存するのが国史跡草津宿本陣であり、定休日（原則毎週月曜日）を除いて常に一般に公開されています。元禄年間から明治期にいたるまでの宿帳や関札などの資料も展示されており、本陣の歴史を詳しく学ぶことができます。なお、草津宿本陣に伝えられた貴重な古文書や歴史資料については現在も調査研究が続けられていて、２０１９（令和元）年には新選組が宿泊した際の忘れ物（「失念物」）が新たに発見され注目を集めました。一流ホテルだった本陣では、旅客の忘れ物をしっかりと記録・保管する仕事が、大事なホスピタリティの一部だったのです。

脇本陣は、宿場内で本陣を補助した宿舎であり、本陣よりもやや遅れて現れたとされます。多くは本陣に次ぐ名望家や大旅籠《おおはたご》を改造して成立したようですが、建坪面積は本陣よりも小規模でした。本陣の代役を果たすこともありましたが、通常は一般の旅籠としても機能していました。残念ながら、県内では脇本陣が健全に残されている事例は乏しくなっています。

（井上優）

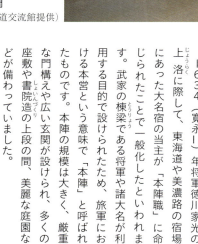

若狭街道
九里半街道
塩津街道

若狭《わかさ》街道は、京都と若狭小浜《おばま》を最短で結ぶ道で、若狭湾で獲れた魚介類を京都に運ぶのに利用されたことから、「鯖《さば》街道」とも呼ばれています。京都から八瀬《やせ》、大原《おおはら》を通り、途中《とちゅう》峠を越えて京都府から滋賀県に入ります。そこから山中を北上し、花折《はなおれ》峠、葛川《かつらがわ》、朽木《くつき》を経て保坂《ほうざか》で今津《いまづ》から小浜へ向かう九里半《くりはん》街道と合流します。

今津と若狭を結ぶ九里半街道は、小浜までの距離が9里半（約38㎞）なのが名前の由来で、「大杉越」、「若狭街道」、「今津海道」とも呼ばれています。

琵琶湖の最北端にある港町・塩津《しおつ》から北へ向かい、沓掛《くつかけ》から深坂《ふかさか》峠を越え越前国に入り、追分《おいわけ》で西近江路と合流して敦賀《つるが》に至る道が塩津街道です。「五里半《ごりはん》越」とも称されました。

1 km
安曇川
坂下
権現山
花折峠
花折トンネル
01
途中
勝華寺
途中トンネル
右 京道／左 堅田道標
途中峠
477
和邇川
若狭街道
477
天ヶ岳
367
寂光院
三千院
金毘羅山
大原
大津市
奥比叡ドライブウェイ
仰木雄琴IC
おごと温泉駅
京都市
瓢箪崩山
三石岳
161
八瀬
坂本北IC
JR湖西線
坂本比叡山口駅
京阪石山坂本線
日吉大社
延暦寺根本中堂
比叡山坂本駅
叡山電鉄
八幡前駅
八瀬比叡山口駅
ケーブル八瀬駅
叡山ケーブルカー
ケーブル比叡駅
叡山ロープウェイ
ケーブル延暦寺駅
比叡山坂本ケーブル
ケーブル坂本駅
松ノ馬場駅

➡堅田方面へ向かう道と京、若狭へ向かう道との三差路

⬇かつて三叉路に立っていた道標の根元

若狭街道 01 途中

勝華寺の石造水船

大津市

修験者が花を供えた水船

途中《とちゅう》（大津市伊香立《いかだち》途中町）は、京都から北上してきた若狭《わかさ》街道の、滋賀県内最初の集落です。琵琶湖の西岸を北国へ向かう西近江《にしおうみ》路《じ》の堅田《かたた》や和邇《わに》からの道が合流する交通の要所でした。街道が交わる三叉《さんさ》路には、かつて「右　京都　左　堅田」と刻まれた安永7（1778）年の道標が立っていましたが、今は根元部分だけが場所を変えてコンクリートで固定した状態で残されています。

少し変わった地名の由来について、『近江輿《よ》地志略』には、天台回峰行《かいほうぎょう》を大成した相応和尚《そうおうかしょう》（81ページ参照）が、この地に来て、「ここは山門無動寺《さんもんむどうじ》と葛川《かつらがわ》との途中か」とおっしゃったためと記されています。

途中は、天台修験《しゅげん》の霊場であった葛川へ向かう入り口にあたることから、京都や坂本《さかもと》から葛川へ参籠する行者たちが多くこの地に立ち寄りました。その際、集落内にある勝華寺《しょうげじ》（途中堂とも呼ばれる）に向かい、持参した花を石造水船に供え、準備を整えたのち、葛川へ向かって若狭街道を北上しました。

石造水船は長径約200cm、短径約130cmの楕円《だえん》形で、高さ約75cm。花崗岩《かこうがん》製で、側面にカメの姿が彫り出されています。鎌倉時代に当たる「弘長二（1262）年十二月十日」の銘が刻まれており、勝華寺の境内に今も置かれています。

運上金逃れを取り締まった番所

また、江戸時代、途中村には材《ざい》木改《もくあらため》番所が置かれていました。朽木などから伐《き》り出された材木は、安曇《あど》川をくだって河口の南船木《みなみふなき》村（高島市安曇川町南船木）に集められ、運上金を取り立てられていましたが、運上を逃れて京都・大津方面に材木を運び出すものが多く、これらを取り締まるための番所が置かれたのです。番所の役人は、村の百姓たちが京都町奉行より俸禄《ほうろく》をもらって務めていました。

途中は、市街地から遠く、少し不便に感じられる場所ですが、今でもここを通る車の交通量は多く、京都と滋賀、北陸を結ぶ幹線の要地であることに変わりはないようです。

（松下浩）

⬅勝華寺境内に置かれた石造水船

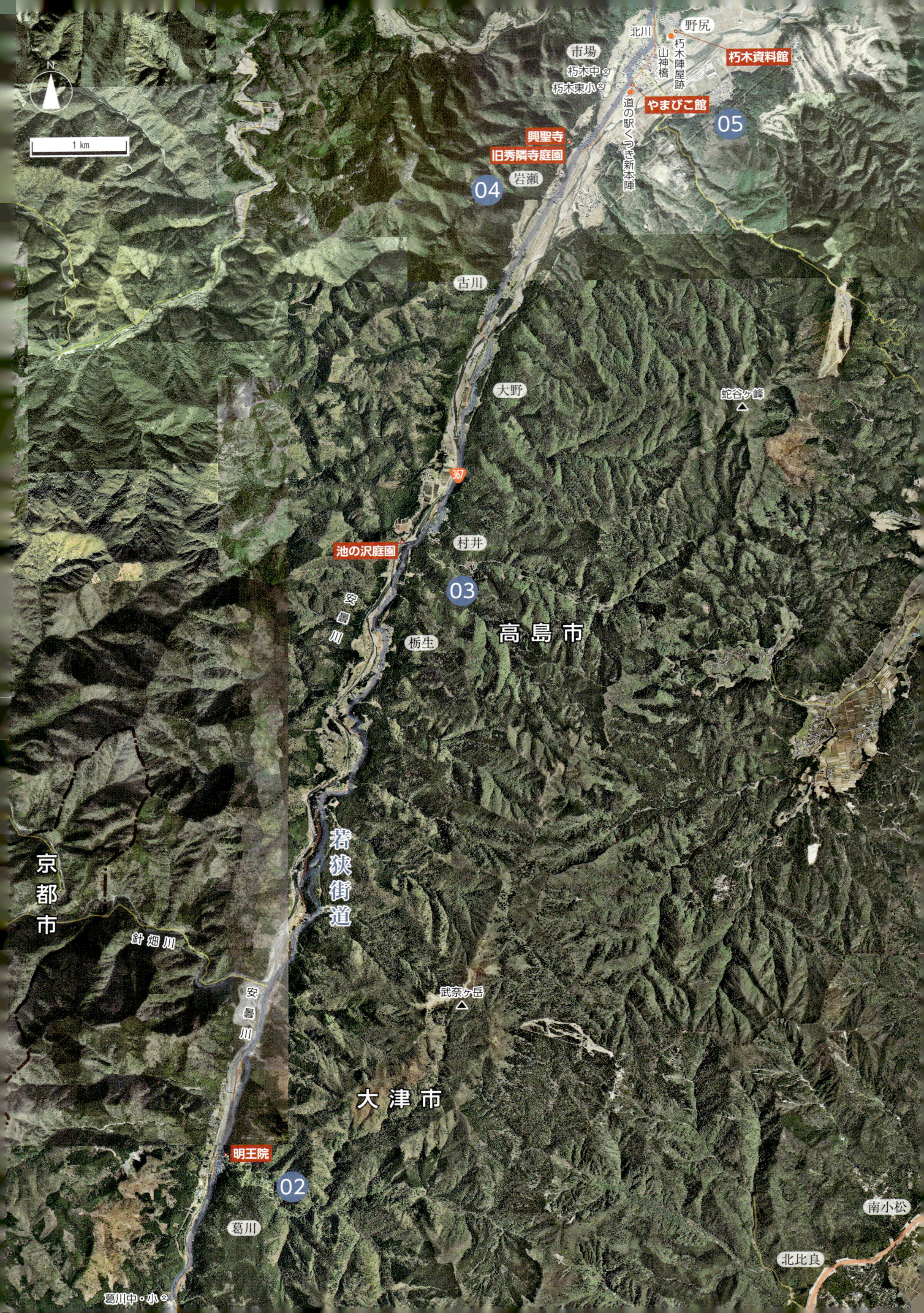

N
1 km
北川
野尻
市場
朽木中
朽木東小
山神橋
朽木陣屋跡
朽木資料館
やまびこ館
道の駅くつき新本陣
05
興聖寺
旧秀隣寺庭園
岩瀬
04
古川
大野
蛇谷ヶ峰
367
村井
池の沢庭園
03
安曇川
栃生
高島市
若狭街道
京都市
針畑川
安曇川
武奈ヶ岳
大津市
明王院
02
葛川
南小松
北比良
葛川中・小

➡重要文化財明王院本堂

⬇夏安居で明王院へ向かう行者

若狭街道 02

途中―葛川

北嶺回峰行の行場　葛川明王院

大津市

シキミの葉を手折った花折峠

勝華寺《しょうげじ》の所在する伊香立途中《いかだちとちゅう》町の集落を後に若狭街道を北上すると、道は街道随一の難所とされた花折《はなおれ》峠を越える長い登り坂にさしかかります。峠の標高は591mで分水嶺《ぶんすいれい》となっており、手前は和邇《わに》川、峠を越えると安曇《あど》川が北へ流れ、若狭街道は安曇川の河岸をさらに朽木《くつき》まで進んでいきます。

花折峠の名称は、峠から直線で約10km北の葛川坊村《かつらがわぼうむら》町に所在する天台宗寺院の明王院《みょうおういん》へ参籠《さんろう》する僧侶が、この峠で仏に供えるシキミの葉を手折《たお》ったことに由来するとされています。

行場の景観をとどめる明王院

さて、その明王院ですが、歴史は古く、近江国浅井《あざい》郡（現滋賀県長浜市北野《きたの》町）出身で延暦寺北嶺《ほくれい》回峰行《かいほうぎょう》の開祖とされる相応和尚《そうおうかしょう》（831～918）が、貞観《じょうがん》年間（859～877）にこの地に修行に入り、境内南側を流れる明王谷川上流において不動明王を感得したことから開かれたと伝えられ、以来、回峰行を行う延暦寺の僧侶が参籠《さんろう》する行場として、信仰上の重要な役割を担ってきました。

中世には僧侶以外の信仰者の参籠も行われ、足利義満《あしかがよしみつ》や日野富子《ひのとみこ》などの参籠札が残されており（いずれも重要文化財）、修験者以外にも広く信仰を集めていたことが伺えます。

僧侶が1カ所に参籠して行う修行を「安居《あんご》」といいますが、明王院では毎年7月に「夏安居《げあんご》」として、延暦寺無動寺《むどうじ》谷の僧侶が中心となって厳しい修行が続けられています。

明王院の境内は、建物を含めた境内地全体が回峰行の行場としての景観を良く今日に伝えており、本堂・護摩《ごま》堂・庵室・政所《まんどころ》表門の主要建物4棟に加え、境内の石垣・石塀・石段などを含む境内地が一括して重要文化財に指定されました。

参籠での修行は本堂を中心として行われますが、本堂は1715（正徳《しょうとく》5）年に建築されました。中世以来の伝統を受け継ぐ近世の天台宗本堂と、北嶺回峰行の行場としての特徴をあわせ持った建築として高く評価されています。

明王院の境内に一歩足を踏み入れると、平安時代以来の厳格な修行の道場としての緊張感に包まれることでしょう。

（菅原和之）

⬇政所屋根から明王院境内を見る

➡谷合に広がる村井の集落を南から望む
⬇名勝朽木池の沢庭園の池に水を供給する水口
（いずれも高島市教育委員会提供）

若狭街道

03

葛川―村井

名勝朽木池の沢庭園

大津市・高島市

炭焼きの里に隠れ住んだ皇子

葛川《かつらがわ》明王院《みょうおういん》を過ぎ、若狭街道はさらに安曇《あど》川の右岸を下流に向かって北へと進み、やがて朽木《くつき》谷に入ります。朽木最初の集落が栃生《とちゅう》、その次が村井《むらい》です。

村井は山に囲まれた谷合の集落で、農業以外に炭焼きを行っていました。朽木谷の炭焼きについては、村井と椋川《むくがわ》（高島市今津町椋川）の住民が朽木氏の命によって炭焼きを習い覚えたことが始まりとされています。朽木谷の炭焼きは、14カ村に許可されていましたが、村井と椋川はこうした由緒を持つことから、この炭焼郷14カ村の頭郷《かしらごう》として炭の運上金の取りまとめ役を務め、炭竈《すみかま》を新たにつくる権利を持っていました。

ところで、村井の集落には後《ご》一《いち》条《じょう》天皇の皇子が隠れ住んだという伝説が残ります。皇子の母は藤《ふじ》原《わらの》彰子《しょうし》といわれています。彰子は平安時代中期に絶大な権勢をふるった藤原道長《みちなが》の娘であり、一条天皇の后《きさき》となって後一条天皇、後《ご》朱雀《すざく》天皇を生みました。しかしこの伝説では、彰子は後一条天皇の后となって一人の皇子を生んだとされています。

その皇子は事情があって都を離れ、当時藤原氏の荘園であった朽木荘にやって来て、池《いけ》の沢《さわ》というところに住まいしたと伝わります。

自然地形を利用した中世の庭園

池の沢庭園は安曇川左岸の河岸《かがん》段丘《だんきゅう》面上に位置し、こうした伝説に彩られた遺跡として古くから知られていました。平成18年度の確認調査、平成21年度の発掘調査によって、そのベールがはずされると、窪《くぼ》みや山裾《やますそ》から湧き出る水を集めて池泉《ちせん》や流れを造り、岩盤の高まりを取り込んで荒磯風の意匠の築山《つきやま》や中島《なかじま》を造るなど、自然の地形を巧みに利用した庭園が姿を現しました。年代は12世紀後半から13世紀前半とされ、皇子伝説よりも150年ほど後に造られた庭園であることが判明しました。2012（平成24）年に国の史跡名勝天然記念物に指定されました。

「さざ波の大山守《おおやまもり》のしめゆえに朽木の杣《そま》のはなざかりかも」鎌倉時代初期に藤原公朝《きんとも》がこのように詠んだように、当時、朽木は風光明媚《めいび》な渓谷の景勝地として、多くの和歌に詠まれ、都の人々のあこがれの地となっていました。名勝朽木池の沢庭園は、そのような都の人々が避暑などのために営んだ山荘の庭園であったと考えられています。

（北村圭弘）

⬆村井とともに炭焼郷の頭郷となっていた椋川
（サンライズ出版撮影）

⬆朽木宣綱の正室京極マグダレナの墓

➡国指定名勝　旧秀隣寺庭園

若狭街道

04

村井—岩瀬

室町将軍の避難所

高島市

佐々木信綱が戦死者供養に創建

村井《むらい》の集落から、安曇川沿いに街道を北に4㎞ほど進むと、大《おお》野《の》・古川《ふるかわ》を経て岩瀬《いわせ》の集落に着きます。このあたりは、古代から中世にかけて「朽木の杣《そま》」と呼ばれる木材の生産地でした。木材は筏《いかだ》に組まれ、安曇《あど》川を下り、琵琶湖から瀬田《せた》川・宇治《うじ》川を経て京へと運ばれました。塩サバ以外の物産で都と密接な関係があった地域だったのです。

岩瀬の集落は、安曇川によって形成された河岸段丘上にありますが、ここに興聖寺《こうしょうじ》という曹洞《そうとう》宗のお寺があります。元は対岸にありましたが、江戸時代に大火に遭い、現在の地に移ってきました。1237（嘉禎《かてい》3）年、佐々木信《ささきのぶ》綱《つな》が宋から帰洛《きらく》した道元《どうげん》禅師に承《じょう》久《きゅう》の乱で戦死した一族の供養を頼んだところ、禅師は当地の地形が宇治興聖寺に似ていることから寺を建てることを勧め、名も興聖寺としました。興聖寺はその後、朽木藩歴代藩主の菩提寺《ぼだいじ》になります。ところで、興聖寺は、「老椿《おいつばき》」と言われる470年は経つというヤブツバキで有名です。そして、このヤブツバキが生えている庭が国の名勝に指定されている旧秀隣《しゅうりん》寺《じ》庭園です。

京を追われた足利義晴のために

1528（享禄元）年、細川晴《ほそかわはる》元《もと》・三好元長《みよしもとなが》らに京を追われた将軍足利義晴《あしかがよしはる》・細川高国《たかくに》らは、幕府の奉公衆であった朽木稙綱《くつきたねつな》を頼り逃れてきます。稙綱は、岩神館《いわがみやかた》を築いて義晴らを住まわせました。その時に細川高国が作庭したのがこの庭だといわれています。館跡は残っていませんが、寺の背後に土塁《どるい》や空堀《からほり》が一部残っており、元は朽木氏の城ではなかったかという説もあります。庭は対岸の蛇《じゃ》谷ヶ《たにが》峰を借景とした池泉《ちせん》鑑賞式の庭園です。

ところで、庭園の名となっている秀隣寺ですが、朽木宣綱《のぶつな》が、1606（慶長11）年に宣綱の正室京極《きょうごく》マグダレナが亡くなったのちに周林院と諡《おくりな》をつけて岩神館の地に葬り、寺を建てて周林院としたものがのちに秀隣寺とあらためられたということです。その後、秀隣寺は朽木野尻《のじり》に移されますが、マグダレナの墓は現在も興聖寺の境内にあります。

（仲川靖）

⬇元興聖寺の朽木氏墓地

➡長谷川茂政が織田信長をもてなしたとされる円満堂の跡地

⬇朽木陣屋の井戸跡

若狭街道

05

岩瀬―市場

市場と陣屋跡

高島市

朽木谷の物資集散地

興聖寺《こうしょうじ》の門前を過ぎてしばらく行くと街道は国道367号と重なります。少し進んで文化交流施設やまびこ館の前から街道は国道を離れ、西に向かうと市場《いちば》（高島市朽木《くつき》市場）の集落に入ります。

市場は、文字どおりかつて市がたっていた場所です。朽木文書には、米、紙、魚などさまざまな品物を扱う商人のことが記されており、朽木谷一帯に広がる朽木荘の物資集散地として、市場は中世から賑わっていたようです。

1570（元亀《げんき》元）年4月、朝《あさ》倉義景《くらよしかげ》攻撃のため、敦賀《つるが》まで進軍していた織田信長《おだのぶなが》は、浅井長政《あざいながまさ》離反の知らせを受けると急ぎ京へと取って返します。そのとき若狭街道を南下し、朽木谷を通過しますが、領主の朽木宣綱《のぶつな》は信長の領内通過を認めただけでなく、これを手厚くもてなしました。この時、信長の接待を宣綱より命ぜられたのが家臣の長谷川茂政《はせがわしげまさ》でした。市場の円満堂で信長をもてなし、その身に着けていた革袴《かわばかま》を与えられたと伝えられています。

2本の川に挟まれた朽木陣屋

さて、若狭街道は市場の北を流れる北川《きたがわ》の手前で屈曲しながら北へ向かい、川の西側を進みます。一方、北川にかかる山神《さんじん》橋を渡ると野尻の集落です。南を通る安曇《あど》川本流と西の北川に挟まれた野尻《のじり》の丘には、近世朽木氏の陣屋がありました。現在の朽木グラウンド、朽木資料館周辺にあたります。周囲を堀と土塁《どるい》に囲まれており、その一部が残っています。また、陣屋の内部からは建物群や井戸の遺構が発掘調査でみつかりました。

ここは中世には朽木氏の居城があったとされる場所です。発掘調査によると15世紀前葉とみられる堀や橋の遺構がみつかっており、中世朽木城を引き継ぐようにして近世の朽木陣屋が築かれているようです。

ところで、市場を通る若狭街道は、今でも道が鍵の手状に折れ曲がりながら進んでいます。こうした屈曲は城下町によく見られる防御を目的としたものです。もとは直線的に進んでいた道を、城下町として整備する中で、屈曲する道へと付け替えられたものと考えらえます。

今でも朽木の中心街として栄える市場には、城下町としての景観が残されているのです。（松下浩）

⬆朽木市場に建つ旧商家熊瀬家住宅

熊川宿
熊川
若狭町
杉山
水坂峠
石田川
303
箱館山
二の谷山
「右　京道」道標
今津西小
367
保坂
06
総合運動公園
今津北小
JR湖西線
石田川
弘川
今津中
今津東小
高島高
九里半街道
303
今津
住吉神社
近江今津駅
近江今津駅
161
追分
高島市
椋川
檜峠
饗庭野台地
奥山ダム
若狭街道
荒川
新旭北小
161
野尻
1 km
市場
新旭駅
N

➡高島市指定文化財保坂の道標。若狭街道から南をのぞむ

⬇今津の九里半街道の起点

九里半街道

06

保坂—今津

若狭街道から九里半街道へ

高島市

西国三十三所の巡礼道

朽木市場《くつきいちば》から若狭街道をさらに北上し、檜峠《ひのき》を越えると旧今津町《いまづ》域に入ります。しばらく進むと道は緩やかに東へ湾曲し、保坂《ほうざか》の集落へと至ります。若狭街道は保坂警察官駐在所がある交差点で、今津と若狭の小浜《おばま》を結ぶ九里半《くりはん》街道に合流します。

保坂は若狭との国境に近い要衝の地で、中世には朽木氏が関の管理を預かっていた保坂関が置かれていました。駐在所前を左に折り返すように曲がったしばらく先、左からの道が中ノ川《なかの》を渡って交わる橋のたもとには、1775（安永4）年建立の道標（高島市指定文化財）があります。道標には、「右　京道　施主京都桑村」「左　わかさ道　安永四乙未年九月吉日」「左　志ゆんれいみち　今津海道　保坂村」の文字が刻まれています。「志ゆんれい」は「巡礼」であり、九里半街道は、西国三十三所観音霊場札所の舞鶴《まいづる》（京都府）にある松尾寺《まつお》と次の札所の竹生島《ちくぶしま》宝厳寺《ほうごん》を結ぶ「巡礼道」であったことがわかります。

石田川沿いに琵琶湖岸へ

ここから若狭方面へと歩みを進めると、道は標高277mの分水《ぶんすい》嶺《れい》にある水坂峠《みさか》を越えて福井県に入り、この街道唯一の宿場であった熊川《くまがわ》の集落に至ります。水坂峠を越える経路は難所であり、江戸時代には、熊川宿の手前の杉山《すぎやま》の集落に出女改《でおんなあらため》の関として知られる山中関《やまなか》が置かれていました。

一方、駐在所前を右折するように道なりに進むと、道は国道303号に合流し、石田川《いしだ》沿いを今津に向かって下っていきます。谷筋の道を抜けて石田川の扇状地に出れば琵琶湖も間もなくです。国道161号をくぐり、古代の倉庫群が発掘調査で見つかった遺跡がある弘川《ひろかわ》を過ぎると、道は南東に道筋を変えて今津の町中へと入ります。九里半街道の起点には、街道の説明板が立ち、建物のすき間から琵琶湖が望めます。

今津は古くから若狭方面からの物資が集まる水運拠点で、湖岸近くの住吉神社の社伝には、豊臣秀吉が神饌《しんせん》を供えて海上安全を祈り、若狭街道荷物着港の印章を賜《たまわ》ったとあります。今津港は今も竹生島へ向かう船の発着地であり、多くの人が行き交う巡礼の道でありつづけています。

（大﨑哲人）

⬇弘川遺跡の掘立柱建物群（倉庫群跡）

深坂峠
深坂地蔵尊
新道野峠
敦賀市
08
深坂トンネル
新深坂トンネル
沓掛
集福寺
JR北陸本線
塩津街道
日計山
近江塩津駅
余
長浜市
塩津小
大坪川
西浅井中
道の駅
あぢかまの里
塩津
07
8
塩津港遺跡
岩熊
城山トンネル
大川
琵琶湖
飯
303
八田部
500m
永原駅
永原小

←塩津港遺跡の全景

→街道と塩津の町並み

塩津街道

07 塩津

港と街道の結節点

長浜市

琵琶湖最北端の港

琵琶湖の最北端にある塩津《しおつ》の町は、港と街道の結節点として古くから大いに栄えた町で、大川《おお》と大《おお》坪《つぼ》川の河口に位置します。平安時代の中頃に書かれた『延喜式《えんぎしき》』にその名が見え、北陸の物資は海路で敦賀まで運び、敦賀から塩津に運ぶよう規定されています。塩津まで届いた荷物は再び船に積まれ、琵琶湖を渡って京都を目指したのです。

また江戸時代初めの記録には、１００石《こく》以上積める大型の丸子船が塩津には１２５艘《そう》、大津１０２艘、長浜67艘などとあり、繁栄が近世まで続いていたことがその数からうかがえます。現在も塩津浜の集落には、大坪川の船溜《ふなだ》まり跡、そこから北に向かう街道筋の家並み、常夜灯など、その名残が随所に見られます。

神社跡が発見された塩津港遺跡

長浜市西浅井町塩津浜《しおつはま》にある塩津港遺跡では近年河川や道路の工事にともなって発掘調査が行われ、かつて繁栄した塩津の様子が具体的に明らかとなってきました。

大川の改修にともなう発掘調査では、河口の中州《なかす》から平安時代終わり頃に建てられた神社の跡が発見されました。神社は四方を堀に囲まれており、琵琶湖に面して建てられていたと考えられています。

ここからは神事に使われたとみられる遺物が多量に出土しており、中でも木製の神像や起請札《きしょうふだ》は特筆すべきものです。起請札は神様に運送の際の信用を誓った内容が書かれた木札でした。

左に写真を掲載した起請札は最もよく墨文字が残っているもので、上段に大きな字で「再拝」とあり、中段の1行目に「保延三年（１１３７年）七月二十九日」、続いて梵天《ぼんてん》・帝釈天《たいしゃくてん》・八幡大菩薩《はちまんだいぼさつ》など神々の名前が列挙され、下段に、運搬を請け負った荷物を魚1巻でも失ったならば、神罰を被《こうむ》るという誓約文が書かれています。

また、国道の工事にともなう調査では、古代末から中世にかけて、港で大規模な埋立てが行われ、護岸や桟橋《さんばし》などの施設が作られていたことがわかってきました。

神社遺構に関する情報は、「道の駅あぢかまの里」の道の駅情報館に説明パネルがあります。また、実際に使われていた丸子船も屋外に展示してありますので、あわせて見ていただくと、塩津港の繁栄ぶりがよりわかると思います。

（岩橋隆浩）

←塩津港遺跡出土の起請札

➡運河計画を今に伝える深坂地蔵尊

⬇旧道の面影を残す深坂峠付近の塩津街道

塩津街道

08

塩津—沓掛

深坂越と深坂地蔵尊

長浜市

難路よりも100m低い新道

塩津港《しおつ》を出て塩津街道を北上すると、街道はところどころ旧道を通りながら、ほぼ国道8号に重なって進み、やがて福井県との県境にある、深坂越《ふかさか》（深坂峠）にいたります。

深坂越とは、塩津街道のなかでも最高所である深坂峠一帯を指し、『源氏物語』の作者である紫式部《むらさきしきぶ》も若い頃、越前守《えちぜんのかみ》に叙任された父藤原為時《ふじわらのためとき》に従い、996（長徳2）年にこの峠を越えています。現在でも長浜市西浅井《にしあざい》町沓掛《くつかけ》から福井県敦賀市追分《おいわけ》の間の一部については、旧道が残っており、往時の面影を感じながら歩くことができます。

深坂越は難路であることから、秀吉の頃に現在の国道8号にほぼ沿った「新道野《しんどうの》越」が開かれます。この新道は深坂越と比べると敦賀までは半里（約2km）迂回《うかい》しますが、最高部は深坂越よりも約100m低くなることから、新道野越が開かれて以降は、こちらが街道の主要ルートとなったようです。

琵琶湖と日本海を結ぶ運河計画

さて、昔の面影を残す深坂越を進んでいくと、峠手前の御堂《みどう》に「深坂地蔵尊」が祀られています。これは、平安時代に越前国主平重盛《たいらのしげもり》が、父清盛《きよもり》の命によって琵琶湖と日本海を結ぶ運河開削《かいさく》を行った際に大きな石が現れ、石を割ったところ、中から出てきた地蔵だと伝えられています。

この運河計画の信憑性《しんぴょうせい》については明らかではありませんが、当時清盛は宋《そう》との交易を拡大させようと、播磨《はりま》国福原《ふくはら》（兵庫県神戸市）に遷都し、大輪田泊《おおわだのとまり》（現在の神戸港）の修築を行うなど瀬戸内海の水運整備をしていることから、敦賀湾と塩津港を結んだ大運河を造ることによって、日本海～琵琶湖～京～大阪湾を結ぶ、西日本を中心とした物流の大動脈を形成しようとしていた可能性も考えられます。宋との貿易は清盛の父忠盛が越前守だった頃に敦賀でも行われたといわれており、清盛は日本海～琵琶湖ルートの重要性を認識していたものと思われます。

塩津と敦賀を結ぶ運河計画は、その後も近世・近代にかけて何度も計画されますが、結局は実現しませんでした。深坂地蔵は、まぼろしに終わった運河計画を今に伝える歴史の証人として、その舞台に今日もひっそりとたたずんでいます。

（松室孝樹）

⬆沓掛の集落をのぞむ。右が旧道、左が国道８号（サンライズ出版撮影）

東海道と矢橋道の分岐点に建てられた道標（右）と、
同じ道標の裏側（左）＝何も刻まれていない（草津市）

中山道と朝鮮人街道（「彦根道」）の分岐点に建てられた道標（彦根市）

街道あれこれ 四

道標

道標は旅人の便宜《べんぎ》のために、道の分岐点や曲がり角などに建てられ、方向や行き先への距離などを示した標示物です。古くは木製の標柱も多かったのですが、朽損《きゅうそん》しやすいため次第に四角い石柱型のものが主流をなすように変わっていきました。他にも自然石の一面を平らに成形して文字を刻んだもの、石仏と一体となったものや、上部に火袋《ひぶくろ》を設けて常夜灯としても機能するものなど、さまざまな形態が発生しています。

　街道筋で石造の道標が盛んに建てられるようになったのは、江戸時代中期から後期にかけてのことです。１９７１（昭和46）年の調査記録によると、当時４５３基の道標が県内にあったうち、約３分の１が文化・文政・天保の約40年間に建立されたものだったといわれます。

　当時の日本では全国的に商工業が盛んとなり、流通経済も活性化して、庶民の旅が爆発的な流行を示していました。遠隔地商業に従事する商人や、伊勢講《いせこう》などの旅行グループなどが中心になって、あらゆる階層の人々が資金を出し合い、相互扶助の精神にのっとって道標を建立したのです。

　道標の建立目的は、旅人が道に迷わず目的地に至るための「しるべ」となることです。そのことを端的に示す道標が、東海道から矢橋道《やばせみち》が分岐する「矢倉立場《やぐらたてば》」跡に現在も建っています。草津宿から南西方向に向けて歩んできた旅人が、かつてここに所在した「うばがもち屋」茶屋に至った地点で必ず目にした大きな道標です。正面に「右やばせ道　右是より廿五丁　大津へ船わたし」と刻まれています。ここから右折すると矢橋道で、25丁（約2・7㎞）進めば大津へ渡船の便がある、という短縮路の情報です。

　注目すべきは文字を刻んだのが１面のみで、他の３面には何も刻まれていないことです。矢橋港や瀬田橋方面から草津宿方面へ歩いて来た旅人はここを素通りしていくので、伝えるべきメッセージがないのは当然です。ただ、きれいに整えられた高さ約１７５㎝の四角柱の３面が「のっぺらぼう」であることは何となく不自然で、裏から見ていると滑稽味《こっけいみ》さえ感じさせます。

（井上優）

朝鮮人街道

朝鮮人街道は、野洲《やす》の行畑《ゆきはた》（現在は小篠原《こしのはら》）で中山道から分岐し、琵琶湖近くを通り、近江八幡や東近江を経て彦根で再び中山道と合流します。その名は江戸時代、外国使節団である朝鮮通信使が漢陽《ハニャン》（現ソウル）から江戸まで訪れる際にこの道を通行したことに由来します。

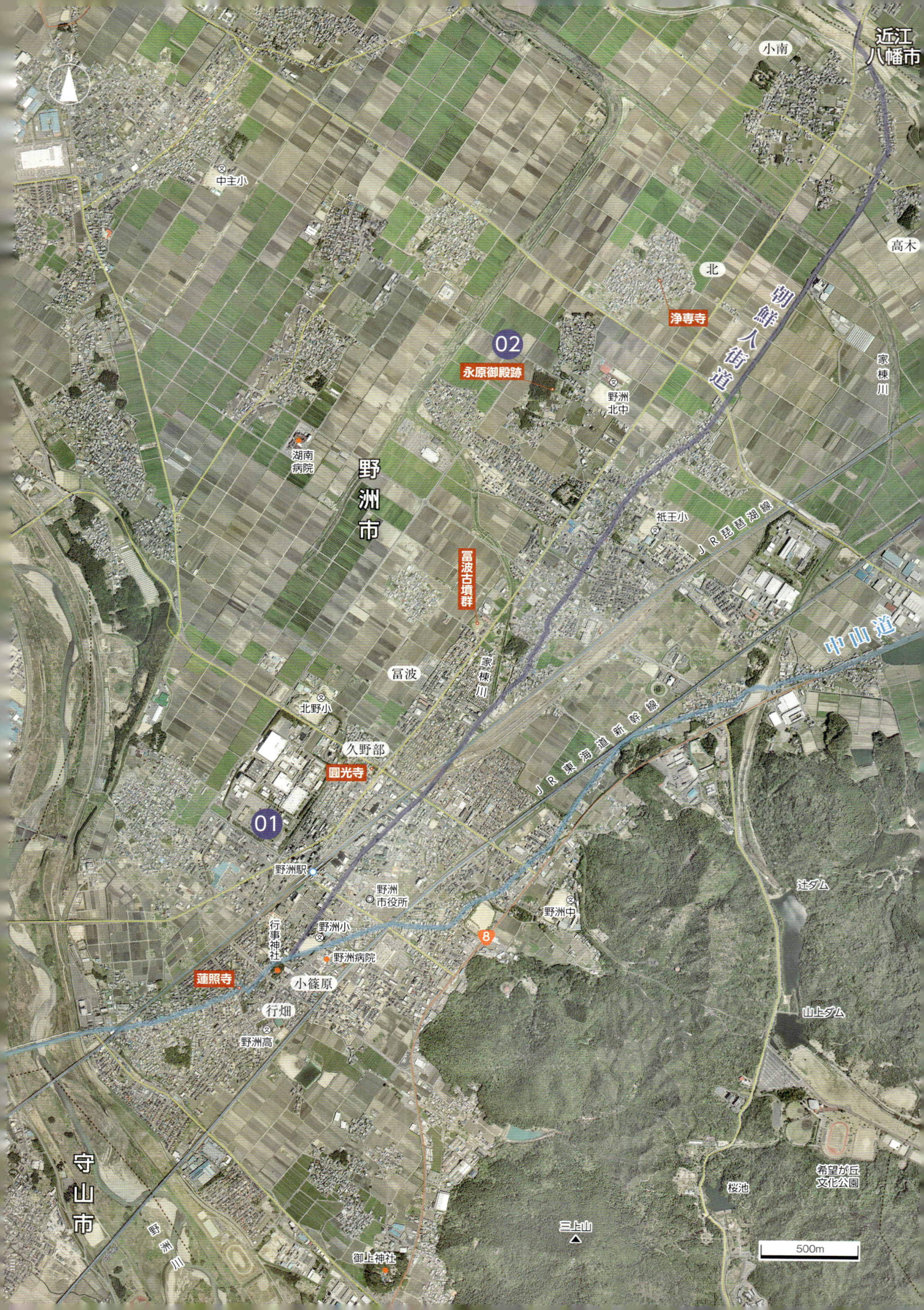
近江八幡市
小南
中主小
高木
北
浄専寺
朝鮮人街道
02
永原御殿跡
野洲北中
家棟川
湖南病院
野洲市
祇王小
JR琵琶湖線
冨波古墳群
中山道
冨波
家棟川
北野小
久野部
圓光寺
JR東海道新幹線
01
野洲駅
野洲市役所
辻ダム
行事神社
野洲小
野洲中
8
野洲病院
蓮照寺
小篠原
行畑
野洲高
山上ダム
守山市
希望が丘文化公園
桜池
三上山
500m
野洲川
御上神社

↑圓光寺　山門を見る

↑修理前（下段）と修理後（上段）の圓光寺本堂

朝鮮人街道 01

圓光寺

小篠原―久野部

野洲市

切妻屋根の寺院本堂

朝鮮人街道は、野洲《やす》市行畑《ゆきはた》で中山道から分岐します（現在は北隣の小篠原《こしのはら》で分岐しています）。

中山道との分岐点にあった享保《きょうほう》4（1719）年建立の道標には、「右　中山道」「左　八まんみ（ち）」（＝朝鮮人街道）」とあり、現在は行畑の蓮照《れんしょう》寺境内に保存されています。

中山道と分かれた朝鮮人街道はJR野洲駅の南を北東方向に進み、やがてJR琵琶湖線の北側に抜けていきます。その少し手前で県道155号を北西に進んでJRを高架で越えると、県道2号と交わる「久野部《くのべ》」交差点の北西角に圓光《えんこう》寺《じ》があります。境内には本堂、大行事神社本殿、石造九重塔と阿弥陀如来坐像の4つの重要文化財が所在しています。

山門をくぐるとまず目に入る圓光寺本堂は、桁行《けたゆき》5間《けん》、梁間《はりま》5間、切妻《きりづま》屋根、銅板葺《ぶき》の建物です。切妻屋根は神社本殿に多い建築形式ですが、寺院本堂としては大変めずらしい事例です。

昭和の時代に建立当初の姿に復原

かつてここには長福《ちょうふく》寺《じ》と圓光坊という2つの寺院がありましたが、後に統合され、長福院圓光寺と寺名を改めました。同寺には阿弥陀如来坐像など旧圓光坊所蔵の仏像が伝来しており、現在の本堂は旧長福寺のものです。

寺伝によると、1704（元禄17）年に仏壇の増設や切妻屋根から入母屋《いりもや》屋根への変更といった本堂の改築が行われています。このときに圓光坊と長福寺が統合されたと考えられます。

圓光寺本堂は、昭和33年に解体修理工事が行われ、この時発見された墨書によって1258（康元《こうげん》2）年に建立されたことがわかりました。さらに柱に残る痕跡などから、元禄の改築以前の長福寺本堂だった時代の姿が明らかになりました。また、入母屋屋根から建立当初の切妻屋根に復原されました。

本堂復原前と復原後の姿を見比べると、文化財建造物の修理や調査の奥深さを知ることができます。ぜひ上に掲載の修理前の写真を手元に持ち、今の姿との違いを見比べに出かけてみてください。きっと文化財を観ることがますます面白く感じられるでしょう。

（新井康之）

➡永原御殿跡

⬇永原御殿復元模型（野洲市歴史民俗博物館蔵 写真はいずれも野洲市教育委員会提供）

朝鮮人街道

02 久野部―永原

永原御殿跡

野洲市

六角氏重臣・永原氏の居城

朝鮮人街道はＪＲ野洲《やす》駅の東側で線路の南側から北側へと抜けます。そのあたりが久野部《くのべ》の集落です、そこから線路の北側の古道を北東に進み、冨波《とば》古墳群のある冨波を経て家棟《やなむね》川を越えると、永原《ながはら》に到着します。

永原は、中世には江部《えべ》氏の、戦国時代には佐々木六角《ささきろっかく》氏の重臣であった永原氏の拠点でした。街道の東側、現在の祇王《ぎおう》小学校周辺に永原氏の居城永原城がありました。１５７０（元亀元）年５月、浅井《あざい》長政《ながまさ》の離反によって越前攻撃を中止した織田信長は京を経て岐阜へ戻るにあたり、京と岐阜を結ぶ街道の要所に家臣を配置します。このとき佐久間信盛《のぶもり》が置かれたのが永原城でした。

徳川将軍の宿泊所・永原御殿

その後、秀吉の時代になると１５９１（天正19）年には、永原は徳川家康の領地となります。その時、永原一族の多くは家康の家臣となりました。

１６００（慶長５）年、関ヶ原の戦いに勝利し江戸幕府を開いた家康は、江戸と京を往復するにあたり、宿泊所となる御殿を街道沿いの各所に設けました。近江ではその一つが、かつての領地に建てられた永原御殿でした。

道からは永原の西に見える大きな森が永原御殿の跡です。記録では、１６０１（慶長６）年～１６３２（寛永９）年の間、将軍として家康が7回、秀忠が3回、家光が2回宿泊し利用しています。江戸幕府大工頭《だいくがしら》中井家に伝わる指図《さしず》（建築図面）では、いくつもの廊下《ろうか》でつながった二条城の書院のような大きな御殿が建っていたことがわかります。

御殿は、一度の拡張と数回の建て替えが行われ、最終的には寛永頃に廃城となったようです。御殿とは言いながら、将軍の宿泊所であることから、城としての機能を持ち、周囲は大きな堀と高い土塁《どるい》で囲われ、土塁の四方には櫓台《やぐらだい》が作られていました。現在でもその威容を現地で見ることができます。また、野洲市北の浄専寺《じょうせんじ》の門は永原御殿から移築されたと伝えられます。

永原御殿跡では、平成30年度から地元の協力のもとに、野洲市教育委員会が史跡指定をめざし遺跡の公開活用を図るための発掘調査を進めています。４００年ぶりに明らかになる永原御殿の姿が期待されています。

（木戸雅寿）

⬆永原御殿跡の土塁

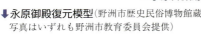

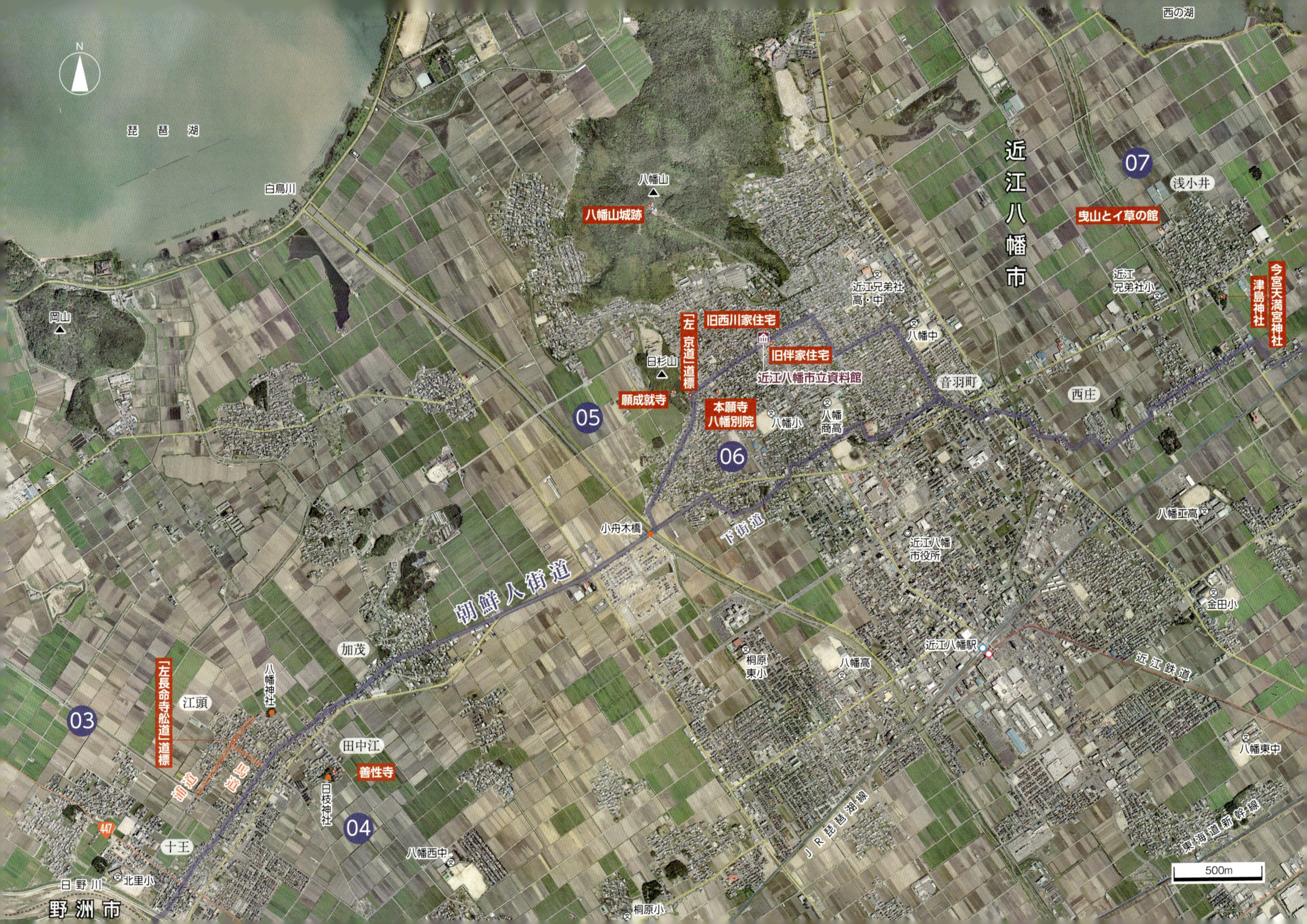

N
琵琶湖
白鳥川
岡山
八幡山
八幡山城跡
西の湖
近江八幡市
07
浅小井
曳山とイ草の館
近江兄弟社小
今宮天満宮神社
津島神社
近江兄弟社高・中
八幡中
旧西川家住宅
「左京道」道標
旧伴家住宅
近江八幡市立資料館
日杉山
願成就寺
05
本願寺八幡別院
八幡小
八幡商高
06
音羽町
西庄
小舟木橋
下街道
近江八幡市役所
八幡工高
朝鮮人街道
金田小
加茂
桐原東小
八幡高
近江八幡駅
近江鉄道
「左長命寺舩道」道標
八幡神社
江頭
03
田中江
善性寺
油道
馬道
日牧神社
04
JR琵琶湖線
八幡東中
東海道新幹線
447
十王
八幡西中
日野川
北里小
野洲市
桐原小
500m

朝鮮人街道

03

永原―江頭

江頭港と道標

野洲市・近江八幡市

➡江頭町自治会館として使用されている旧江頭村立至誠学校本館

⬅江頭港を指し示す道標

水茎内湖によって街道沿いにも湊が

朝鮮人街道は永原からほぼ直線に水田地帯を抜け、小南《こみなみ》の集落の北で日野《ひの》川に達します。街道は日野川を北西に向かって斜めに越え、再びほぼ北東に進路を取り、条理の区画に沿って十王《じゅうおう》、江頭《えがしら》の集落を通過しながら八幡《はちまん》方面へ延びていきます。

現在、野洲《やす》郡の日野川右岸域の朝鮮人街道は琵琶湖の湖岸から3kmほど内陸に位置しますが、昭和40年代に干拓されるまでは琵琶湖東岸に形成された内湖の一つ、水《すい》茎《けい》内湖が水を湛え、岸辺が街道近くまで迫り、街道沿いの江頭、野《の》村《むら》といった集落には湊《みなと》が設けられていました。

このうち江頭の集落は、朝鮮人街道とその西側に並行して設けられた浦道、街道と浦道との間を結ぶ馬道に沿って形成されています。集落の北側に設けられた港は水茎内湖から大堀と呼ばれる水路が引き込まれた末端に位置し、琵琶湖へと向かうことができました。

そして、港と朝鮮人街道とは浦道・馬道を介して接続していました。江頭の集落と港の歴史は中世にまで遡《さかのぼ》り、中世から江戸時代にかけて多数の船が行き交い、水陸両方の交通の要所として繁栄していたことが、残された古文書から知られています。

道標と明治初期の学校建築

現在、港は埋め立てられ、かつての姿を留めていません。当時を偲《しの》ばせる文化財としては、浦道と馬道の交差点にある江頭町の自治会館に「左長命寺船《ふな》道」の刻銘を持つ道標が移設のうえ保存されています。「長命寺」と書かれているように、江頭港から西国三十三か所巡礼の第三十一番札所長命寺へ船を使って向かう巡礼者の便宜《べんぎ》を図るために建立されたものと考えられています。

また、自治会館の建物の一部は、旧江頭村立至誠《しせい》学校の本館・太鼓楼《たいころう》として使用されたものです。同校は、1873（明治6）年に旧十王町村と共同で太鼓楼を改修し仮学校として設立された後、1876（明治9）年に江頭村単独の学校となりました。本館は1878（明治10）年に建造されたもので、洋風の意匠を持つ建物です。明治時代の初期に学校を建立できた財力を有した江頭村の繁栄ぶり示している文化財といえるでしょう。

（上垣幸徳）

⬆旧江頭村立至誠小学校の太鼓楼

➡重要文化財薬師如来坐像（善性寺蔵）

⬇田中江の町並み

朝鮮人街道 04

善性寺の薬師如来坐像

江頭―田中江

近江八幡市

中世に活躍した田中江商人

江頭《えがしら》（近江八幡市江頭町）を過ぎると、朝鮮人街道は県道2号と並行しながら北東に延びます。前方に八幡山《はちまんやま》を望みながら歩を進めると、田中江《たなかえ》（近江八幡市田中江町）の集落に至ります。

田中江は古くは「田中井」とも記し、「タナカイ」と呼ばれました。街道の両側で発達したこの町は、中世に活躍した田中江商人の出身地です。田中江商人は、琵琶湖西岸の今津から若狭へ至る九里《くり》半《はん》街道に沿って物資を運搬し、日本海側との通商の権利を有した五《ご》個《か》商人の一つに数えられます。

五個商人は田中江のほか、八坂《はっさか》、薩摩《さつま》（彦根市）、小幡《おばた》（東近江市）、南市《みなみいち》（高島市）の5地区からなる商人群で、塩魚をはじめとする海産物を独占的に扱いました。室町時代にはこの商権をめぐって蒲生郡得珍保《とくちんのほ》（現東近江市）の保内商人と争論を起こしています。

兵火で衰亡した延暦寺の別院

かつて田中江には定林寺《じょうりんじ》と呼ばれる大寺院がありました。延暦寺の別院として隆盛したと伝えられますが、その後、兵火により衰亡しました。現在、街道の南東側にある善性寺《ぜんしょうじ》の傍らに同寺が管理する薬師堂と呼ばれる小堂があり、定林寺の古仏とされる薬師如来坐像（重要文化財）が安置されています。本像は像高62・5㎝、ヒノキの寄木造《よせぎづくり》で、穏やかな表情や衣文を浅く表した作風から平安時代後期の制作と考えられます。

1733（享保19）年に膳所藩士の寒川辰清《さむかわとききよ》が編纂した『近江輿地志略《よちしりゃく》』によると、かつて田中江にはハス池があり、この池に咲く蓮華《れんげ》はたいへん珍しく、一つの茎から二つあるいは三つの花が咲いたといいます。土地の言い伝えでは、弘法大師空海《こうぼうだいしくうかい》が唐に渡った折にこの蓮華を手に入れ、帰国後に当地に植えたとされます。

定林寺の繁栄や田中江商人の活躍、そしてハス池の絢爛《けんらん》も往古の出来事で、現在の田中江は静かなたたずまいの中にあります。過ぎ去りし時代の栄華に想像をめぐらせるのも街道歩きの醍醐味《だいごみ》ではないでしょうか。

（古川史隆）

⬇田中江の船入跡

➡八幡町新町の町並み

⬅道標「左　京みち」

朝鮮人街道

05

田中江―八幡

近江商人の町並

近江八幡市

古い街道筋にあたる下街道

田中江から加茂《かも》の集落を抜けると、正面に観音寺《かんのんじ》城跡・観音正寺・桑実寺《くわのみでら》のある繖山《きぬがさやま》と安土城跡のある安土山、左側手前に八幡山城跡がある八幡山や長命寺山といった、湖東島状山地と呼ばれる山々が迫ってきます。好天に恵まれれば、頂《いただき》の合間から伊吹《いぶき》山を望むこともできます。さらに進んで白鳥《しらとり》川に架かる小舟木橋を渡ると、県道から離れて川の右岸を北西に進む朝鮮人街道と、県道沿いに進む下街道に分かれます。下街道は、朝鮮人街道よりも古い時代の街道筋で、音羽町あたりで再び朝鮮人街道と合流します。

小舟木の入口にある街道の案内板を目印に集落の中を進むと、豊臣秀次が八幡山城の築城時に山から移したとされる願成就《がんじょうじゅ》寺がある日杉《ひすぎ》山の麓で、街道はほぼ直角に右に曲がり八幡町に入ります。この西元町の曲がり角に立つ道標には、「左　京みち」「右　長命寺　一里」と刻まれています。近辺には「京みち」と記した道標が他にも3基あり、街道筋は京街道とも呼ばれ、江戸時代には「京道」「京街道」の名で知られていたようです。

京街道は、碁盤目状に66カ町に区画された八幡町のほぼ中央を東西に延び、仲屋町《すわいちょう》通りで南下します。

江戸・大坂に出店した八幡商人

さて、秀次が安土城下町を移して作った八幡山城下町は、八幡山城が1595（文禄4）年に破《は》却《きゃく》された後も、陸路と水路の拠点として蚊帳《かや》・畳表《たたみおもて》を主力商品とした近江商人の町として栄えます。大文字屋西川利右衛門《にしかわりうえもん》家や扇屋伴《ばん》庄右衛門《しょううえもん》家はそうした商家の一つです。彼らは江戸や大坂に出店を構え広く商売を行っていました。

現在、八幡町にある旧西川家住宅は国の重要文化財に、旧伴家住宅は近江八幡市の文化財に指定され、近江八幡市立資料館の付属施設として一般公開されています。

近年は、重要伝統的建造物群に選定されている旧西川家住宅・旧伴家住宅がある京街道と新町通の交差点付近、時代劇でもお馴染みの八幡堀や日牟礼《ひむれ》八幡宮周辺が観光客で賑わい、京街道・仲屋町通りはやや寂しいですが、八幡商人に扮した「飛び出し坊や」も待っています。

（小竹森直子）

➡八幡の町中を通る朝鮮人街道と「近江商人」の飛び出し坊や

朝鮮人街道

06 八幡

朝鮮通信使と八幡別院

近江八幡市

↑本願寺八幡別院

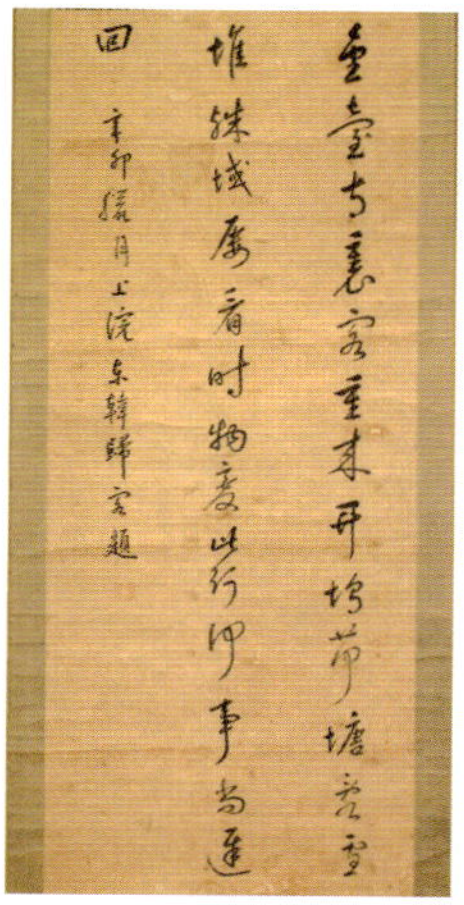

↑朝鮮通信使従事官李邦彦詩書
（本願寺八幡別院蔵、近江八幡市提供）

朝鮮通信使が昼食休憩した八幡別院

朝鮮人街道の名前の由来となった朝鮮通信使は、実は江戸時代を通じて12回しか派遣されていませんでした。1617（元和《げんな》3）年は京都への来訪、1811（文化8）年は対馬《つしま》までを往復しただけでしたから、近江を通ったのは10回のみです。

しかしながら、その往来が、近江の文化に与えた影響は少なくありません。朝鮮国からの使節は高い知識と教養を備えたエリートぞろいだったので、彼らが滞在した場所には地域の知識人が大勢押し寄せ、盛んな異文化交流が行われたのです。

八幡町は長く幕府直轄《ちょっかつ》の商業都市として栄えた活気あるまちで、朝鮮通信使が往来しました。とくに通信使の「三使」と呼ばれた正使・副使・従事官が昼食休憩した本願《ほんがん》寺八幡《はちまん》別院（金台寺《こんだいじ》とも呼ばれた）は重要です。

李邦彦の七言絶句

同院には、1711（正徳元）年に来日した第8次通信使の従事官・李邦彦《イバンオン》が筆をふるった七言絶句《しちごんぜっく》の漢詩が伝えられています。「金台寺を再び訪れると、雪が竹垣の上に高く積もっている。時はしばしば、見る物の姿を変えてしまう。私たちはなんと長い時を（日本への旅路で）過ごしていることであろうか」と、江戸からの帰路、朝鮮国への望郷の想いを詠じています。

↑西側からみた八幡別院

能書家であった李邦彦は、鞆《とも》の浦《うら》（広島県福山市）福禅《ふくぜん》寺の対《たい》潮楼《ちょうろう》に今も掲げられる「日東第一形勝」の額字《がくじ》など、各地に墨跡《ぼくせき》を残しています。八幡町には商業的繁栄を背景に、わが国一流の文化人が揃っていましたから、李邦彦ら通信使を囲んで詩文をやりとりするなど、楽しい交流が行われたのでしょう。

朝鮮通信使従事官李邦彦詩書は、八幡町惣絵図や琵琶湖図（滋賀県立琵琶湖文化館蔵）、雨森芳洲関係資料などとともに、2017（平成29）年10月にユネスコ「世界の記憶」に登録されました。今後ますます世界へ向けてその価値が発信されていくことでしょう。

（井上優）

➡浅小井の祇園祭・今宮天満宮神社の境内に並んだ曳山（近江八幡市提供）

⬇曳山を保管・展示する曳山とイ草の館

朝鮮人街道

07

八幡―浅小井

浅小井の祇園祭

近江八幡市

西の湖に接する地でイグサ栽培

　八幡の町場を通り過ぎ、朝鮮人街道を北に向かって歩みを進めます。街道は浅小井《あさごい》の集落の南、西《にしの》庄《しょう》の集落を通りぬけていきます。浅小井は西《にし》の湖《こ》に接して農地がひろがる集落で、イグサが特産物として知られています。昭和30年代まで盛んに生産されていました。

　この浅小井では、祇園祭《ぎおんまつり》が盛大に行われます。かつては7月13日、14日、現在は7月第3土曜日、日曜日に行われています。これは、氏神の今宮天満宮《いまみやてんまんぐう》神社の境内にある津島《つしま》神社の祭礼行事で、宵宮《よいみや》には松明《たいまつ》行事が行われ、本日に6基の曳山《ひきやま》が巡行するところが見どころです。

　浅小井の曳山は、「ヤマ」と呼ばれ、4輪を備えた車台《しゃだい》の上部に屋台を立てあげ、屋根のない露天式という構造をしています。日野や水口の曳山とよく似た構造をしており、露天部に「ダシ」と呼ばれる人形などの造り物を毎年作りかえ、趣向をこらして飾るところに特徴があります。

　6基の曳山は、地域の6つの小《こう》路《じ》が所有しており、毎年曳き出されています。こうした曳山を用いた祭りがいつ頃から行われるようになったかは定かではありませんが、天保《てんぽう》期（1830～1843）にはすでに曳山を所有していたことがさまざまな記録などから明らかとなっています。

農村が蓄えた豊かな経済力

　通常、曳山が巡行するような山・鉾《ほこ》・屋台の行事は、商業などの繁栄とともに都市や町場において江戸時代に発展をとげた地域色豊かな祭礼行事です。近江では、大津や長浜、日野、水口、米原、大溝などが著名です。

　これらが大きな町場なのに対し、浅小井は大きな集落ですが、農村でした。農村でありながら、6基もの曳山を所有し祭りを行っているということは、たいへん珍しく注目されます。肥沃《ひよく》な大地で行われるイグサの生産を中心とした農業生産などで、蓄えた豊かな経済力を背景として展開してきた祭礼行事ということができるでしょう。

　現在、曳山は「曳山とイ草の館」において一括して保管され展示公開が行われています。

（矢田直樹）

⬆浅小井の松明（関和夫氏提供）

伊庭内湖
能登川中
能登川駅
伊庭川（瓜生川）
大濱神社
能登川西小
能登川高
大中
県立農業大学校
滋賀県農業試験場
大中の湖南遺跡
伊庭
12
伊庭御殿跡
望湖神社
能登川高
東近江市
能登川
JR琵琶湖線
朝鮮人街道
きぬがさ山トンネル
石馬寺
石馬
近江八幡市
超光寺
北須田
11
下豊浦
安土山
安土城跡
摠見寺
北腰越
南須田
活津彦根神社
西の湖
東家住宅
セミナリヨ公園
滋賀県立安土城考古博物館
近江風土記の丘
繖山（観音寺山）
09
文芸セミナリヨ
信長の館
桑実寺
10
常楽寺
安土コミュニティセンター
観音正寺
常楽寺湊跡
安土小
浅小井
香庄
【安土浄厳院】道標
駐在所跡
安土駅
瓢箪山古墳
山本川
浄厳院
沙沙貴神社
上豊浦
安土中
08
500m
JR東海道新幹線

➡安土宗論が行われた浄厳院本堂（重要文化財）
⬅朝鮮人街道に立つ「安土浄厳院」の道標

朝鮮人街道
08
浅小井―慈恩寺

浄厳院と安土宗論

近江八幡市

信長が安土城下に建立

近江八幡市西庄《にしのしょう》町の集落を過ぎると、浅小井《あさごい》の祇園祭《ぎおんまつり》の舞台となる今宮天満宮神社の南で街道は直角に曲がります。その後、ＪＲの踏切の手前で再び直角に折れ、線路と平行して近江八幡市長田《おさだ》町、同市安土町香庄《このしょう》の集落の中を東に進みます。その先で山本《やまもと》川を渡ると十字路があり、角に「安土浄《あづちじょう》厳院《ごんいん》」と刻まれた道標が建っています。そこを南に曲がり、ＪＲの線路を越えると、浄厳院の裏門にたどり着きます。

浄厳院は織田信長《おだのぶなが》が安土城下に建立した寺院です。近江八幡市安土町慈恩寺《じおんじ》の地に建てられました。慈恩寺の名は、近江守護六角氏頼《ろっかくうじより》が、母の菩提《ぼだい》を弔《とむら》うために建立した寺院に由来するといわれています。この辺りは、『信長公記《しんちょうこうき》』に「安土町末」と記されており、城下町の西端に位置していました。そのことを裏付けるように、浄厳院の西には「西の木戸」という地名が残っています。

法華宗と浄土宗の論争の舞台

１５７９（天正７）年5月、浄厳院を舞台として法華《ほっけ》宗と浄土《じょうど》宗の僧侶たちが教義をめぐって論争を行いました。安土宗論《しゅうろん》として知られるこの論争は、安土城下で浄土宗の僧侶が法談をしていたところに、法華宗徒が論争をしかけたことに端を発し、やがて両宗派の高僧を巻き込む大がかりなものとなりました。

宗論の結末は法華宗の敗北とされ、敗れた法華宗の僧侶たちは見物の群集に暴力を振るわれ、袈裟《けさ》をはぎ取られるなどさんざんな目にあいました。また、以後他宗に対して論争を仕掛けないことを記した誓約書を書かされ、この宗論をきっかけとして、戦国時代に京都や堺などで威勢を誇った法華宗はその勢いを失います。

宗論が行われた本堂は室町時代後期の建造物で重要文化財に指定されています。本堂の南に建つ楼《ろう》門《もん》も旧慈恩寺の遺構であることが解体修理によって確認され、重要文化財の指定を受けています。

浄厳院周辺は、信長時代の建物が残る境内をはじめ、周囲に広がる田地や近くに見える沙沙貴《ささき》神社の森など、信長時代の安土城下町の景観がうかがえる場所なのです。

（松下浩）

⬆慈恩寺の遺構である浄厳院楼門

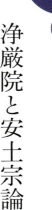

→常楽寺湊の船入跡
←かつて朝鮮人街道沿いに建っていた旧安土巡査駐在所（滋賀県指定文化財）

朝鮮人街道 09

慈恩寺―常楽寺

常楽寺湊跡

近江八幡市

保存されている明治の駐在所

朝鮮人街道は、「安土浄厳院《あづちじょうごんいん》」の道標を過ぎてそのまままっすぐに進み、北に直角に折れてすぐまた直角に東に折れ曲がります。遠くを見通せないように道を折り曲げるのは、城下町によく見られる防御のための工夫です。街道はそのままJR安土駅に向かって進んでいきますが、その途中、JRの踏切を渡る道と交わる十字路があります。

この十字路の南西角にかつて駐在所が建っていました。1885（明治18）年に建てられた木造2階建ての建物です。滋賀県の有形文化財に指定されており、現在は、近江風土記《ふどき》の丘の公園に移築されています。

信長が安土を選んだ理由の一つとなった湊

この十字路を北に曲がって進むと常楽寺《じょうらくじ》湊《みなと》跡に至ります。現在は常浜《じょうはま》水辺公園として水路や石垣が整備されている常楽寺湊は、中世から琵琶湖水運の拠点の一つとして機能していました。長命寺に伝わる古文書には「常楽寺船人」に食事と宿を提供したことが記されており、常楽寺に水運に携わる人々がいたことがうかがえます。

このように湊として繁栄していた常楽寺ですが、安土に城ができる前から信長は常楽寺をよく利用しており、その繁栄ぶりを熟知していました。信長が城を築くにあたり、安土を選んだ理由の一つに、安土山が常楽寺湊を城下町に取り込める位置にあったことがあげられるでしょう。

その後も常楽寺は湊として繁栄します。江戸時代に幕府が実施した船数調査によると、常楽寺村は常に10艘《そう》前後の輸送用の丸子船《まるこぶね》を所有していました。湖東地域の湊の中では、八幡の湊に次いで多くの船を所有しており、常楽寺湊が琵琶湖水運の中で重要な地位を占めていたことがうかがえます。

↑朝鮮人街道の常楽寺の十字路

近代に入ると、鉄道が開通したことで物資の流れが水運から鉄道へと移行し、常楽寺の湊としての機能も衰《おとろ》えていきます。

湖岸の開発によって多くの湊が姿を消す中、常楽寺湊跡には、西《にし》の湖《こ》からつづく水路が入り込み、船入の形状が今も残るなど、かつての湊の景観をうかがうことができます。

（松下浩）

➡安土セミナリヨ跡とされるセミナリヨ公園

⬇街道から見る登録文化財東家住宅

朝鮮人街道

10 常楽寺—下豊浦
庄屋東家住宅と安土セミナリヨ跡

近江八幡市

旧安土城下の街道沿いに建つ庄屋住宅

朝鮮人街道は常楽寺湊跡に向かう十字路を曲がらずに直進し、JRの線路と平行に進みます。安土駅前で街道は左に曲がり、安土小学校の前を北進して、右手に安土コミュニティセンターが建つ角を東に曲がります。ここから安土城下町の中核であった下豊浦《しもといら》（現近江八幡市安土町下豊浦）の集落です。

センターの前を通り過ぎて最初の角を左に曲がり、信号を横断し直進すると鳥居があります。道の突き当たりに建つ活津彦根《いくつひこね》神社の鳥居です。しかし街道は鳥居の手前で右に曲がり、次の角を左に曲がります。そのまま進むと、右手に石垣で囲われた古民家が見えてきます。

この民家は、江戸時代に下豊浦東村の庄屋を務めた東《ひがし》家の住宅です。街道に面して建つ主屋《しゅおく》は、江戸後期に建てられた茅葺《かやぶき》の入母屋《いりもや》造《づくり》の建物で、現在は屋根が鉄板でおおわれています。街道沿いに築かれた野面積《のづらづみ》の石垣と、主屋の背後に建つ土蔵をあわせて、2015年に国の有形登録文化財となりました。

公園となっているセミナリヨ跡

東家の手前の角を右に曲がると突き当たりがセミナリヨ公園です。ここは、織田信長が宣教師に屋敷地を与えた場所です。宣教師の記録によると、屋敷は3階建てで、屋根には、安土城以外で唯一使用することが許された瓦が葺かれていました。屋敷の3階がキリスト教の神学校であるセミナリヨです。セミナリヨでは日本語やラテン語、音楽などの授業がおこなわれ、優雅なオルガンの音が鳴り響いていましたが、本能寺の変の後焼失してしまいました。

ただ、この公園からはセミナリヨの遺構や遺物はみつかっていません。ここがセミナリヨ跡とされるのは、「だいうす」という地名が残っているからで、これをゼウスが転訛《てんか》したものとみて、キリスト教関連の施設があったと想定されたものです。また近くには「しゅのみざ（主の御座）」というキリスト教関連と思われる地名も残されており、こちらをセミナリヨ跡と考える人もいます。

今では閑静《かんせい》な住宅地ですが、公園に立ってセミナリヨから響くオルガンの音を想像し、安土城下町のにぎわいに想いを馳せてみてはいかがでしょうか。（松下浩）

⬆下豊浦の中央を通る下街道

➡安土山の摠見寺から移築された超光寺表門

⬇織山（右）と安土山（左）の間を通る北腰越

朝鮮人街道

11 下豊浦—南須田

安土摠見寺の遺構 超光寺表門

近江八幡市・東近江市

信長が切り通した北腰越

東《ひがし》家住宅の前を過ぎると、朝鮮人街道は次の信号を右折し、県道大津能登川《のとがわ》長浜線と重なりながら、安土山の南面を通過します。南面の点滅信号からは、現道は山に近づくように屈曲しますが、本来の街道はそのまま直進し、JRのトンネル付近から北腰越《きたこしごえ》と呼ばれる峠《とうげ》を越えます。

北腰越は、近江八幡市と東近江市の境にある標高110mの小峠で、織田信長《おだのぶなが》が安土築城にあたり、交通網整備のため安土山と繖山《きぬがさやま》が接近した鞍部《あんぶ》を切り通して造ったといわれています。

安土城の様相を伝える超光寺

さて、朝鮮人街道は北腰越を越えると南須田《みなみすだ》の集落に入りますが、ここには浄土真宗本願寺派の超光《ちょうこう》寺《じ》が建っています。超光寺は、寺伝によれば1682（天和《てんな》2）年頃に道場として開かれ、1745（延享《えんきょう》2）年には、寺地を旧位置から西方約100mの現在地へ移しました。現在の本堂は、寺地移転の際に、織田信長が安土山内に建立した摠見寺《そうけんじ》の援助を得て再建されたことが棟札《むなふだ》や寺蔵文書からわかり、江戸時代中期から摠見寺とつながりのあったことがうかがえます。

超光寺は朝鮮人街道に面しており、入り口には滋賀県指定有形文化財の表門が建っています。屋根は切妻造《きりづまづくり》、本瓦葺《ほんかわらぶき》の小規模な四《し》脚門《ぎゃくもん》ですが、1880（明治13）年に摠見寺の裏門が移築されたものであることが寺蔵文書からわかりました。

摠見寺裏門が建立された年代は不明ですが、摠見寺跡での発掘調査や寺蔵文書の調査から、摠見寺が開基された信長安土在城時（1576～1582）か、豊《とよ》臣《とみ》秀頼《ひでより》により摠見寺が再整備された1604（慶長9）年のいずれかが考えられます。しかし、表門に見られる垂木《たるき》の強い反り増しや、控柱《ひかえばしら》の面の大きさ、板蟇股《いたかえるまた》の形状などに中世的技法が認められることから、信長在城時に建立された可能性が高いと考えられます。

超光寺表門は、桃山時代建立の四脚門として質が高く、また、摠見寺開基時もしくは慶長の再整備時以降に安土山で新たに建立された建物は現存しないことから、桃山時代の摠見寺および安土城の様相を今日に伝える建物として貴重です。

（菅原和之）

⬇摠見寺裏門跡

➡徳川将軍の休憩所であった伊庭御殿跡

⬇伊庭城跡に建つ謹節館

朝鮮人街道

12

南須田—伊庭

日本遺産と伊庭御殿

東近江市

日本遺産を構成する水郷集落

南須田《みなみすだ》の超光寺《ちょうこう》の前を通り過ぎると、朝鮮人街道は望湖《ぼうこ》神社の鳥居から70mほどでT字路になり、ここを琵琶湖の方へ左折します。街道は県道2号を越えて最初の交差点を右折しますが、このまま直進すると伊庭《いば》町に到着します。毎年5月4日に行われる「伊庭の坂《さか》下《くだ》し」の神輿《みこし》は、ふだんは集落内の大濱《おおはま》神社に収められています。

伊庭の集落の西には伊庭内湖がありますが、かつては集落の南側にも内湖が広がり、集落内を流れる伊庭川などと、集落内に張り巡らされた水路を利用した、水運や漁業が盛んな水郷集落でした。

今では完全に埋められたり、幅が半分以下になった水路もありますが、現在も各戸から水路へのアプローチとして設けられた階段状の「カワト」を見ることができます。また、集落内には船板《ふないた》を用いた建物など、水郷の名残が随所に残されており、水辺の暮らしの景観として日本遺産「琵琶湖とその水辺景観—祈りと暮らしの水遺産」の構成文化財にもなっています。

伊庭城石垣と徳川将軍休憩所

伊庭は、六角《ろっかく》氏の重臣である伊庭氏の本拠地でした。伊庭氏は、湖上交通の掌握《しょうあく》や周囲に広がる水田からの豊かな生産力を背景に、一時は六角氏を脅《おびや》かすほどの強大な力を持ちましたが、二度にわたる伊庭氏の乱を経て勢力を失いました。集落のほぼ中央には、伊庭氏の居城の伊庭城があったといわれていますが、水路に面した石垣がその面影をわずかに留めるのみです。

伊庭城はその後、江戸時代には旗本三枝《さいぐさ》氏の陣屋、明治期には小学校が建てられ、戦後建てられた勤節館《きんせつかん》は現在でも集会所として利用されています。

さて、最初のT字路から90mほど北に行くと「御殿地前」というバス停があり、右手が長方形の広場になっています。ここは徳川家《いえ》光《みつ》の上洛《じょうらく》にあわせて1634（寛永11）年に造営された将軍の休憩所である伊庭御殿の跡で、井戸跡・庭園・石垣などが残されています。

徳川家大工頭であった中井家には、伊庭御殿の設計図である「江《ごう》州《しゅう》伊庭《いば》御殿《ごてん》御茶屋《おちゃや》御指図《おんさしず》」が現在も残されており、「御《お》湯殿《ゆどの》」「御料理間《りょうりま》」などもあったことが記されています。

（大崎康文）

⬇伊庭の坂下し（辻村耕司氏）

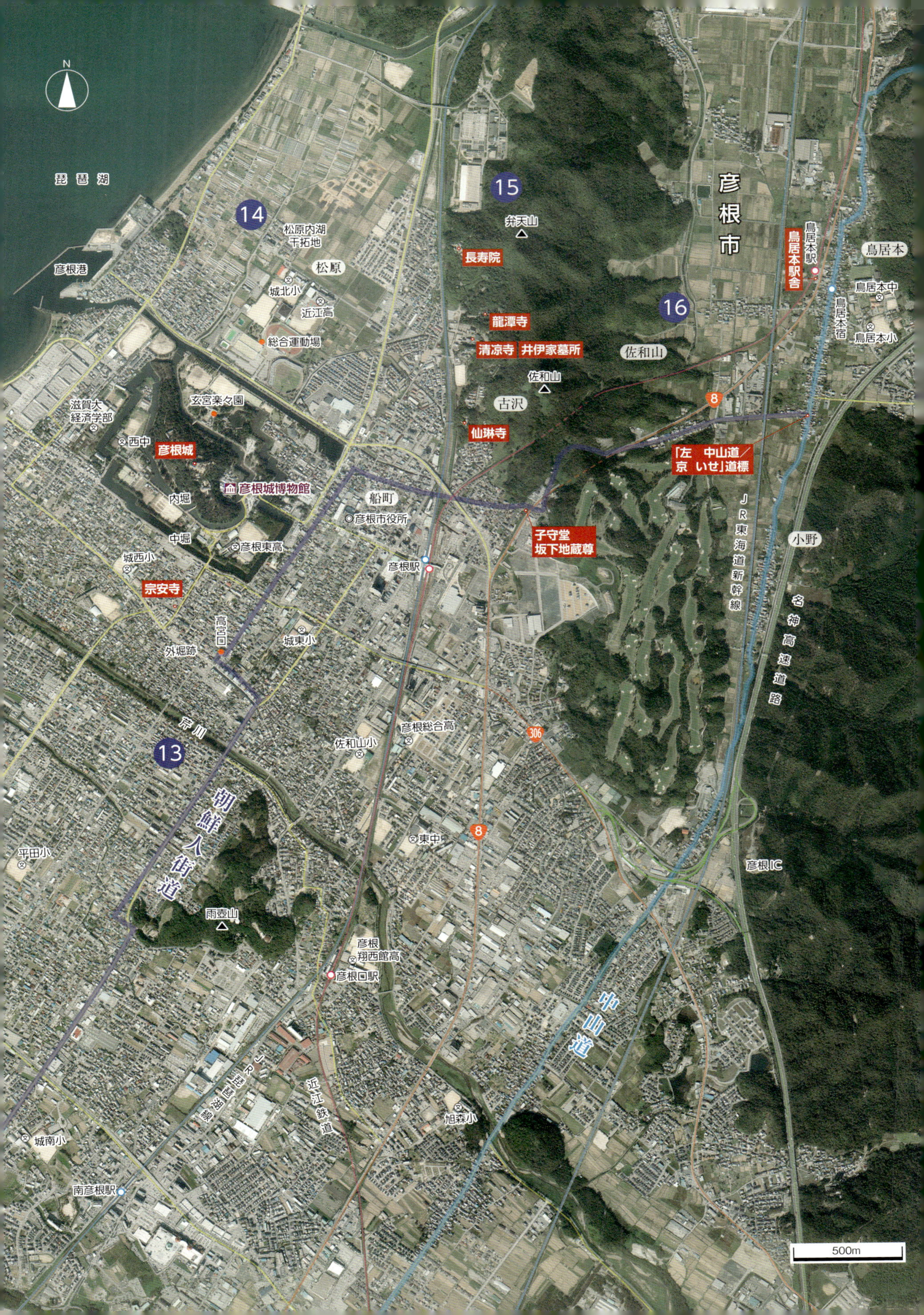
N
琵琶湖
彦根港
14
松原内湖干拓地
松原
城北小
近江高
総合運動場
15
弁天山
長寿院
龍潭寺
清凉寺
井伊家墓所
佐和山
古沢
仙琳寺
16
佐和山
彦根市
鳥居本駅
鳥居本駅舎
鳥居本
鳥居本中
鳥居本宿
鳥居本小
8
「左　中山道／京　いせ」道標
滋賀大経済学部
玄宮楽々園
西中
彦根城
彦根城博物館
内堀
船町
彦根市役所
子守堂
坂下地蔵尊
中堀
彦根東高
城西小
宗安寺
彦根駅
JR東海道新幹線
小野
名神高速道路
高宮口
外堀跡
城東小
芹川
13
彦根総合高
佐和山小
306
朝鮮人街道
東中
8
平田小
雨壺山
彦根IC
彦根翔西館高
彦根口駅
中山道
JR琵琶湖線
近江鉄道
旭森小
城南小
南彦根駅
500m

➡朝鮮通信使が宿泊した宗安寺

⬇宗安寺黒門

朝鮮人街道

13

伊庭―本町

宗安寺と朝鮮通信使の宿泊

東近江市・彦根市

朝鮮通信使の宿泊した宗安寺

伊庭《いば》（東近江市伊庭町）を出た朝鮮人街道は、北東に向けて進路をとり、彦根市日夏《ひなつ》町、甘呂《かんろ》町などを経て芹《せり》川を渡ります。その後、街道は彦根城の外堀跡に沿って西へと曲がり、高宮口《たかみやぐち》の門をくぐって城下町へと進入、再び北東へと進路を変えます。

彦根城の外堀から内側は「内《うち》町《まち》」と呼ばれ、井伊《いい》家の家臣屋敷と町人地とで構成されました。とくに「本町通り」とも呼ばれた朝鮮人街道沿いには商家など町人地が展開し、35万石の格式を誇る城下町にふさわしい、賑《にぎ》わいのある地域だったといえます。

朝鮮通信使は江戸への往復時に、彦根で宿泊しました。一行の中心である正使・副使・従事官の三使宿泊所は、宗安《そうあん》寺（彦根市本町二丁目）でした。宗安寺は、井伊直政《なおまさ》が正室（東梅院《とうばいいん》）の両親のために上野国《こうずけのくに》（群馬県）に建てた安国寺と同名の寺院を、分離改名して彦根城下に建立したものです。井伊家から拝領したと伝わる朱塗りの山門にちなんで「赤門の寺」として親しまれています。

三使の宿泊する部屋は宗安寺の書院奥の間があてられ、朝鮮国の国書もそこに置かれたようです。現在その部屋は残っていませんが、寺には通信使の面影を伝える歴史遺産が多く伝えられています。

その一つが、彦根市指定文化財の「伝朝鮮高官図」です。描かれた人物は薄絹《うすぎぬ》の冠帽《かんぼう》をかぶって正面を向き、朱色の礼服を着て椅子に坐っています。朝鮮国文官の肖像画と伝えられますが、明《みん》国の服制ではないかとする異説もあって、決着をみていません。通信使がもたらしたものとすれば、たいへん貴重な作品だといえます。

⬅伝朝鮮高官図（宗安寺所蔵・提供）

宗安寺には他にも、通信使供応の食料を搬入する通用門として建てられたと伝わる「黒門」が残っています。

通信使が応待ぶりを絶賛

1748（寛延元）年に宿泊した通信使の記録によると、「館所は宗安寺であるが、屏風《びょうぶ》・布帳・什物《じゅうもつ》が華麗なことは陸路で通ってきた宿場の中で最上だ。中官・下官を接待する際にもみな銀の匙《さじ》を使用し、その他の提供される設備も全く豊富である」と調度品や応接ぶりが絶賛され、「彦根城太守」こと井伊家当主の心づくしにも感謝の意が示されています。

朝鮮人街道を舞台に外交使節と接した近江の人々が、国際親善の最前線で活躍した歴史がしのばれます。

（井上優）

➡史跡彦根藩主井伊家墓所

⬇街道から佐和山をのぞむ

朝鮮人街道

14 本町―古沢町 清涼寺井伊家墓所

彦根市

内湖の船着場を経て佐和山の切通へ

朝鮮人街道は、彦根城の外周を直進し、船町《ふな》で右折します。この曲がり角は、かつて松原《まつばら》内湖につながる鉤《かぎ》形の舟入《ふないり》(船着場)のあったところです。ここから舟で、松原内湖を横切ると、彦根三湊《みなと》の一つとして湖上交通の重要な位置を占めた松原湊に達することができました。

右折した街道沿いには、袖壁《そでかべ》の家や土蔵など古い街並みがよく残っています。長い船町筋の東部は、天保《てんぽう》期(1830〜44)には切通《きりどおし》町とも呼ばれました。街道は佐和《さわ》山の南尾根を越えて中山道に至ります。佐和山の南尾根には、旧佐和山城太鼓丸《たいこまる》の堀切《ほりきり》を利用した切通があり、切通道(彦根道)と呼ばれたことからこの町名が生まれました。

船町の東端付近は、現在JR琵琶湖線や近江鉄道の線路で寸断され、立体交差で上を県道がまたぎます。街道の左、佐和山の西麓には、清涼寺《せいりょうじ》のほか仙琳寺《せんりんじ》、龍潭寺《りょうたんじ》、長寿院《ちょうじゅいん》など井伊《いい》家とゆかりのある大規模な寺院が点在しています。

井伊家歴代の菩提寺清涼寺

このうち祥寿山《しょうじゅさん》清涼寺は、1602(慶長7)年、彦根藩初代井伊直政《なおまさ》の死去により、その墓所として創建され、以後、井伊家歴代の菩提《ぼだい》寺となりました。

⬆清涼寺

井伊直政が近江に入国以来、井伊家は幕末に至るまで一度も所替がなく、彦根藩を領しました。この間、国許《くにもと》彦根の墓所として清涼寺が、江戸における墓所として世田谷の豪徳寺《ごうとくじ》が護持され、現在、清涼寺では59基、豪徳寺では87基の墓石を確認できます。

なお、4代当主直興《なおおき》については、仏教への信仰心が篤く、永源寺の南嶺慧詢《なんれいえじゅん》に深く帰依《きえ》したため、側室とともに永源寺を墓所としています。

清涼寺の井伊家墓所は、寺域の最も奥まった本堂の裏手に位置しています。山麓を石段で段状に整えて墓所とし、手前に歴代藩主の墓石7基を連ね、その南側と奥には正室や側室など14基、子息や子女など35基、そして該当者不明の3基が大小重なっています。

井伊家墓所は、江戸時代の幕藩体制や大名文化を知る上で欠くことのできない貴重な歴史資産として、2008(平成20)年3月28日に、永源寺、豪徳寺の井伊家墓所とあわせて国の史跡に指定されました。

(大道和人)

→重要文化財長寿院弁才天堂
←長寿院の参道と県指定有形文化財の楼門

朝鮮人街道
15
古沢町

長寿院と大洞弁財天堂

彦根市

千代直興が建立した「彦根日光」

清凉《せいりょう》寺《じ》参道を後にし、北上すると龍潭寺《りょうたんじ》が見え、さらに北上すると山裾に差し掛かります。この山は佐和山から北に伸びる尾根に連なる弁天《べんてん》山で、その中腹に真言《しんごん》宗醍醐《だいご》派の寺院、長寿院《ちょうじゅいん》があります。

長寿院は彦根藩第4代当主井伊直興《なおおき》の発願《はつがん》によって建立されました。参道の長い石段を登ると県指定有形文化財の楼門《ろうもん》が現れます。楼門をくぐり、見えてくるのが重要文化財長寿院弁財天堂です。

この建物は1696（元禄9）年に建立されました。本堂（桁《けた》行《ゆき》5間、梁《はり》間4間、背面向拝《こうはい》1間）・石の間（桁行3間、梁間3間）・礼堂（桁行3間、梁間3間、向拝1間、唐破風《からはふ》造《づくり》）の3つの空間で構成され、本堂および礼堂に入母屋《いりもや》造の屋根を掛け、両方の建物を石の間の屋根でつないだ、権《ごん》現造《げんづくり》という建築様式で建てられています。内部、外部とも各所に極彩色を施した彫刻部材を入れるなど優美な姿は、元禄時代の建築の特色をよく表した遺構といえます。また本堂には、日本三大弁財天の一つといわれる弁財天坐像が安置され広く信仰されてきました。

井伊直興《なおおき》は、1688（元禄元）年4月から90（同3）年7月におよぶ日光東照宮修営の奉行や、御所造営奉行も務めており、長寿院弁財天堂は、作事に卓越した技量を注いだ建物ともいえます。

眼下に彦根城を一望

一説に、長寿院がある弁天山が彦根城の北東に位置し鬼門にあたることや、地形の上で彦根城の防衛において第一の要衝《ようしょう》となることから、ここを民衆が集まる地域にして、軍備などを施されない聖地としたとも考えられています。

弁天堂と楼門を結んだ眼下には、現在でも彦根城を望むことができ、重要な場所であることがうかがえます。今では長寿院から彦根城の間に、線路が通り住宅街が広がっていますが、江戸時代の人々がどのように考え、どのような思いで、この地を守り続けてきたのかを、想像しながら参拝してみてはいかがでしょうか。

（福吉直樹）

→参道の石段を登りきり、眼下に彦根城をのぞむ（サンライズ出版撮影）

⬆中山道と朝鮮人街道の分岐点に建つ道標

⬆登録有形文化財近江鉄道鳥居本駅舎

朝鮮人街道

16 鳥居本

近江鉄道鳥居本駅舎

彦根市

中山道の宿場・鳥居本

朝鮮人街道は、古沢《ふるさわ》町を過ぎ、子守堂坂下《こもりどうさかした》地蔵尊の前を通ると、佐和《さわ》山に入っていきます。山の中腹まで登った後は、南東に下り、現在の県道239号に合流し、佐和山町に入ります。その後、鳥居《とりい》本《もと》町に入り、朝鮮人街道の終点であり、中山道と交わる中山道道標（彦根市指定文化財）にたどり着きます。道標南面には「左　中山道　京　いせ」、東面には「右　彦根道」と記されていますが、この彦根道が朝鮮人街道のことを指しています。

鳥居本町には中山道の63番目の宿場町である鳥居本宿があります。現在でも昔の店名の書かれた看板を掲げる商店や2012（平成24）年に重要文化財に指定された有川《ありかわ》家住宅など、多くの歴史的建造物が残され、古くからの町並みを形作っています。

昭和初期の外観をとどめる近江鉄道の駅舎

南北に長い鳥居本宿の中央付近の西側にあるのが、近江鉄道の鳥居本駅舎で、現在は、宿場に平行して造られた国道8号に東面して建っています。近江鉄道彦根線の開通と同じ1931（昭和6）年に建てられたと考えられており、2013年に国の登録有形文化財になりました。木造平屋建《ひらやだて》、腰折れ半切妻造《はんきりづまづくり》で、赤い瓦で葺《ふ》かれた駅舎は、南側から待合室、駅務室、ギャラリーの3室が並んでいます。

正面南側に車寄せを出し、車寄せの北側には暖を取るためのストーブ用の煙突がついており、車寄せとともに、駅舎正面を印象付けています。また、北側と南側の壁一面には大きなガラス窓を開いて待合室とギャラリーを明るく照らし、さらに待合室は天井を張らず、小屋組を見ることができ、開放感ある室内となっています。

特徴ある屋根と煙突、車寄せの上部に設けられた半円形のアーチ窓など、全体として洋風の意匠となっており、伝統的な町並みの鳥居本宿とは対照的な印象となっています。

⬆重要文化財有川家住宅

駅舎の全体を見るためには正面の横断歩道を渡った向かい側から見るのもいいですが、駅舎を通り抜けて、ホームの待合室から見ると、道路側の喧騒《けんそう》から離れていることで、落ち着いた静かな環境の中で線路とともに駅舎を眺めることができます。

（伊藤静香）

東海道梅木立場・旧和中散本舗の界隈（栗東市）

県史跡　中山道今宿一里塚（守山市）

街道あれこれ　五

一里塚と立場

主要街道の一里塚は旅人への便宜《べんぎ》のため、１６０４（慶長９）年に幕府によって整備されました。一里、すなわち約４㎞ごとに築かれた塚のような土盛で、土盛の上にエノキ（榎）やマツ（松）、ムクノキ（椋）、サクラ（桜）などの樹木を植えてランドマークとしたものです。

ローマ帝国が主要街道に設置した「マイルストーン」と類似していますが、日差しや雨雪をしのげる樹木があることで、小休止に利用できる利点があるのが特長です。街道を挟んで両側に築かれる例が多いのですが、左右で樹木が異なったり、早くに片側が欠損してしまった例もありました。

近江国内の東海道ではかつて16カ所の一里塚が築かれ、樹木はエノキを最多に、マツ、ムクノキ、サクラ、カシノキがありましたが、今は１カ所も残っていません。一方、近江中山道の一里塚は15カ所で、エノキかマツが植えられていました。そのうち守山市今宿《いまじゅく》町の一里塚（滋賀県指定史跡）は県内現存唯一の貴重なもので、樹種はエノキとなっています。

立場《たてば》は宿場と宿場の途中に設けられた休憩所です。茶や菓子を提供する茶屋や、薬屋などが当てられることが多くありました。立場では大名から庶民まで、あらゆる人々が昼食をとったり休憩したため、さまざまな名物が生まれています。安倍川餅《あべかわもち》や桑名《くわな》の焼蛤《やきはまぐり》なども、もとは立場や宿はずれの村で生まれた名物です。

近江では、東海道梅木立場（栗東市）の名薬・和中散《わちゅうさん》や夏見《なつみ》立場（湖南市）のところてん、泉《いずみ》立場（甲賀市）の干《かん》瓢《びょう》などがあり、歌川広重《うたがわひろしげ》や葛飾北斎《かつしかほくさい》らの有名画家が頻繁《ひんぱん》に浮世絵版画の題材に用いたことで、全国に知られていきました。

一里塚と立場はともに、長旅で疲れた旅人を励ます癒しの存在であり、街道のシンボルとして愛されてきました。江戸時代の旅を追体験しようとする方には、宿場とともに一里塚や立場など道中施設にも注目され、探訪先に加えられることをお勧めします。

（井上優）

八風街道 千草街道

八風《はっぷう》街道は近江八幡市西庄《にしのしょう》町黒橋《くろはし》で朝鮮人街道から南へと分岐し、東近江市内を経て、鈴鹿山系の八風峠を越え、三重県桑名《くわな》市へと通じています。海産物や布などが行き交う近江と伊勢《いせ》を結ぶ重要な交易路・商業路であり、伊勢道とも呼ばれていました。

千草《ちくさ》街道は、近江と伊勢を結ぶ間道で、八風《はっぷう》街道の如《にょ》来《らい》から分かれ、和南《わなみ》・甲津畑《こうづはた》から渋《しぶ》川沿いに雨乞《あまごい》岳近くの杉《すぎ》峠、御在所《ございしょ》岳の北にある県境の根《ね》の平《ひら》峠を越え、朝《あさ》明渓谷《けけいこく》下流の三重県菰野《こもの》町千草に通じる道です。八風街道と並んで多くの商人が行き来し栄えた道で、織田信長《おだのぶなが》や蓮如上人《れんにょしょうにん》も通った道です。

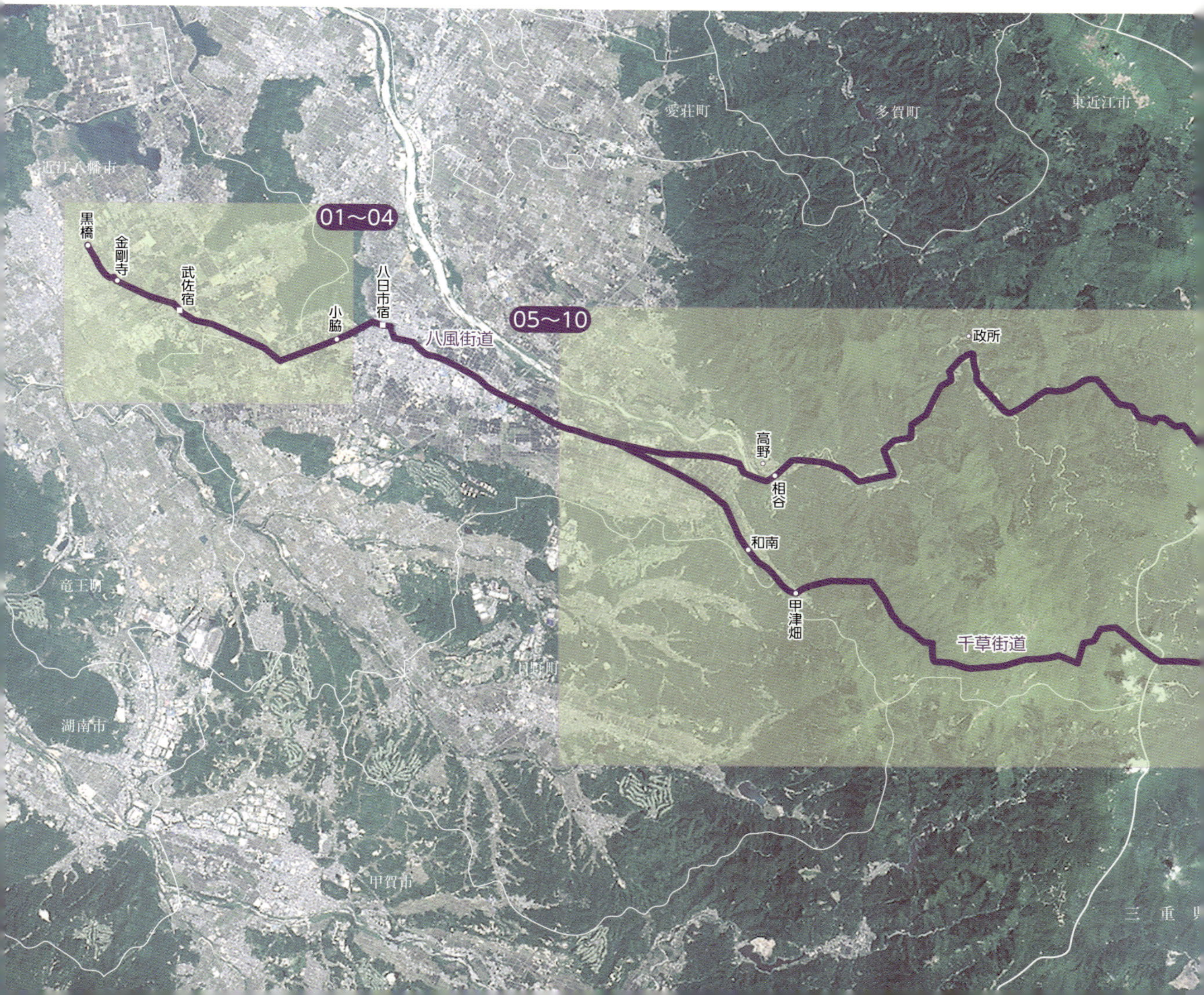

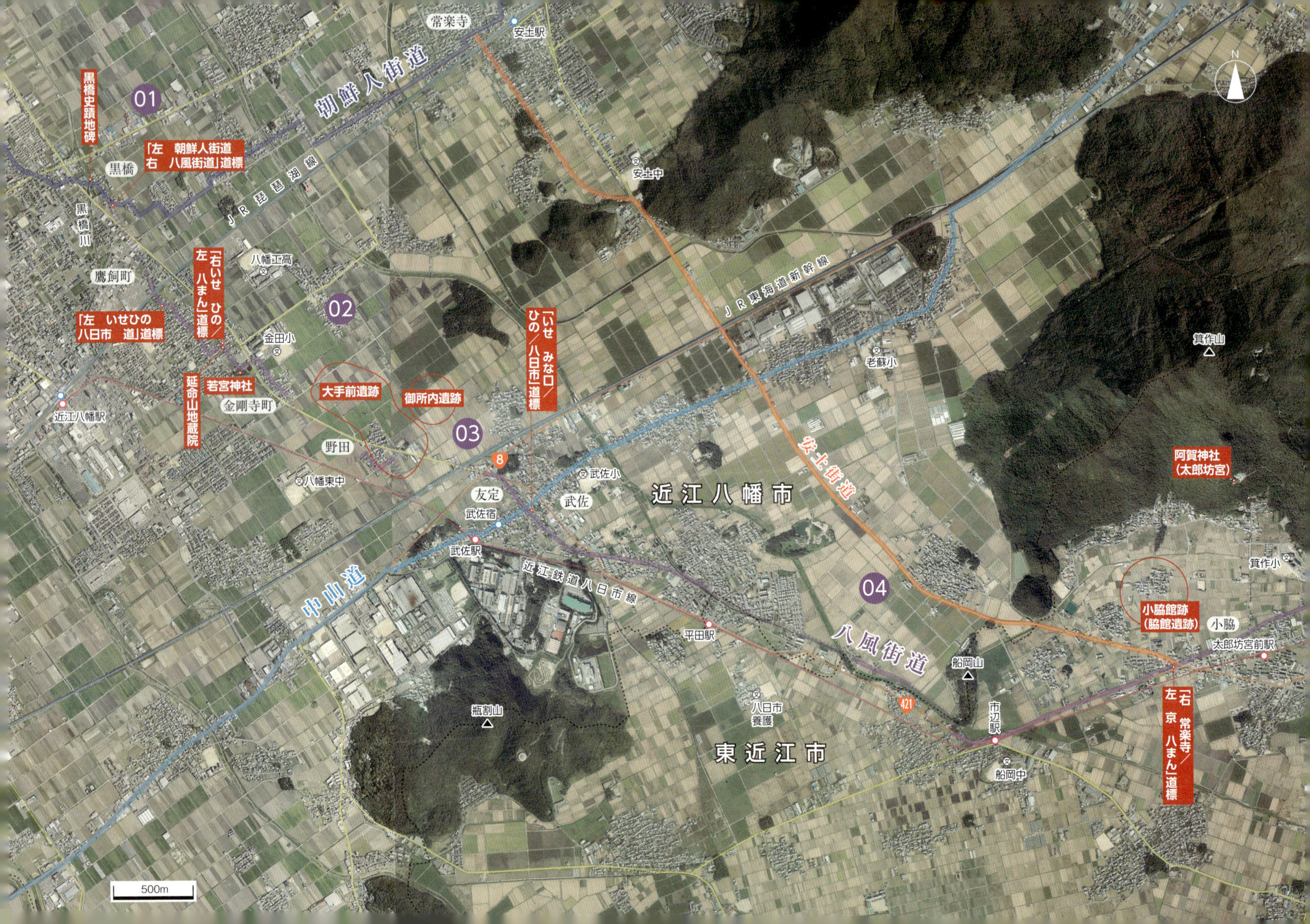

常楽寺
安土駅
朝鮮人街道
01
黒橋史蹟地碑
「左　朝鮮人街道
右　八風街道」道標
黒橋
黒橋川
JR琵琶湖線
鷹飼町
「右いせ　ひの／左　八まん」道標
八幡工高
「左　いせひの
八日市　道」道標
02
金田小
若宮神社
延命山地蔵院
金剛寺町
近江八幡駅
大手前遺跡
御所内遺跡
「いせ　みな口／ひの／八日市」道標
03
野田
八幡東中
8
友定
武佐宿
武佐小
武佐
武佐駅
近江八幡市
安土中
JR東海道新幹線
老蘇小
安土街道
箕作山
阿賀神社
(太郎坊宮)
箕作小
04
中山道
近江鉄道八日市線
平田駅
八風街道
船岡山
421
小脇館跡
(脇館遺跡)
小脇
太郎坊宮前駅
市辺駅
八日市養護
瓶割山
東近江市
船岡中
「右　常楽寺／左　京　八まん」道標
500m
N

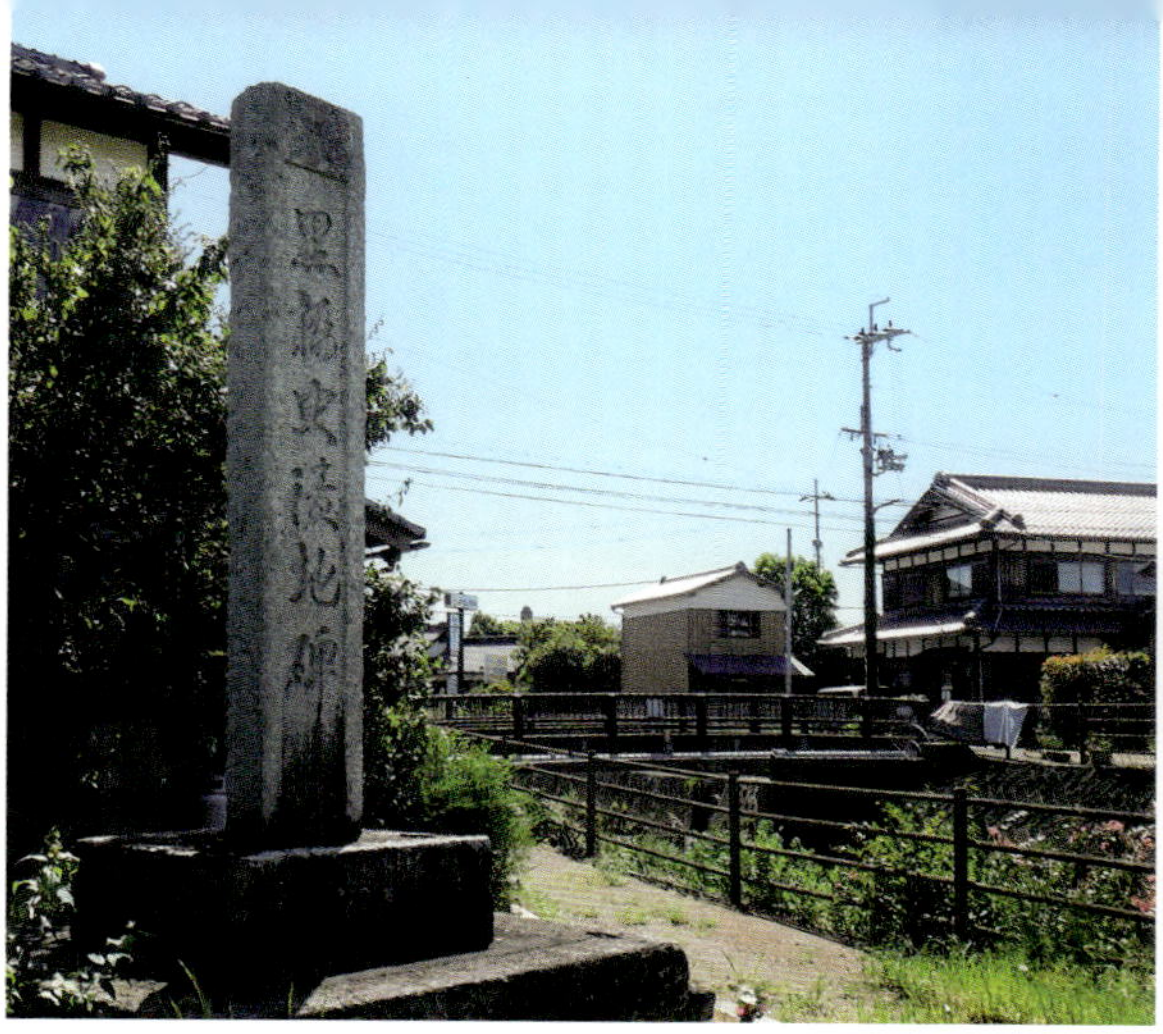

⬅黒橋の歴史を顕彰する「黒橋史蹟地碑」
⬇朝鮮人街道と八風街道の分岐点に立てられた木製道標
（2点ともサンライズ出版撮影）

八風街道 01

黒橋

黒橋史蹟地碑

近江八幡市

朝鮮人街道から分かれて伊勢へ

旧安土町から近江八幡市街に向かって朝鮮人《ちょうせんじん》街道を歩いていくと、県道26号線の手前でT字路が見えてきます。ここには、「左　朝鮮人街道　右　八風街道　いせ　八日市　ひの」と書かれた近年に作成された木製の道標が立っており、ここで八風《はっぷう》街道が分かれることを示しています。

また、西之庄《にしのしょう》町黒橋《くろはし》の住宅地内を流れる黒橋川にかかる橋のたもとには、「黒橋史蹟地碑」の石碑も立てられています。この碑は1502（文亀2）年、近江守護六角《ろっかく》氏が、重臣伊庭《いば》氏の台頭に危機感を抱き、挙兵した伊庭氏の乱の中で、黒橋の地が何度も戦地となったことを伝えるものです。

六角氏の観音寺《かんのんじ》城と伊庭氏・九里《くのり》氏の岡山城（206ページ参照）のちょうど中ほどに位置し、周辺村落からの物資を船積みする場所だった黒橋を、両者は何としても手に入れようとしました。最終的には、大永《だいえい》5（1525）年、岡山城で九里氏と伊庭氏の残党が六角氏に滅ぼされました。

琵琶湖の水運と街道の結節点

また黒橋には江戸時代から明治時代半ば頃までは港があり、古くから琵琶湖や河川と陸を結ぶ交通の要所であったことから、戦国時代には軍事的拠点として重要な場所でした。

朝鮮人街道から分かれて八風街道を進むと、数百mほどで県道26号線に出ます。その先は、区画整理などの影響を受け、鷹飼《たかかい》町内を通っていた街道の一部は失われてしまいました。

県道を渡り、鷹飼町の閑静《かんせい》な住宅街を進み、JRの線路をくぐり抜けると、県道の南側を縫《ぬ》うように進む街道が再び現れます。街道沿いには昔ながらの家々が建ち並び、祠《ほこら》や石仏も多く点在しており、かつての街道の面影が色濃く感じられるようになります。

この道を少し行くと「左　いせ／日野／むさ　八日市　道」と書かれた全長60㎝ほどの石造道標がひっそりと立っています。街道は、この鷹飼の道標を左に曲がり、金剛寺《こんごうじ》町の方へと進んでいきます。

黒橋は琵琶湖と街道、水陸の結節点でした。交通の要所として発展し、その重要性から街道の起点となりました。

（内藤千温）

⬅八風街道を示す石造道標

八風街道

02

黒橋―金剛寺

金田館と金剛寺

近江八幡市

➡地蔵院辻の道標

⬇金田館があったと思われる金田小学校

六角氏頼が父時晴を弔った金剛寺

近江八幡市鷹飼《たかかい》町を過ぎると街道は金剛寺《こんごうじ》町、かつての九里《くのり》に入ります。1557（弘治3）年に哲誉宗阿により開基された延命山《えんめいざん》地蔵院の辻を右にとると「右いせ　ひの／八日市／むさ　道　左　八まん／長命寺　道　すく　くハんおんし／浄こんいん　ちかみち」の道標が立っています。さらに若宮《わかみや》神社の社地の南を東進し県道を横断すると金田《かねだ》小学校に当たります。ここから街道は旧大手《おおて》村（近江八幡市金剛寺町）を南進していくのですが、この先は圃《ほ》場《じょう》整備事業などにより友定《ともさだ》で国道421号と交差するまで、かつての道は残念ながら失われてしまいました。

さて、金剛寺町の町名の由来ですが、近江守護六角頼綱《ろっかくよりつな》の孫である氏頼《うじより》が、1346（貞和《じょうわ》2）年8月に41歳で亡くなった父時信《ときのぶ》の菩提《ぼだい》を弔《とむら》うために、1352（観《かん》応《のう》3）年に建立した寺の寺号が明治時代の廃藩置県の時に村名になったといわれています。

「金田殿」とも呼ばれた六角頼綱

また、この金剛寺が建立されるより以前、頼綱が当時佐々木《ささき》六角氏の本拠地であった小脇館《おわきやかた》からこの地に居館を移し、金田館と称しており、金剛寺の前は金田という地名であったと思われます。頼綱は「金田殿」とも言われていました。

金田館・金剛寺は、1469（文明元）年に京極持清《もちきよ》と六角行《ゆき》高《たか》（高頼）の合戦でともに焼失してしまい、金剛寺は1486（文明18）年に安土慈恩寺《じおんじ》に再建されます。金田館は、1487（長享《ちょうきょう》元）年の足利義尚《あしかがよしひさ》による第1次近江動座の時に六角氏の被官であった九里氏が在城していたほか、1492（明応元）年の第2次近江動座では足利義材《よしき》の陣所になっており、焼失後も修復され城として使われていたことがうかがえます。

金田館と金剛寺の跡地では、近江八幡市が金田小学校改築工事などの際に発掘調査を行いました。鬼瓦や平瓦などの寺院に関連する遺物が出土しましたが、残念ながら明確な遺構は見つかりませんでした。

現在の金田小学校周辺一帯には古城や寺ノ内、大手といった城や寺にちなんだ旧地名が残っています。その所在地は詳《つまび》らかでありませんが、地名や小学校の名前の由来として子供たちが未来に語り伝えていってくれることと思います。

（仲川靖）

⬇上の写真の通りを進んだ突き当たりにある若宮神社
（サンライズ出版撮影）

➡御所内遺跡出土の銅印(滋賀県教育委員会蔵)

⬇御所内遺跡出土の中空円面硯

八風街道 03

御所内遺跡と辻の道標

金剛寺—武佐

近江八幡市

銅印の出土した御所内遺跡

佐々木六角《ろっかく》氏の居城の金剛寺《こんごうじ》城があった近江八幡市金剛寺町を抜けた八風街道は、同市野田《のだ》町の集落を経て、中山道と交差する武佐《むさ》(近江八幡市長光寺《ちょうこうじ》町・武佐町)へと向かいます。その道筋は現在の県道大津守山近江八幡線の南側をたどったと思われますが、近年の圃場《ほじょう》整備をはじめとした土地区画の変遷の中で失われてしまいました。

このかつての街道沿い付近にあるのが、大手前《おおてまえ》遺跡や御所内《ごしょうち》遺跡です。1990(平成2)年頃に実施したこれらの遺跡の発掘調査では、奈良時代から室町時代にかけての竪穴《たてあな》建物跡や掘立柱《ほったてばしら》建物跡、井戸跡などが見つかり、集落が連綿と営まれていたことが明らかになりました。

また出土品は、日常的に使用されていた土器が大半を占めていますが、特に御所内遺跡では、飛鳥時代頃の須恵器《すえき》の硯《すずり》や、平安時代初め頃の銅印といった希少な遺物が出土しています。

銅印は約3cm四方の印面に文字が鋳込《いこ》まれていますが、製作の途中で一部が損壊していることともあって判然としません。その形状から、官印や公印ではなく、氏族の家や個人の権利などを確証する私印と考えられているものです。県内での銅印の出土はわずか5例であり、古代の東山道沿いの要《よう》衝《しょう》の地であったこの付近の開発に関わった有力氏族の姿が垣間見られる貴重なものです。

八風街道と中山道が交わる辻の道標

さて、遺跡がひろがる水田地帯を進んだ県道が、東海道新幹線の高架をくぐり、国道8号との交差点を過ぎたあたりから、八風街道の道筋はふたたび姿をみせはじめます。街道は、県道から南へ枝分かれするようにして、中山道の66番目の宿場町である武佐へと入って行きます。

武佐は、中世においては伊勢道とも呼ばれた八風街道の起点で、江戸時代の武佐宿には本陣、脇本陣と23軒の旅籠《はたご》屋が設けられていました。八風街道と中山道が交わる辻の南東角には、「いせ　みな口/ひの/八日市　道」「文政四年(1821)七月　河瀬伊七」と刻まれた道標があり、この地が甲賀《こうか》、蒲生《がもう》、さらには伊勢へと繋がる要衝の地であったことを今に伝えています。

(大﨑哲人)

⬅武佐の道標

⬅安土街道と八風街道との交差点に立つ道標

➡堀跡と思われる「堀田」の地名が残る水田

八風街道

04

長光寺―小脇

佐々木氏の居館小脇館跡

近江八幡市・東近江市

相聞歌で有名な船岡山を横目に

近世の宿場町であった近江八幡市武佐・長光寺から八風街道とほぼ重複する国道421号を南東に進むと、左手に万葉集に収録されている額田王《ぬかたのおおきみ》と大海人皇子《おおあまのおうじ》の相《そう》聞《もん》歌《か》で有名な船岡《ふなおか》山が見えます。南裾を回ってさらに北東に進むとX字形の四辻（東近江市小脇《おわき》町四辻）に至ります。交差点西側には半ば埋もれた道標があります。「右　常楽寺」「左　京　八まん／武佐」と刻まれており、八風街道と、近江八幡市安土町常楽寺《じょうらくじ》に向かう安土街道との交差点であることがわかります。

佐々木氏の居館・小脇館

さて、船岡山あたりから左斜め前方の箕作山の一角に阿賀《あが》神社（通称太郎坊宮《たろうぼうぐう》）の巨石群が見えます。これを仰ぎ見る小脇町脇の集落には、堀田・御所・馬場といった地名が残っており、近江源氏佐々木氏の小脇館《やかた》跡（脇館《わきだて》遺跡）ではないかと考えられてきました。

佐々木氏が小脇館を居館としたのがいつかは定かではありません。1190（建久《けんきゅう》元）年12月、源頼朝《みなもとのよりとも》が上洛《じょうらく》の途中小脇館に泊まったとする記事が『吾妻鏡《あづまかがみ》』に載っていますが、単に「小脇館」としか記されておらず、佐々木氏の居館かどうかは不明です。

1238（暦仁《りゃくにん》元）年10月13日、鎌倉幕府4代将軍藤原頼経《ふじわらのよりつね》が上洛の帰途、小脇に宿泊しますが、この時のことを『吾妻鏡』は、「酉剋着御小脇駅、近江入道虚仮立御所奉入、御儲結構無比類云々」と記しています。近江入道虚仮《こけ》（佐々木信綱《のぶつな》）が小脇に御所を建てて、それがすばらしいものだったと書かれており、佐々木信綱が自身の居館である小脇館内に将軍を迎えるための御所を建てたものと考えられます。

館の構造は地籍図や地名などの分析から、堀や土塁で囲われた平地の方形城館だと想定されます。1979・80（昭和54・55）年に堀跡の可能性が高い堀田・惣田で試掘《しくつ》調査を行ったところ、最大で幅5～6m、深さ2m以上の堀を確認し、およそ2町（約218m）四方の館跡であることが確かめられました。守護級の館の標準が1町四方だったことを考えるとかなり立派な館だったようです。

今にその姿をとどめるのは堀跡の水田だけですが、太郎坊宮から望む館跡と街道・蒲生野の景色はお勧めです。

（小竹森直子）

⬇小脇からのぞむ太郎坊宮の巨石群
（サンライズ出版撮影）

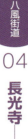

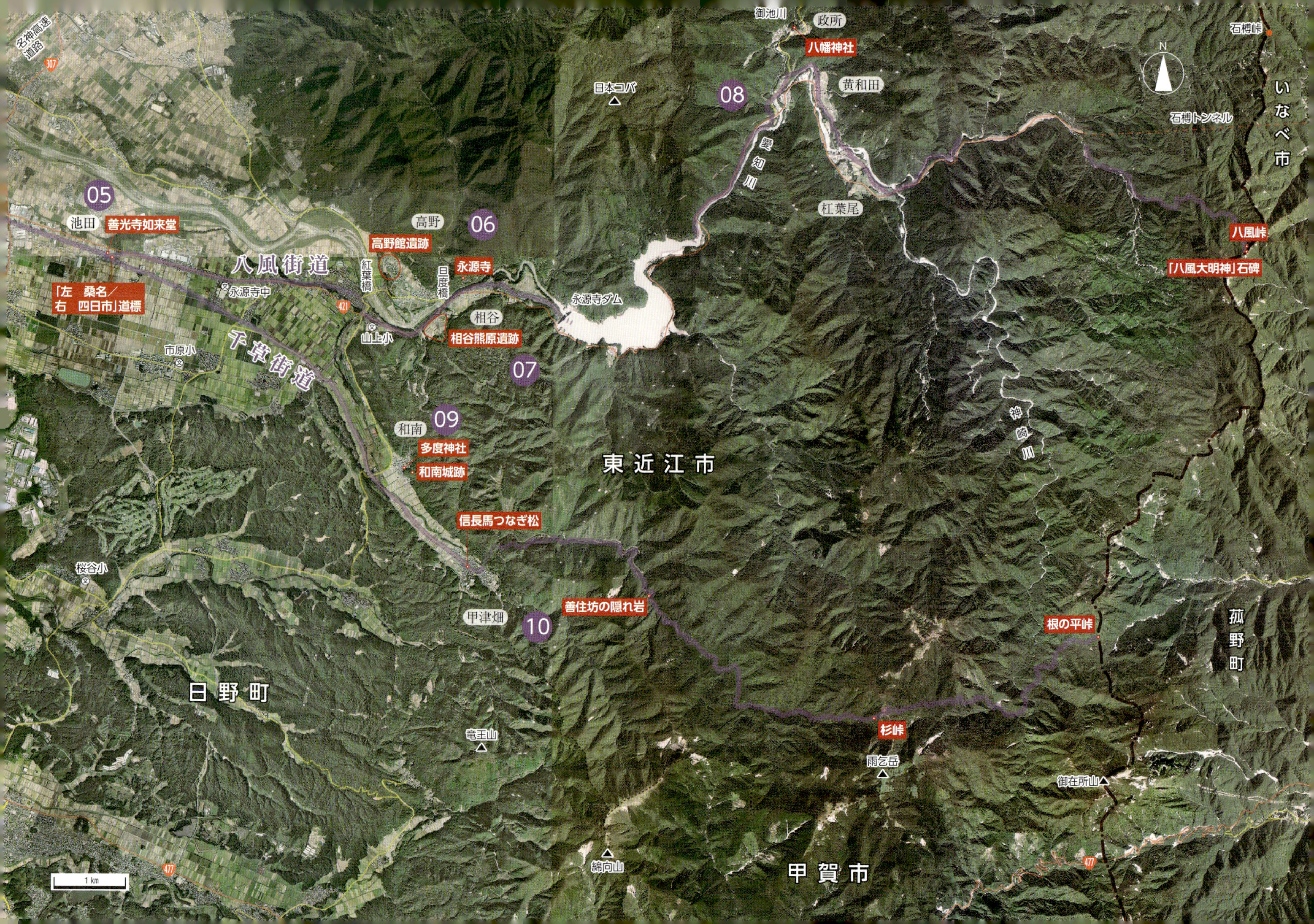

名神高速道路
05
池田
善光寺如来堂
「左　桑名／右　四日市」道標
八風街道
千草街道
永源寺中
市原小
桜谷小
高野
06
高野館遺跡
紅葉橋
旦度橋
永源寺
相谷
山上小
相谷熊原遺跡
07
09
和南
多度神社
和南城跡
信長馬つなぎ松
甲津畑
10
善住坊の隠れ岩
日野町
竜王山
永源寺ダム
日本コバ
08
御池川
政所
八幡神社
黄和田
愛知川
杠葉尾
神崎川
東近江市
杉峠
雨乞岳
綿向山
甲賀市
根の平峠
御在所山
孤野町
石榑峠
石榑トンネル
いなべ市
八風峠
「八風大明神」石碑
1 km

➡八風街道と千種街道の分岐点に立つ道標

⬇高野館遺跡の石垣

八風街道

05

高野館遺跡

小脇―高野

東近江市

千種街道との分岐点にある道標

八日市《ようかいち》の町中を抜けた八風街道は、八日市大凧《おおだこ》会館の前を通ると国道４２１号に合流しますが、御園《みその》町の集落の手前までは国道４２１号として拡張され、昔の面影は残っていません。

御園町の手前で国道から分かれた街道は、池田《いけだ》町如来《にょらい》までは国道と並行し、地名の由来となった善《ぜん》光寺《こうじ》如来堂の前で２つに分かれます。分岐点には「左　桑名　山上／永源寺」「右　四日市　市原／甲津畑」と刻まれた道標と、馬頭《ばとう》観世音《かんぜおん》を祀《まつ》る石碑があります。左に進むと八風越えの八風街道で、再び国道４２１号に合流します。一方、右に進むと千種越《ちくさごえ》の千種街道です。

左の八風街道を進むとその後、街道は山上《やまかみ》の集落に一旦入り、紅葉橋《もみじ》の手前で右折し、愛知《えち》川に沿って進みますが、途中永源寺《えいげんじ》ダムの区間は水没してダム湖の底に沈んでいます。

信長の側室が住んだと伝わる高野館

ここでは比較的最近に発見された高野館《たかののやかた》遺跡について紹介します。紅葉橋を渡った愛知川右岸の河岸《かがん》段丘上に高野の集落があり、そのまま上流に行くと臨済宗《りんざいしゅう》永源寺派大本山永源寺に至ります。

高野館遺跡はその逆の下流側に行った集落のはずれにあります。

ここは、発掘調査前は一面茶畑で、愛知川に向かって高さ約３ｍ、東西方向に長さ56ｍの石垣がありました。また、周囲には16世紀頃の信楽焼擂鉢《すりばち》や陶磁器の破片が散乱していました。平成15～16年度に旧永源寺町教育委員会が隣接する高野遺跡とあわせて発掘調査を行い、また平成18～19年度にも東近江市教育委員会が発掘調査を行いました。その結果、土塁《どるい》や堀、石垣や枡形虎口《ますがたこぐち》などの遺構が検出され、城跡もしくは館跡であることがわかりました。

高野は、織田信長《おだのぶなが》の側室であった「お鍋《なべ》の方」が住んでいたと伝えられる場所です。お鍋の方は、信長が本能寺の変で死去した後、羽柴秀吉《はしばひでよし》の庇護《ひご》下に置かれ、領地として近江国神崎《かんざき》郡高野村で５００石《こく》を与えられたという記録が残っています。この高野館遺跡が、お鍋の方が住んでいた館跡だった可能性もあり、戦国時代に生きた姫たちの物語が、旧跡にロマンを与えています。（仲川靖）

⬇高野館遺跡の全景

←羅漢坂の道標（世継観世音菩薩）

↑江戸時代前期の景観を描く重要文化財永源寺境致図（部分）
（永源寺蔵、栗東歴史民俗博物館提供）

八風街道

06

永源寺（高野）
「世継観音」への参詣

東近江市

六角氏の寄進地に創建された禅宗の一大拠点

引き続き、八風街道筋の高野《たかの》（東近江市永源寺高野）にとどまります。高野は、臨済宗永源寺派本山である永源寺の門前町です。

高野の地に本山寺院があるのは、南北朝時代の近江守護であった六《ろっ》角氏頼《かくうじより》が高僧・寂室元光《じゃくしつげんこう》（1290〜1367）をここへ招いたからです。1361（康安元）年に創建された永源寺には寂室禅師を慕《した》う2000人の僧侶が集まったといわれ、愛知《えち》川の渓流に洗われる風光明媚《めいび》な地が、にわかにわが国における禅宗の一拠点と化しました。

この永源寺の景観を描いた絵図が、寺に伝わる重要文化財永源寺境致図《きょうちず》です。1564（永禄7）年の兵火にかかった後、再興された寺の景観が描かれています。方丈《ほうじょう》をはじめとして17世紀前半に再興された主要な建物が描かれていますが、井伊家の廟所《びょうしょ》がないことから、井伊直該《なおもり》（直興《なおおき》）がここに葬《ほうむ》られる1717（享保《きょうほう》2）年以前に成立したと考えられます。

1922（大正11）年に紅葉《もみじ》橋が鋼索吊り橋に架け替えられて自動車の通行が可能となるまで、街道は高野村を通らず愛知川左岸を通っていました。永源寺へも、対岸の相谷《あいだに》村から「旦度《たんど》橋」で愛知川を渡って参詣する者が多かったことでしょう。

子宝祈願の人びとが目指した世継観音

近世から近代にかけて、八風街道を通って永源寺に参詣する善男善女は、寺のことを「世継観音《よつぎかんのん》」とも呼んでいました。それは、方丈に安置される秘仏の観音菩薩像にまつわる信仰に基づいています。

↑秘仏世継観音像を安置する永源寺方丈

かつて六角氏頼の子である満高《みつたか》が跡取りに恵まれず尊像に熱心に祈願したところ、世継となる男の子を授かったというのです。その話が広く伝わって子宝祈願の人びとが永源寺を訪れるようになり、とくに四半世紀に一度の秘仏開帳は、大いに賑わうようになりました。

江戸時代には遠方からの参詣も目立ち、讃岐《さぬき》丸亀藩・京極氏や伊勢津《つ》藩・藤堂氏といった大名家も「世継願」の祈願をしています。本尊開帳の立札は土山《つちやま》宿（甲賀市）や彦根などにも掲示され、それらに導かれて多くの旅人が門前町高野を目指したのです。1788（天明8）年に土山宿に建てられ、今なお同地に残る道標にも「高埜（野）世継観音道」と刻まれています。

（井上優）

➡滋賀県指定文化財相谷熊原遺跡出土土偶
（滋賀県教育委員会蔵）

⬇相谷熊原遺跡の現況

八風街道
07
高野—相谷

相谷熊原遺跡の土偶

東近江市

国内最古級の土偶を発見

続いて、愛知《えち》川をはさんで永源寺の対岸で発見された相谷熊原《あいだにくまはら》遺跡について紹介します。

相谷熊原遺跡は東近江市永源寺相谷町に所在する、縄文時代を中心とする遺跡です。遺跡は、愛知川が山間部から湖東平野へと流れ出す場所にあり、川の浸食作用等によって形成された左岸の河岸段丘上、愛知川の右岸を通る八風街道のすぐ南に位置します。

２００９・10（平成21・22）年に行われた発掘調査によって、縄文時代草創期（約１万３０００年前）の竪穴《たてあな》建物跡５棟や、石器や土器がみつかりました。なかでも、国内最古級の土偶が発見されたことは、たいへん大きなニュースとなりました。この土偶は小形で（高さ３・１㎝、重さ14・６g）、しかも腕・脚がないにもかかわらず、豊かな乳房と腰のくびれの造形のみで明瞭に女性らしさを表現したもので、他に類を見ない日本で唯一の形をしており、いまなお多くの人々を魅了し続けています。他の出土品とあわせて２０１５（平成27）年12月18日に滋賀県の有形文化財に指定されました。

人類の定住化が進んだ時代

さて、今から１万５０００年前から１万１０００年前にかけては、地球が寒かった時期（最終氷期）から暖かくなる時期（後氷期）へと劇的に環境が変動する段階で、生態系が大きく変化し、それにともない人類も生業様式を大きく転換した時期でした。

環境の変化は我々の祖先に、それまでの食料としての大型動物を追っていた移動生活から、一定の場所に住み、家を構え、そこを拠点に生活していくといった定住化をうながしていったのです。

相谷熊原遺跡で見つかった竪穴建物跡や土偶は、まさにそのような時期のものです。この遺跡で見つかった住居跡は直径が８ｍ近くもあったり、地面からの深さも１ｍ以上だったりと、他の事例よりかなり大規模です。

ここは山地と平野部の境にあたり、山の幸、平地の幸、川の幸が容易に手に入る理想的な場所だったのかもしれません。豊かな資源に恵まれた場所であるがゆえに、人が集まり、大規模な住居を作り、さらには優美な造形物までも作り出したのかもしれません。

（松室孝樹）

⬆相谷熊原遺跡の竪穴住居跡

→八幡神社拝殿

←重要文化財能装束（八幡神社蔵、写真は滋賀県教育委員会提供）

八風街道 08

相谷—政所

八幡神社の能装束

東近江市

惟喬親王が隠棲した小椋谷

相谷《あいだに》（東近江市永源寺相谷町）の北を通る八風街道（国道421号）は、永源寺ダムでいったん途切れますが、その後、愛知《えち》川に沿って鈴鹿山脈の谷間を蛇行しながら県境の八風峠に向かいます。

その途中、政所《まんどころ》（東近江市政所町）において、鈴鹿山脈最高峰の御池《おいけ》岳（1247m）を源流とする御池川が愛知川に合流します。この合流地点で県道34号線が街道から分かれて御池川沿いに北上します。

ここから県道を進むと、いかにも山里といった風情《ふぜい》の政所の集落に入ります。政所の地名は、中世に荘園の政所（荘園支配の事務を担った現地機関）が置かれたことに由来するとされますが、百済寺《ひゃくさいじ》の政所（本坊喜見院《きけんいん》）の畑があったためとの伝承もあります。

政所の中心には八幡神社が鎮座します。神社の創建については不明ですが、社伝では文徳《もんとく》天皇の第一皇子である惟喬親王《これたかしんのう》が小椋谷《おぐらだに》（愛知川上流の君ケ畑《きみがはた》・蛭谷《ひるたに》・政所一帯）に隠棲《いんせい》した頃より崇敬《すうけい》が厚かったと伝えられます。

神事奉納を伝える遺品

神社には、桃山時代に製作された2領の能装束と室町時代から江戸時代にかけて製作された29面の能面が伝わっています。能装束は保存状態がよく、うちひとつは唐《から》織《おり》と呼ばれる高級品で、紅色を基調に色糸で花唐草入菱繋《はなからくさいりひしつなぎ》の文様を表した豪華なもので、重要文化財に指定されています。かつて、山深い政所の地で相当な規模の神事能(神社の祭礼に奉納される能楽)が催されていたことを物語る遺品です。

政所は、茶の産地としても知られています。永源寺の開山寂室《じゃくしつ》元光《げんこう》の高弟で永源寺第五世住持の越渓《えっけい》秀格《しゅうかく》が、当地で茶の植栽を始めたのが起源とされます。当地の寒冷な気候と豊かな水が茶の栽培に適していたようです。香りのよい政所茶は上質な茶として全国的にも知られ、「宇治は茶所、茶は政所…」という茶摘み歌も伝わっています。

一方八風街道は、政所を過ぎると黄和田《きわだ》を経て、杠葉尾《ゆずりお》で国道から南へ分岐し、八風谷に入ります。旧道を登ると、街道の名前の由来となる最大の難所、八風峠（938m）に至ります。かつては多くの旅人が往来した峠も、現在は「八風大明神」の石碑と木の鳥居を残すのみです。

（古川史隆）

↑政所の茶畑
（びわこビジターズビューロー提供）

➡南城跡虎口の石積

⬇多度神社と和南城跡

千草街道

09 和南

千草街道を監視した和南城跡

東近江市

南北朝時代に街道監視に築かれた和南城

千草《ちくさ》街道は、八風街道と並んで多くの商人が行き来し栄えた道で、織田信長《おだのぶなが》や蓮如上人《れんにょしょうにん》も通った道です。

八風街道の如来の分かれ道にある道標の南の道が千草街道です。甲津畑《こうづはた》までは延々と田んぼが続く中を行きます。

和南城跡は、街道沿いではなく和南川の対岸にあります。和南という地名は、所在する光明《こうみょう》寺がもともとは和南寺という天台寺院であったことに由来するとされます。のちに述べる「和南山の合戦」で焼け、江戸時代に復興された際、臨済宗永源寺派に改まりました。

城跡の場所は集落にある多度《たど》神社が目印です。多度神社は桑名市多度町にある多度大社を分祀《ぶんし》したと思われ、祭神は、多度大社の別宮に祀《まつ》られている「天目一箇命《あめのまひとつのみこと》」の別名「天御影命《あめのみかげのみこと》」です。隣には火の見櫓《やぐら》を備えた土蔵があり、歴史的な風格を感じさせます。この神社の裏山一帯が和南城跡です。

和南城は南北朝時代に築城され、初代城主は和南大炊助実経《わなみおおいのすけさねつね》といわれています。主郭に入る虎口《こぐち》と郭《くるわ》の内側に石積みが残る土塁が見られます。また、主郭《しゅかく》に続く二つの郭の奥には、横堀と土橋が残っています。城は山頂ではなく山の端に位置していることから、街道を監視するために築かれたのではないかとされています。

六角氏が小倉氏を攻撃した和南山の合戦

16世紀前半は小倉《おぐら》氏の城で、1559(永禄2)年、足利義輝《あしかがよしてる》に謁見《えっけん》するため上洛《じょうらく》し、奈良・堺を見物した後、清州《きよす》へ帰る織田信長を時の当主小倉右京亮実治《おぐらうきょうのすけさねはる》が、相谷《あいだに》から八風峠越えまでの道案内をします。これに信長と敵対する六角承禎《ろっかくじょうてい》は怒り、承禎は和南城に攻めよせ、ついに開城させます。世にいう「和南山の合戦」があった場所といわれています。

今、千草街道は、ハイキングコースとして人気のある道ですが、ハイカーも甲津畑まで一気に行くようで、和南に立ち寄る人は少ないようです。和南城に注目する人も限られ、人知れず埋もれている城の一つとなっています。

(仲川靖)

⬆甲津畑・綿向山を望む

千草街道

10

甲津畑─千草越

信長危機一髪

東近江市

➡信長馬つなぎの松

⬇甲津畑から峠方面をのぞむ

保内商人がさまざまな商品を選ぶ

千草街道は、和南《わなみ》の集落（東近江市和南町）を左手に見ながら南に向かって進み、しばらくして甲《こう》津畑《つはた》の集落（東近江市甲津畑町）に入ります。

甲津畑は、近江から伊勢へ抜ける峠道である千草越の近江側の起点です。中世には関所が設けられており、流通経路として繁栄していたことがうかがえます。今堀《いまぼり》（東近江市今堀町）を拠点とする保内《ほない》商人の活動を伝える「今堀日吉神社文書」には、多種多様な商品が千草越を利用していたことを示す古文書が残されています。

甲津畑で狙撃された信長

戦国時代にあっては織田信長がこの千草越を2回利用しています。1回目は、1569（永禄12）年10月で、伊勢平定を終えた後、伊勢神宮に参拝し、千草越で近江を経て上洛《じょうらく》しています。

2回目は1570（元亀《げんき》元）年5月です。越前朝倉《あさくら》氏を攻略するため敦賀《つるが》まで出陣した信長は、浅《あざ》井長政《いながまさ》離反の知らせを受け、急遽若狭街道の朽木《くつき》を通って京へ戻りました。その後、岐阜に向かって東山道を進みますが、浅井勢が愛《え》知《ち》川まで南進してきたため、そのまま東山道《とうさんどう》を進むことができなくなり、進路変更を余儀なくされました。

この時、信長の岐阜帰還を助けたのが、布施藤九郎《ふせとうくろう》（布施公保《きみやす》）、日野蒲生右兵衛大輔《うひょうえだゆう》（蒲生賢秀《かたひで》）、香津畑（甲津畑）の菅六左衛門《かんろくざえもん》です。信長は、八日市から御代参《ごだいさん》街道を通り、彼らの本拠である布施《ふせ》（東近江市布勢町）・日野・甲津畑を経て大きく南近江を迂回《うかい》したと考えられます。

甲津畑からは千草越で伊勢を目指しましたが、山中で六角承禎《ろっかくじょうてい》の依頼を受けた杉谷善住坊《ぜんじゅぼう》が信長を狙撃します。しかし弾《たま》は信長の体をかすめただけで、5月11日、無事岐阜へと戻りました。後に善住坊は捕らえられ、1573（天正元）年10月、鋸《のこぎり》引きで処刑されました。

甲津畑には、信長が千草越を利用した時、休息時に馬をつないだという松があります。また千草越の山中には、善住坊が信長を狙撃するために身をひそめたという隠れ岩もあります。この時信長が命を落としていれば、その後の歴史は大きく変わったことでしょう。甲津畑から千草越にかけては、歴史の大きな運命を感じさせる場所なのです。

（松下浩）

⬇千草街道の甲津畑への入口

矢倉立場（草津市）の名物・姥が餅（うばがもち）
近世から今に至るまで、不動の人気

鳥居本宿（彦根市）の名物・赤玉神教丸（サンライズ出版撮影）

街道あれこれ 六

街道の名物

江戸時代中期、庶民の旅が盛んになるにつれて主要街道の宿場や立場（休憩所）ではさまざまな名物が知られるようになります。東海道の安倍川餅《あべかわもち》や桑名《くわな》の焼蛤《やきはまぐり》、中山道馬籠《まごめ》の栗《くり》こわ飯《めし》、伊勢街道の赤福《あかふく》餅などは今に至るまで名物として愛され続けているものです。

近江の街道文化の中から生み出され、現在も愛好される名物も多くあります。食の分野の代表例としては、姥《うば》が餅《もち》が挙げられます。姥が餅を食べさせる店はもともと、東海道と矢橋道《やばせみち》の分岐点にあたる「矢倉立場《やぐらたてば》」に所在しました。

その由来は、織田信長《おだのぶなが》によって滅ぼされた近江の守護大名・六角義賢《ろっかくよしかた》の遺児を預かった乳母《うば》が、餅を作り往来の旅人に売って幼子を養育したことにちなむと伝えます。乳母の乳房をかたどったあんころ餅であり、街道の名物として日本中に知られました。歌川広重《うたかわひろしげ》の名作、保永堂版「東海道五十三次」版画にも姥が餅屋の賑《にぎ》わいが生き生きと描かれています。

姥が餅は現在も草津市内で製造され、国道１号沿いに所在する「うばがもちや本店」をはじめ、草津駅前店や草津駅構内などで求めることができます。名物として不動の人気を誇る、街道銘菓の代表といえましょう。

薬もまた、街道の名物として人気の商品でした。近世には東海道小田原《おだわら》宿の「ういろう（透頂香《とうちんこう》）」や梅木《うめのき》立場（栗東市）の「和中散《わちゅうさん》」などが有名でしたが、戦後の薬事法改正の影響などで製造を中止した薬も多くあります。そうした中で、県内では中山道鳥居本《とりいもと》宿（彦根市）の赤玉《あかだま》神教丸《しんきょうがん》（有川《ありかわ》製薬）が今なお全国で愛用されています。赤玉神教丸は１６５８（万治《まんじ》元）年に創製されたと伝える胃腸薬です。赤い小粒の丸薬で、よく効く道中薬として旅人に愛され続けてきました。

また、中山道柏原《かしわばら》宿で伊吹《いぶき》もぐさを商う「亀屋左京《かめやさきょう》商店」は１６６１（寛文元）年の創業で、ともに３５０年以上にわたって暖簾《のれん》を守る文字どおりの老舗《しにせ》です。道中での腹痛や足腰の傷みに、優れた胃腸薬やお灸が絶大な効果をあげたのでしょう。近江の街道は、歴史的ロングセラーをいくつも生み出しました。（井上優）

御代参街道

御代参《ごだいさん》街道は、中山道小幡《おばた》から分かれ、日野《ひの》を経て東海道土山宿に至る脇街道です。江戸時代、京都から皇族が伊勢神宮と多賀《たが》大社に名代《みょうだい》を遣《つか》わす習わしがあり、その代参のためにこの街道が利用されたことから、この名前がつきました。

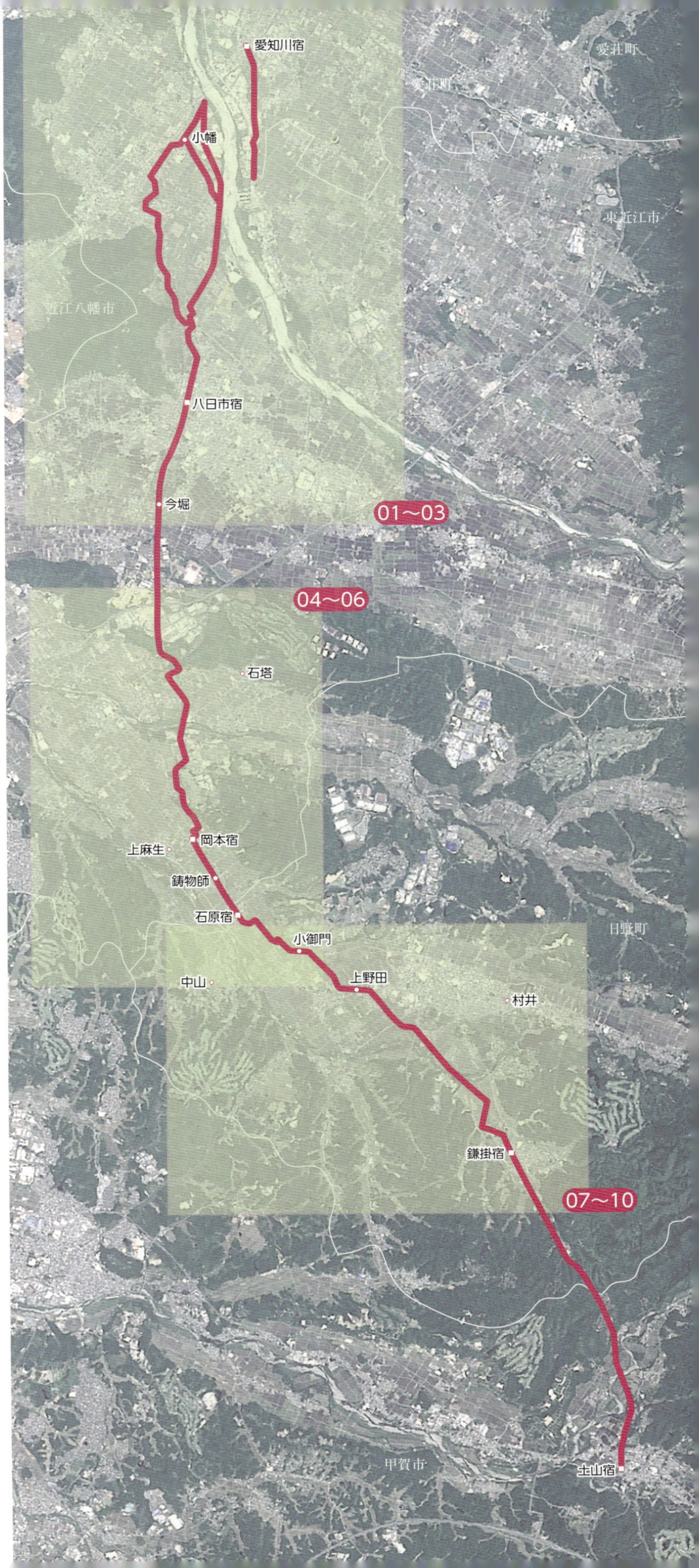

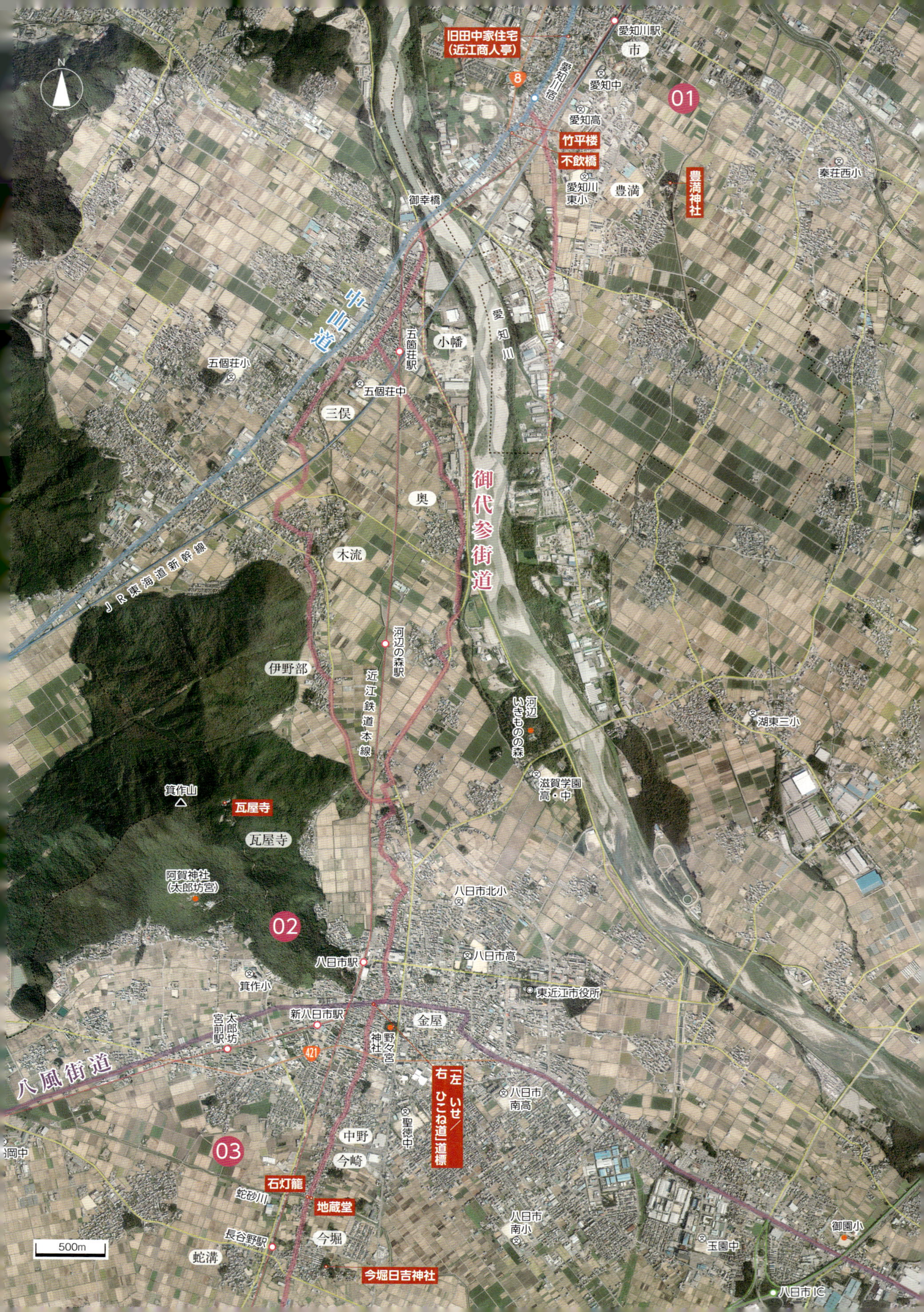

N
旧田中家住宅（近江商人亭）
愛知川駅
市
愛知川宿
愛知中
01
愛知高
竹平楼
不飲橋
愛知川東小
豊満
豊満神社
秦荘西小
御幸橋
中山道
五個荘小
五箇荘駅
小幡
愛知川
五個荘中
三俣
御代参街道
奥
木流
JR東海道新幹線
河辺の森駅
伊野部
近江鉄道本線
河辺いきものの森
湖東三小
滋賀学園高・中
箕作山
瓦屋寺
瓦屋寺
阿賀神社（太郎坊宮）
02
八日市北小
八日市駅
八日市高
箕作小
東近江市役所
新八日市駅
太郎坊宮前駅
金屋
野々宮神社
421
八風街道
右 ひこね道 左 いせ／道標
八日市南高
聖徳中
中野
今崎
岡中
03
石灯籠
蛇砂川
地蔵堂
八日市南小
御園小
500m
長谷野駅
今堀
蛇溝
玉園中
今堀日吉神社
八日市IC

←重要文化財の豊満神社四脚門

↓愛知川宿の町並み

御代参街道

01

愛知川宿

豊満神社

愛荘町

御代参街道の手前の愛知川宿

御代参《ごだいさん》街道に入る前に、小幡《おばた》の北にある中山道《なかせんどう》の愛知川《えちがわ》宿周辺の文化財を紹介します。小幡から愛《え》知《ち》川に架かる御幸《みゆき》橋を北に渡り、国道8号の不飲《のまず》橋の三叉《さんさ》路《ろ》から東へ進むと愛知川宿があります。

宿場である愛知川宿には、本陣、脇本陣とともに1843（天保14）年の時点で28軒の旅籠《はたご》があり、不飲橋の南西側にエノキを植えた一里塚がありました。三叉路の手前で西にのびた小道のそばには、近年立てられた一里塚跡の石碑があります。

愛知川宿には、1878（明治11）年の明治天皇北陸東山道《とうさんどう》巡幸の際に建てられた御在所のある「竹平楼《たけへいろう》」や、愛知川の豪商、田中家が明治から大正にかけて建てた「旧田中家住宅（近江商人亭）」の登録文化財が所在しています。

そして愛知川宿の途中から中山道を東へ折れ1kmほど進むと、珍しい四脚門《しきゃくもん》が正面に建つ豊満《とよみつ》神社があります。

豊満神社の祭神は大国主命《おおくにぬしのみこと》、足仲彦命《たらしなかつひこのみこと》、息長足姫命《おきながたらしひめのみこと》、誉《ほ》田別命《だわけのみこと》の4柱で、古くから地域の人々の信仰を集めてきました。

重要文化財の豊満神社四脚門

境内の南に建つ四脚門は重要文化財に指定されています。社蔵文書に「惣門築地如塔経堂者　後醍醐院御宇元亨三年癸亥十月八日慶長十六歳迄二百十九歳当」とあり、鎌倉時代後期に建てられたことがわかります。入母屋《いりもや》造《づくり》で、がっしりとした太い柱に対し、柱から上部の組物と垂木《たるき》は繊細に造られ対照的です。

四脚門は屋根が切妻《きりづま》造の形式が多いのですが、豊満神社四脚門は入母屋造です。また、四脚門としては建物幅に対しての高さが高く、軽快な印象を与えます。屋根の反りが強く、空に向かってはねあがるような曲線を描いています。

屋根には檜皮《ひわだ》、柿《こけら》を交互に葺《ふ》く鎧《よろい》葺《ぶき》が用いられています。檜皮と柿はどちらも植物性材料で、檜皮はヒノキの皮を立木から剥《は》いだもの、柿は、サワラもしくはスギの薄い木の板です。檜皮・柿の鎧葺は、かつては多数見られましたが現在では珍しい技法となりました。

（原香菜絵）

↓老舗料理旅館「竹平楼」（辻村耕司氏撮影）

←御代参街道と八風街道の交差点に建つ道標

→瓦屋寺

御代参街道

02

愛知川—八日市

瓦屋寺

愛荘町・東近江市

四天王寺の河原を焼いた地

御代参街道は愛知《えち》川沿いに県道52号線とほぼ並行しながら南下します。途中、県道328号線を越えたあたりで愛知川から離れ、しばらく進むと旧八日市《ようかいち》市街に入ります。湖東平野の中心に位置する八日市は御代参街道と八風《はっぷう》街道が交差する交通の要衝であり、中世より近江有数の定期市が開かれた商業地として発展しました。

街道の右手に見えるのが箕作《みつくり》山《やま》（標高約370ｍ）です。山腹に巨石が露出する奇観から、古代より信仰の対象として崇拝されたようで、山麓には社寺や古墳などの旧跡が点在します。

箕作山の山頂近くには臨済《りんざい》宗妙心寺派の瓦屋寺《かわらやじ》があります。瓦屋寺の名称は、聖徳太子が四天王《してんのう》寺（大阪市）を創建するにあたり、当地の土で瓦を焼いたためと伝えられ、山中からは白鳳《はくほう》時代以降の瓦窯《がま》も発見されています。

中世には天台寺院として栄えましたが、戦国時代の兵火で荒廃し、その後、正保《しょうほう》年間（1644〜1648）に香山祖桂《こうざんそけい》によって再興され、臨済宗に転宗します。境内には葦葺《よしぶき》の本堂をはじめ、庫裏《くり》、経堂、開山堂などが並びます。本堂に安置される秘仏本尊の千手観音立像《せんじゅかんのんりゅうぞう》は平安時代の作で重要文化財に指定されています。

鋳物師の本拠地・金屋

旧八日市市街に入った街道は、商店街の中の路地を経て、東西に走る八風《はっぷう》街道と交わります。その交差点の角には1826（文政9）年の道標があり、「左、いせひ乃みな口道」（伊勢・日野・水口道）、「右、多賀ゑち川ひこね道」（多賀・愛知川・彦根道）などと刻まれています。

ここから街道は古い町並みを色濃く残す栄町《さかえ》商店街に入ります。この通りより東側一帯（東近江市八日市金屋《かなや》）は、かつて金屋村と称され、近江を代表する鋳物《いも》師《じ》（仏具や釜などの金属製品を作る職人）の集団の一つである金屋鋳物師の本拠地でした。

記録によると、金屋鋳物師は室町時代から活躍していたことが確認され、江戸時代には蒲生《がもう》郡・神《かん》崎《ざき》郡を中心に広い営業権を誇っていました。現在、金屋鋳物師の活動はほぼ廃絶してしまいましたが、県内の社寺には金屋鋳物師が製作した梵鐘《ぼんしょう》や鰐口《わにぐち》などの仏具が数多く伝えられています。（古川史隆）

↓道標のある交差点で、御代参街道と八風街道が交わる。奥（南）へ続く通りが栄町商店街（サンライズ出版撮影）

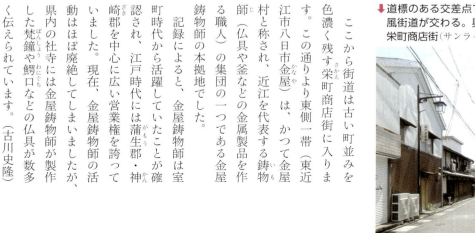

➡日吉神社

⬇南郷諸商売定書案（重要文化財今堀日吉神社文書）
（東近江市日吉神社蔵、滋賀大学経済学部附属史料館提供）

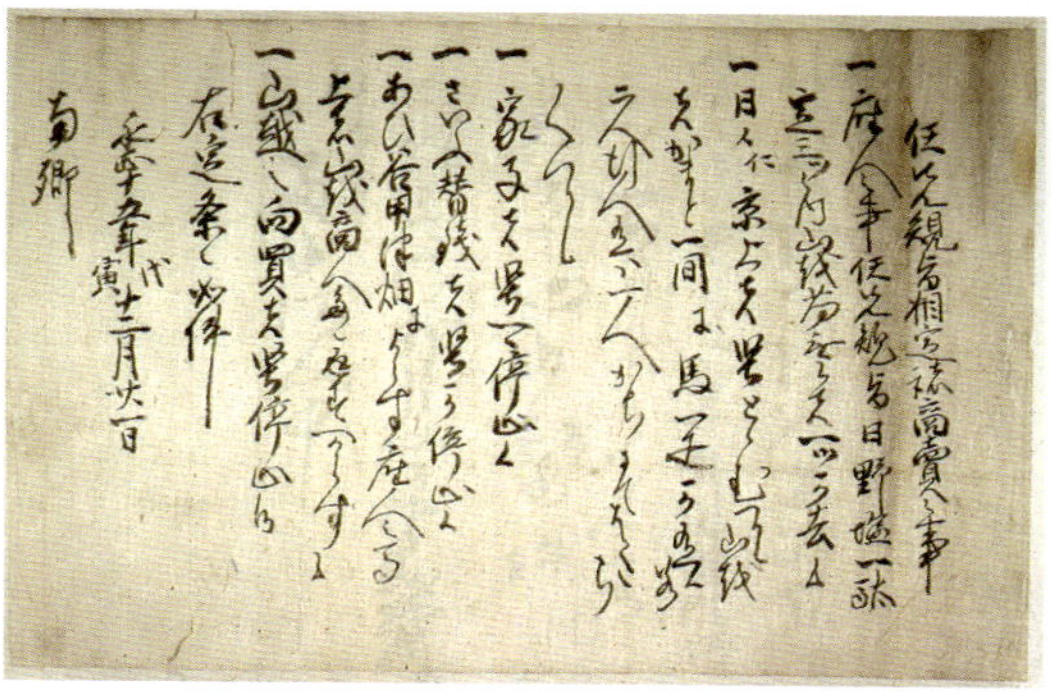

御代参街道

03 八日市―今堀

今堀日吉神社文書

東近江市

隊商を組んで鈴鹿山脈を越えた保内商人

八日市を過ぎると御代参街道はさらに南へ進み、中野《なかの》、今崎《いまさき》を経て蛇砂川《へびすな》へと至ります。中野は近世から近代にかけて葉《は》タバコの栽培が盛んな地域で、「中野たばこ」の名で広く知られていました。蛇砂川の手前には1858（安政5）年建立の石燈籠と地蔵堂が街道を挟んで向かい合い、川を越えると今堀《いまぼり》へ入ります。

今堀は、近江商人のルーツともいわれる中世の保内《ほない》商人が本拠とした地です。かつて蒲生野《がもうの》の中心地に、得珍保《とくちんのほ》と呼ばれる広大な延暦寺領の荘園がありました。今堀を含む中世の得珍保西部地域は水利に恵まれず、農業の生産性が低かったことから、遠隔地商業が盛んとなります。

鎌倉時代以後、保内商人と呼ばれた彼らは隊商を組んで鈴鹿山脈を越えて伊勢に行き、和紙・布や塩、海産物を流通させました。

神社に残された中世の商業文書

今堀にある日吉《ひよし》神社（旧称 十《じゅう》禅《ぜん》師社）は、延暦寺の守護神である日吉神を分霊して祀っています。保内商人は商売に出かける前に十禅師社の境内にあった庵室《あんしつ》に銭100文《もん》を納め、帳簿に登録されることが義務づけられていたようです。

今はもうありませんが、庵室は法華経《ほけきょう》を守護する十羅刹女《じゅうらせつにょ》を本尊とする寺庵で、聖《ひじり》僧が住んでいました。それと同時に、保内商人の事務を取り扱う商業オフィスも兼ねていたようで、中世の商業文書が多く蓄積されました。

現在この神社には、今堀日吉神社文書66冊947通が伝えられています。大正初期、『近江蒲生《がもう》郡志』の編纂《へんさん》を契機に世に知られるようになりました。

中世の近江には保内商人のほか、若狭方面の流通を担った五箇《ごか》商人など数多くの商人たちがおり、商圏をめぐって争論を繰り広げていました。今堀日吉神社文書にはそうした商人たちの争論に関する古文書や、村の掟書《おきてがき》など中世今堀の村落の実像を具体的に示す古文書が多く含まれています。そのため保内商人らによる中世商業の実態や惣村の形成などを研究するうえで貴重な古文書群として、日本中の歴史研究者に注目されてきました。

そうした価値が認められ、1957（昭和32）年に重要文化財に指定されています。（井上優）

⬆御代参街道の風景

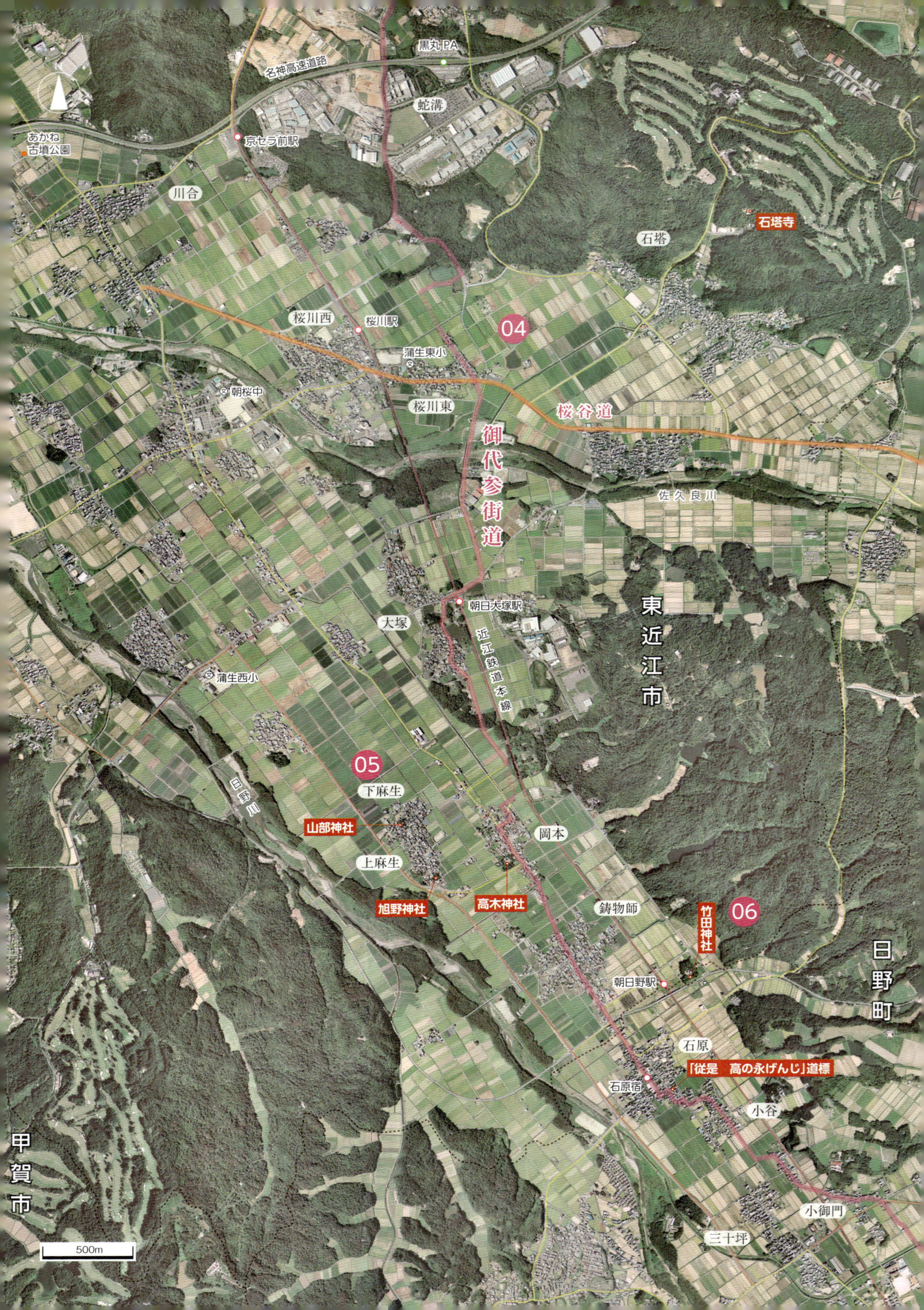
黒丸PA
名神高速道路
蛇溝
京セラ前駅
あかね古墳公園
川合
石塔寺
石塔
桜川西
桜川駅
04
蒲生東小
朝桜中
桜川東
桜谷道
御代参街道
佐久良川
朝日大塚駅
大塚
近江鉄道本線
東近江市
蒲生西小
05
日野川
下麻生
山部神社
岡本
上麻生
旭野神社
高木神社
鋳物師
竹田神社
06
朝日野駅
日野町
石原
「従是　高の永げんじ」道標
石原宿
小谷
甲賀市
小御門
三十坪
500m

御代参街道

04

今堀—石塔

石塔寺

東近江市

←石塔寺三重石塔

→石段の横にも大量の五輪塔

↑石塔寺の五輪塔や石仏
（びわこビジターズビューロー提供）

朝鮮南部の塔に似た三重石塔

今堀《いまぼり》（東近江市今堀町）を後にして、街道は東近江市南部に東西に横たわる布引丘陵《ぬのびききゅうりょう》にさしかかり、同市桜川東《さくらがわひがし》町の集落を貫く県道桜川西中在寺《なかざいじ》線と直交します。この交差点の東北角には昭和の初期まで道標があったと伝わります。この東西に走る県道は当時の桜谷《さくらだに》道で、東近江市石塔《いしどう》町にある石塔《いしどう》寺《じ》への参詣者でにぎわった道でもあります。

石塔寺は集落の東方山中にあり、阿育王山《あしょかおうざん》と号する天台宗の寺院です。山門をくぐると左手に本堂・庫裏《くり》が並び、本堂裏山につづく石段をのぼりきると、日本最古最大の三重石塔であり、重要文化財に指定されている石塔寺三重塔があります。

三重塔は、7世紀後半頃の造立とされています。その外観は屋根の間が広いところが当時の朝鮮半島の南部にある石造層塔と類似していることが指摘されており、日本で多く見られる屋根の間隔を狭く重ねた石造塔とは異なる姿をしています。

なぜ大陸情緒ただよう独特な形の石造の三重塔がここ蒲生郡に建立されたのかについては明らかではありませんが、ひとつの可能性として当時の蒲生郡と朝鮮半島の歴史的な関わりから迫ることができるようです。

663年に百済《くだら》と日本の連合軍が唐と新羅《しらぎ》の連合軍と戦いますが、『日本書紀』によると、敗れた百済から多くの渡来人が蒲生郡へ移り住んだと記されており、この百済系渡来人かその子孫が故国を偲んでこの塔を建てたとする説が、ひとつの有力な説として考えられています。

阿育王の塔として信仰を集める

また、石塔寺の三重塔は別名「阿育王塔《あしょかおうとう》」とも呼ばれています。これはこの塔が紀元前3世紀にインドの阿育王により建てられた仏《ぶつ》舎利《しゃり》の一つであるとの考えが平安時代中期頃に広まったことに由来しています。

以来、石塔寺は阿育王塔の寺として信仰を集め、三重塔の周りには、多くの石仏や五輪塔が造立され、その光景は圧巻です。これらの石造物の大半は、鎌倉時代後期から江戸時代初期にかけて造立されたもので、一つひとつ形の異なる石塔やさまざまな石仏の表情に、人びとの篤《あつ》い信仰の姿が偲《しの》ばれます。

（清水一徳）

➡若者が長刀を手にさまざまな演技を披露する長刀振り

⬇柄の先端に武者人形を飾った太刀型の飾りである帯

御代参街道

05 上麻生

けんけと祭り

東近江市

3集落が合同で行う「郷祭り」

御代参街道は、旧八日市市から旧蒲生町に入り、岡本《おかもと》宿から鋳物《いも》師《じ》の集落（東近江市に合併後は、鋳物師町《いものしちょう》）へと向かいます。今回は、岡本、上麻生《かみあそう》、下麻生《しもあそう》が合同で行う「けんけと祭り」をご紹介します。

この祭りは、毎年4月23日に近い日曜日を中心に、岡本の高木神社や上麻生の旭野《あさひの》神社などで行われます。

滋賀県では、複数村落が合同で神社の祭祀《さいし》を行う例が、平野部を中心に数多くみられます。このような祭祀の形態は「郷《ごう》祭り」と称され、水利慣行などの歴史的な繋がりが背景にあるようです。けんけと祭りもその一つです。

華やかな衣装で芸能を披露

この祭りでは、当番の地域が「帯《おび》」と称する全長3ｍを超える巨大な太刀《たち》型の飾りを出し、これを腰に指して渡御《とぎょ》します。帯は、丸帯《まるおび》で太刀全体を飾り、柄《え》の先端に武者人形を飾るという独特のもので、毎年、趣向をこらして作られます。このため「帯かけ祭り」とも言われ、華美な意匠で人目を驚かせる風流《ふりゅう》の流れを引くものです。

上麻生からは「けんけと」と称される長刀《なぎなた》振りと「かんか」と称される7人の子どもによるお囃子《はやし》の芸能が奉納されます。「けんけと」は、青少年が身長より長い長刀を手にしてさまざまな演技を披露します。「かんか」は少年が鉦《かね》、締め太鼓で囃すもので、シャガマと呼ばれる毛を頭にかぶったり、タケノコと呼ばれる円錐《えんすい》形の帽子をかぶるなど華やかな衣装を身につけます。

本祭では、高木神社で神事が行われ、長刀《なぎなた》振りや「かんか」、竹や和紙などで作られた鉾《ほこ》のような「花」が入場し、芸能が奉納されます。その後、神輿《みこし》とともに帯などの一行が御旅所《おたびしょ》へと渡御します。長刀振りや「かんか」は上麻生の旭野神社、下麻生の山部《やまべ》神社などへも渡御し、各所で芸能を奉納していきます。

けんけと祭りは、地域に災いをもたらす疫神《やくじん》を祓《はら》い、追い出す行事であったとされ、近江を代表する祭礼行事です。近年は、地域で暮らす青少年が少なくなるなど祭礼行事を続けていくことが難しくなりつつあり、存続にむけて、地域の努力が続けられています。

ぜひ皆様も街道散策とともに祭り見学に出かけられてはいかがでしょうか。

（矢田直樹）

➡上麻生の「七人かんか」と「花」

➡多くの文化財を伝える竹田神社本殿
⬅旧石原宿の道標

御代参街道

06

鋳物師—石原

竹田神社と石原宿

東近江市・日野町

金属加工の神を祀る竹田神社

御代参街道は、国道477号や近江鉄道本線と並行しながら、日野川沿いを南東方面に向かってほぼ直線に延びていきます。岡本《おかもと》（東近江市蒲生岡本町）、上麻生《かみあそう》（同市上麻生町）を過ぎ、日野町に入る手前に位置する集落が鋳物師《いもじ》（同市鋳物師《いものし》町）です。

その名が示すとおり、ここにはかつて、仏具や釜などの金属製品を作る職人である鋳物師が居住していたといわれています。鋳物師の中心から東にはずれた田畑の中に、竹田《たけだ》神社が鎮座する鎮守の森があります。竹田神社は、旧鋳物師村と隣接する旧石原《いしはら》村（日野町石原）の氏神《うじがみ》で、天津彦根命《あまつひこねのみこと》のほか、鍛冶《かじ》や鋳物など金属加工の神である天目一箇命《あめのまひとつのみこと》を祀《まつ》っています。

竹田神社の本殿に安置されている2体の男神像（現在、滋賀県立琵琶湖文化館に寄託中）は、平安時代の製作と考えられ、重要文化財に指定されています。

また、神社の境内には、県内でも数少ない能舞台（東近江市指定文化財）があります。豊臣秀吉が神能《かみのう》を奉納したことにちなみ、1894（明治27）年に造営されました。その費用は、関東地方で成功をおさめた鋳物師出身の商人竹村《たけむら》猪八郎《いはちろう》と竹村太左衛門《たざえもん》の寄進によるものです。明治から大正時代にかけてこの能舞台で盛んに能が演じられ、現在は地元有志の尽力により、春季大祭にあわせて狂言が催されています。

春日局参詣をきっかけに誕生した石原宿

鋳物師を過ぎて日野町に入ると、すぐに石原《いしはら》の集落に至ります。石原にはかつて御代参街道の宿駅が設けられていました。1640（寛永17）年、春日局《かすがのつぼね》が伊勢神宮から多賀大社へ参詣するにあたって街道が整備されますが、その際、石原村は八日市《ようかいち》村までの臨時の人馬《じんば》継立《つぎたて》（荷物を運ぶ人足と馬の準備）を命じられ、街道宿としての歴史が始まります。

石原宿のかつての中心部には、酒屋や雑貨店など数軒の商店が並んでいます。その辻には小さな道標があり、「従是　高の永げんじ（高野永源寺）／幷佐くら谷（佐久良谷）」などと刻まれています。

（古川史隆）

⬇春季大祭で狂言が催される竹田神社の能舞台
（竹田神社提供）

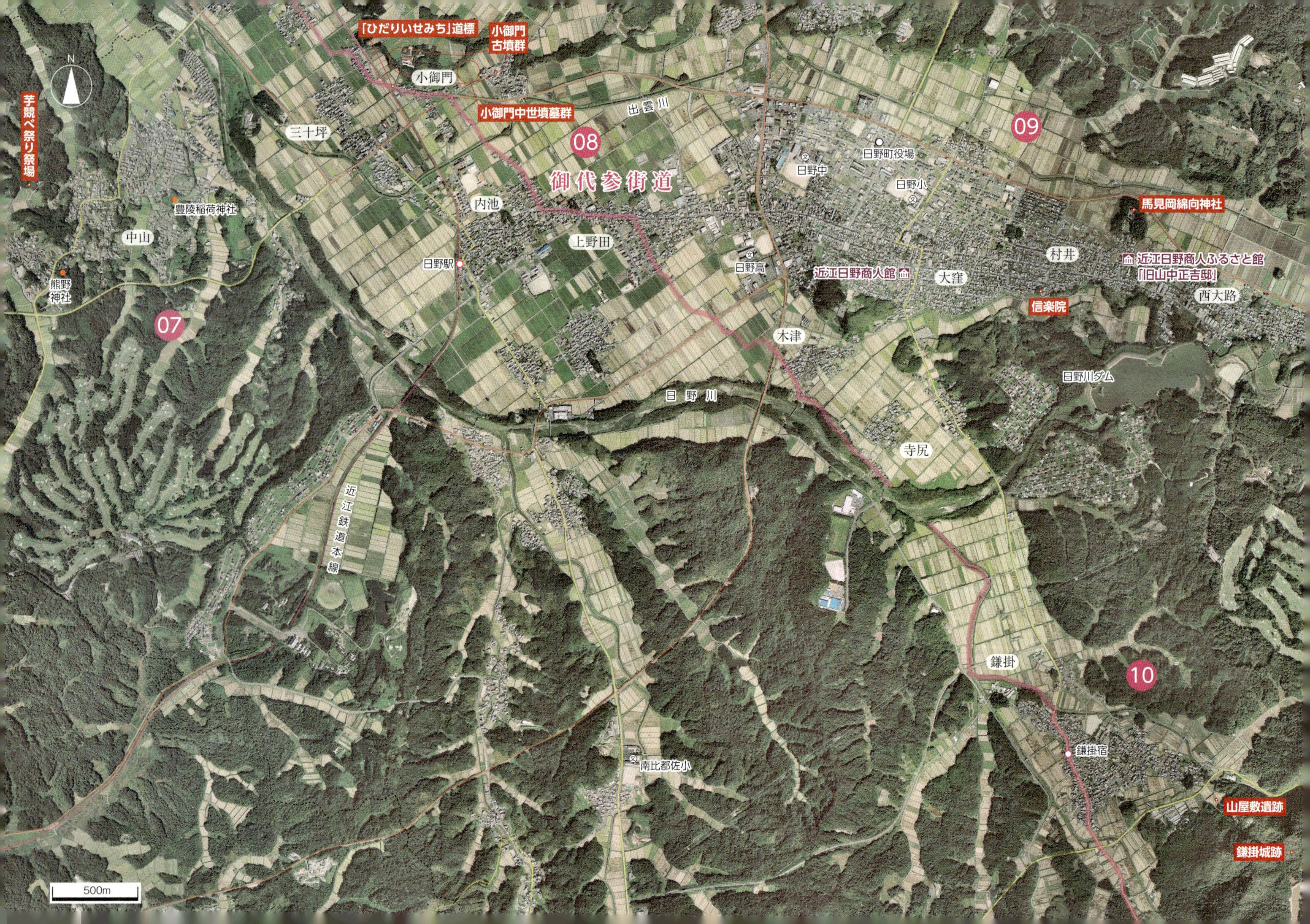
芋競べ祭り祭場
熊野神社
中山
07
豊陵稲荷神社
三十坪
「ひだりいせみち」道標
小御門古墳群
小御門
小御門中世墳墓群
出雲川
08
御代参街道
内池
上野田
日野駅
近江鉄道本線
日野川
日野高
木津
日野中
日野町役場
日野小
09
馬見岡綿向神社
近江日野商人館
大窪
村井
近江日野商人ふるさと館「旧山中正吉邸」
西大路
信楽院
日野川ダム
寺尻
鎌掛
10
鎌掛宿
南比都佐小
山屋敷遺跡
鎌掛城跡
500m

➡東西の芋の長さをくらべる「芋打ち」
（関和夫氏提供）

⬇山子による相撲の奉納

御代参街道

07

中山の芋競べ祭り

小御門―中山

日野町

東西の地区で里芋の長さを競う

御代参街道は、小御門《こみかど》から鎌掛《かいがけ》に向かいますが、今回は小御門から日野川を渡って対岸の中山《なかやま》に足をのばしてみましょう。

中山は丘陵部に位置する集落で、毎年9月第1月曜日に全国的に極めて珍しい祭りが行われています。

この祭りは「芋競《いもくら》べ祭り」と言われ、新聞でも毎年報道されますので実際にご覧になった方もいると思います。この祭りを一言で言いますと、「集落の東谷と西谷の二つの地区が栽培している里芋のうち、最も丈《たけ》の長いものを両地区の境にある野神山に運び上げ、特設の祭場で儀礼的にその長さを競いあい、最後に互いの里芋を交換し合う行事」となります。見どころが多い行事ですので、少し掘り下げてご紹介いたします。

まず注目は芋です。トウノイモという独特の里芋で、祭礼当日の早朝に最も長く成長した芋を掘り起こし、青竹にくくりつけます。

次に祭場です。祭場には社殿などなく、石を敷き詰め、周囲を竹矢《たけや》来《らい》で囲んだ独特の空間です。

行事は、東西の山若《やまわか》、山子《やまこ》と呼ばれる青少年が行います。山若は一番尉《いちばんじょう》から七番尉までの7名で、それぞれに決められた役割が与えられています。

起源はよくわからない天下の奇祭

祭場での儀式は、東西それぞれの作法にのっとり、酒式《しゅしき》や献饌《けんせん》などほぼ無言で進められていきます。子どもの山子によって勝敗をつけない相撲が3番奉納されると、いよいよ芋競べとなります。

竹にくくられた芋を祭場の境界にある芋石に東西突き合わせ、「じょうじゃく」という木の棒で、芋の根の先から茎の先端までを測っていきます。この儀式は「芋を打つ」と呼ばれ、三番尉が酔って踊るような所作で芋の長さを測っていきます。

芋打ちはどちらかが負けを認めるまで何度も続けられます。西が勝てば豊作、東が勝てば不作と言われますが、勝負がつくとそれぞれの芋を交換しあい東西の融和が図られます。

「天下の奇祭」と言われるこの祭りは、県内各地で行われている「野神」行事の一種ですが、なぜ芋の長さを比べるのか、そもそもなぜ芋なのかなど、実はよくわかっていません。この謎を解明すべく祭り見学に出かけられてはいかがでしょうか。

（矢田直樹）

⬅中山の芋競べ（じょうじゃく）

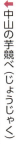

➡御代参街道。小御門から遠くに綿向山を望む

⬇御代参街道から見る小御門古墳群

御代参街道

08

鋳物師―小御門

小御門古墳群・小御門中世墳墓群

日野町

街道脇に横たわる「ひだりいせみち」の道標

鋳物師《いもじ》を過ぎた御代参街道は蒲生郡日野町に入ります。近江八幡と日野を結ぶバス通り、通称「日八線」と重なっていますが、石原の集落を過ぎると左に旧道が分かれます。小谷《こだに》、三十坪《みそつ》の集落を通り近江鉄道の踏切を越えると、やがて街道は小御門《こみかど》の集落へと入っていきます。

石原から小御門の辺りは、平野部を流れる日野川と出雲川《いずも》が合流する地点で、ここより上流の右岸（北側）に遺跡が多くあり、また出雲川の右岸に沿う河岸段丘の上にも、平野部ほどではありませんが遺跡があることが確認されています。

正面に雄大な綿向山《わたむき》を望みながら街道を進み、小御門の集落を抜けると、国道477号が街道を横切る交差点に出ます。かつてはここに「ひだりいせみち」と書かれた石製道標がありましたが、小御門の会議所前に移され、さらに、会議所の新築移転にともない、現在は近江鉄道の踏切近くに立っています。

河岸段丘上の古墳群と中世墳墓群

国道を渡り、水田の中の道を進み、振り返ると、小御門集落の背後に出雲川に沿う河岸段丘《かがん》が見えます。この上に小御門古墳群や小御門中世墳墓群があります。

小御門古墳群は古墳時代後期のもので、この時代に多い横穴式石室ではなく、木芯粘土郭《もくしんねんどかく》という特徴的な埋葬主体部をもつことで知られています。古墳は、平野を望む段丘の縁辺にありますが、中世墳墓群は古墳よりさらに高い位置に営まれています。蔵骨器を地中に埋め、地表に集石や石造仏などを置く墓が発見されています。

これらの遺跡は1965（昭和40）年に発掘調査され、古墳だけが現状で保存されています。また街道の右手（南西）に見える竹薮《たけやぶ》に囲まれた民家のあたりでは、圃《ほ》場《じょう》整備前におこなわれた発掘調査で、小御門城跡の堀などが見つかっています。

街道はやがて出雲川を渡り、内《うち》池《いけ》の集落へと入っていきます。やがてバスが通る広い道に出ますが、街道はここで左へと折れ、日野市街の方向へと続いていきます。

（岩橋隆浩）

⬇移転された「ひだりいせみち」道標
（サンライズ出版撮影）

←信楽院本堂

↓塀に桟敷窓が設けられた日野町・本町通り界隈の景観

御代参街道 09

上野田―村井

信楽院・本町通り界隈

日野町

街道をそれて日野の本町通りへ

石塔をあとに、御代参街道を南下し、旧蒲生町を経て日野町に入ると、街道は近江鉄道日野駅前から東に伸びる町道と重なります。その先、日野町上野田《こうずけだ》の集落に入ると街道は町道から分かれて南に進みます。

一方街道に進まずそのまま東へ直進すると、伝統的な町並みが延々と続く本町通りに至ります。そこでは、家屋の多くが通りに面し板塀《いたべい》を建てていますが、塀の一部に窓が設けられています。桟敷《さじき》窓《まど》と呼ばれるこの窓は、馬見岡綿《うまみおかわた》向《むき》神社の春の祭礼である日野祭の絢爛《けんらん》豪華な曳山《ひきやま》巡行を居室から窓越しに見物するためにつくられたもので、日野の町並みに独特の景観を与えています。

さらに本町通りを東へ進み、村《むら》井《い》本町バス停の交差点を南へ折れると、閑静《かんせい》な町並みの中に浄土宗寺院信楽院《しんぎょういん》があります。

優れた建造物が建ち並ぶ蒲生氏の菩提寺

信楽院は日野の領主であった蒲《がも》生《う》氏の菩提寺《ぼだいじ》です。1584（天《てん》正12）年に蒲生氏が伊勢松坂へ転封《ぷう》後、一時衰微しますが、蒲生氏旧臣の尽力により江戸時代前期に現在地に再興されました。

現在の境内は、参道奥の表門をくぐると、本堂、大師堂、行者堂、四間堂《よんげんどう》、鐘楼《しょうろう》などが整然と建ち並んでいます。いずれも18世紀中期から19世紀中期にかけて造営された優れた建造物です。

本堂（県指定有形文化財）は伽《が》藍《らん》の中心建造物として、境内南西に位置し、正面幅14・3m、奥行20・2mの規模をもちます。棟札《むなふだ》などによると、1737（元文2）年に釿《ちょうな》始め、1739（元文4）年に上棟《じょうとう》され、棟梁《とうりょう》は近江を代表する大工であった高木家が務めたことがわかっています。

この建物は、前面に幅1間《けん》（約1・8m）の土間をもつ浄土宗寺院の仏堂としては珍しい平面となっている点や、堂内に立つ丸柱が縦横高さ違いの虹梁《こうりょう》でつながれた力強い組み方が見どころです。

また、本堂の天井には日野町大《おお》窪《くぼ》出身の絵師である高田敬輔《たかだけいほ》が描いた雲竜図をはじめとする大胆な構図の天井絵が配されています。高田敬輔は雄渾《ゆうこん》な筆力による水墨画が得意であったとされますが、信楽院本堂の天井絵はその技法が最大限に発揮された傑作といえます。

（清水一徳）

↓信楽院本堂の天井に描かれた雲竜図

➡鎌掛城跡の石組み井戸

⬇山屋敷遺跡の土塁、空堀

御代参街道

10 中山―鎌掛

鎌掛城跡・山屋敷遺跡

日野町

宿場として栄えた鎌掛

小御門《こみかど》を経て南下した御代参街道は、近江鉄道日野駅前から日野町に向かう町道と内池郵便局の角で重なります。東へ進んだ後、街道は町道から分かれて南へ向かいます。大字上野田《こうずけだ》と大字十禅寺《じゅうぜんじ》の境を進み、大字木津《きづ》・大字寺尻《てらじり》を経て大字鎌掛《かいがけ》に至ります。

　鎌掛は御代参街道の宿場です。嘉永年間（１８４８〜１８５４）には13軒の旅籠《はたご》が建ち並び、本陣・脇本陣級の立派なものから、木賃宿という簡易旅館までさまざまなものがありました。このほか、野《の》鍛冶《かじ》、雑貨商、酒造業、桶《おけ》づくり、駄菓子商、食料品商、諸道具商、荒物商、料理屋、茶店などの商人職人が店を構えており、多くの人が行きかった様子がうかがえます。

　街道は鎌掛の集落の中央を南に進み、集落の南で県道西明寺《さいみょうじ》・水口《みなくち》線を横断してさらに南に進みます。

蒲生氏の居館と城郭遺構

　ここで県道を横断せず、左折して県道を東に進むと、しばらくして右手の山裾に山屋敷《やまやしき》遺跡が見えてきます。土塁と堀によって区画された遺構が残る蒲生《がもう》氏の居館跡です。また背後の山の頂上にも石組みの井戸や土塁、空堀などの城郭遺構が残る鎌掛城跡があり、両者は一体の施設と考えられます。日常的には山裾の居館で生活し、合戦時には背後の山城に籠《こ》もるというものです。

　鎌掛城は、山頂から三方向に伸びる尾根上に郭《くるわ》が広がる山城です。蒲生氏の支城として南北朝期に築かれたと伝えられます。１５２３（大永３）年にはじまる蒲生高郷《たかさと》と蒲生秀紀《ひでのり》の内紛で、敗れた秀紀がこの鎌掛城に籠もりますが、２年後、秀紀は高郷によって毒殺されます。

　また、約半世紀後、蒲生賦秀《ますひで》（のちの氏郷《うじさと》）に家督を譲った蒲生賢《かた》秀《ひで》が山屋敷に隠居し、１５８４（天正12）年にここで最期を迎えました。現在見られる遺構は、この頃に整備されたものと思われます。

　その後、蒲生氏は伊勢に転封《てんぽう》となり、鎌掛城・山屋敷も廃城されたようですが、築城から約２５０年にわたり、蒲生氏の歴史を見守り続けてきました。

　鎌掛を過ぎ、街道を南へ進むと、笹尾《ささお》峠を越え、甲賀《こうか》市土山《つちやま》町に入ります。さらに南進を続け、土山宿の西端で東海道と合流します。

（松下浩）

⬆鎌掛城跡と鎌掛宿

杣街道

甲賀《こうか》と伊賀《いが》を結ぶ杣《そま》街道の歴史は古く、近江に大津宮が営まれた7世紀にまでさかのぼります。平安時代に鈴《すず》鹿《か》越が取って代わるまで、東海道として機能していました。現在も、伊賀へ抜ける幹線道として利用され、並行してＪＲ草津線、県道４号などが整備されています。

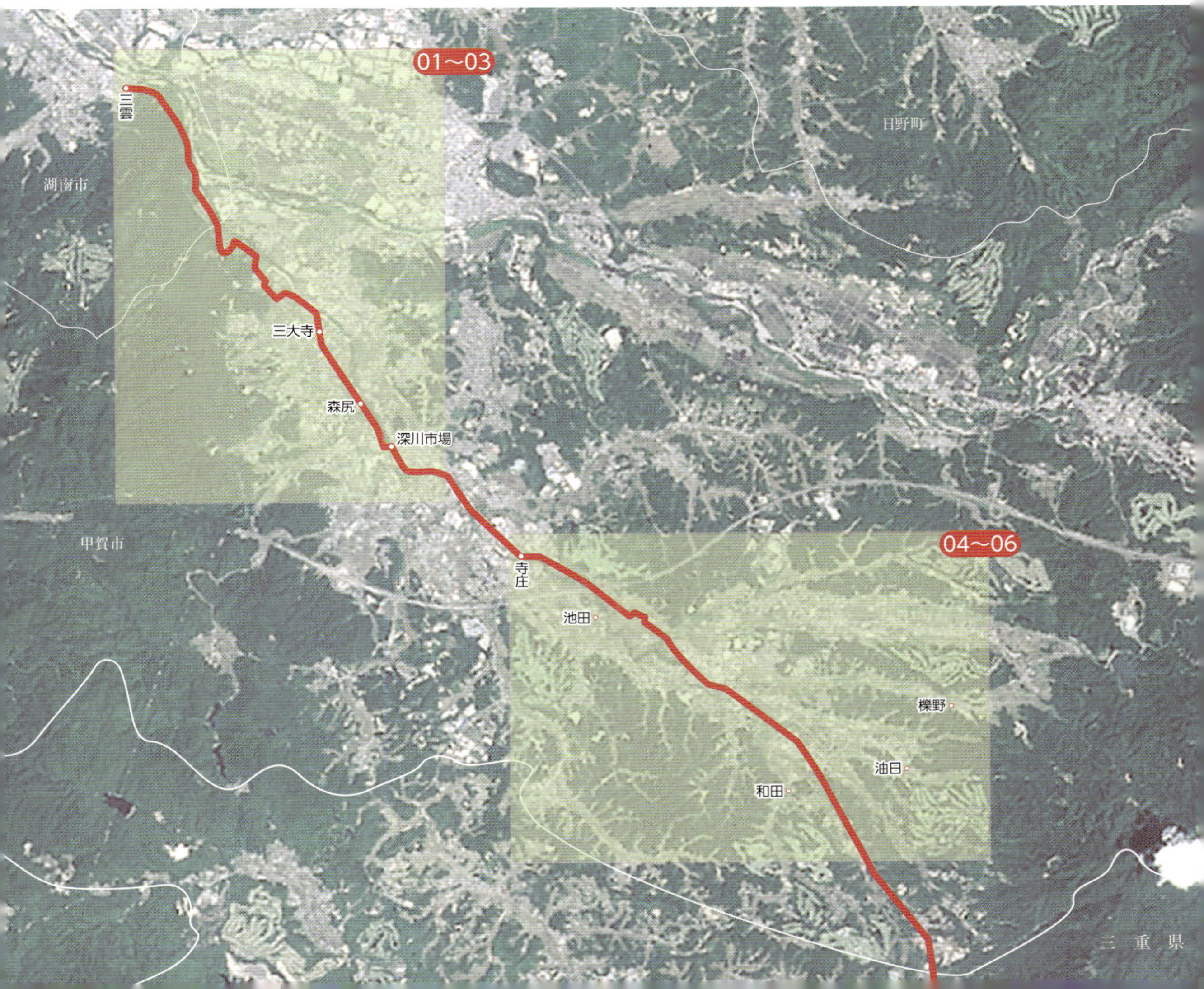

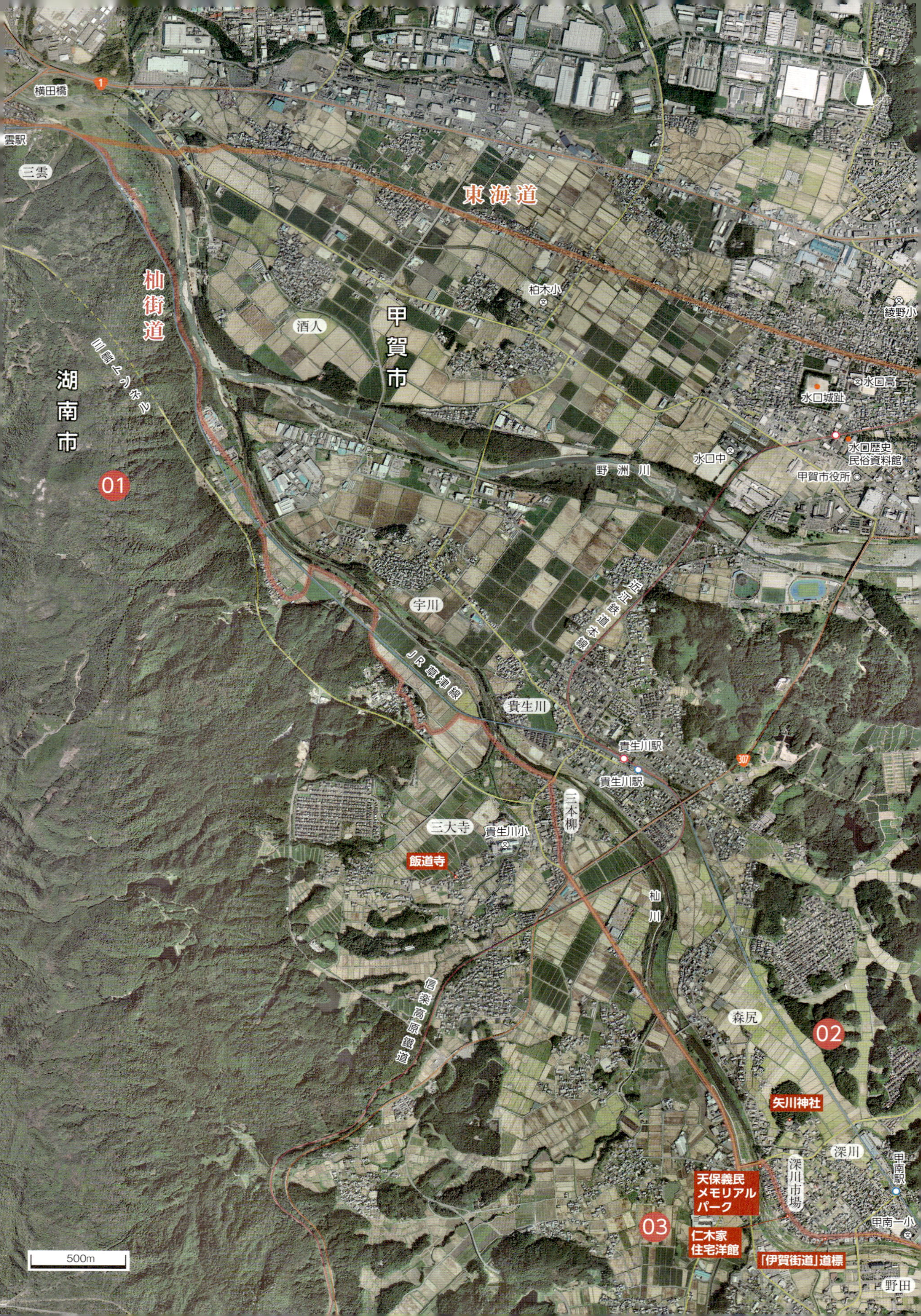

横田橋
雲駅
三雲
東海道
杣街道
三雲トンネル
湖南市
01
酒人
甲賀市
柏木小
綾野小
水口城趾
水口高
水口歴史
民俗資料館
水口中
甲賀市役所
野洲川
宇川
近江鉄道本線
JR草津線
貴生川
貴生川駅
貴生川駅
307
三本柳
三大寺
貴生川小
飯道寺
杣川
信楽高原鐵道
森尻
02
矢川神社
深川
甲南駅
深川市場
天保義民
メモリアル
パーク
03
仁木家
住宅洋館
「伊賀街道」道標
甲南一小
野田
500m

➡数多くの文化財を所有する飯道寺

⬇交通の要衝として栄えた三本柳の町並み

杣街道 01 三大寺

修験道の霊山　飯道山

甲賀市

信楽道と交差する三本柳

杣《そま》街道の近江側の始点は三雲《みくも》（湖南市三雲）です。ここから野洲《やす》川支流の杣川に沿って南東へ進むと、三大寺《さんだいじ》（甲賀市水口町三大寺）に至ります。

当地の三本柳《さんぼんやなぎ》地区は、杣川に面し、信楽《しがらき》道（水口と信楽を結ぶ街道）と交差する交通の要衝で、町場として繁栄しました。杣街道の整備にともない、酒造業などを営む多くの商人が移り住んだとされ、甲賀の特産として広く知られた前挽鋸《まえびきのこ》（製材用の木を縦に挽くノコギリ）は、当地の福本九兵衛《ふくもとくへえ》が京都の鍛冶屋に弟子入りしたことが、その始まりです。

三本柳は飯道《はんどう》山の登り口でもあり、街道辻には、「飯道寺《はんどうじ》」などと刻まれた道標が立っています。

全国の山伏を支配した飯道寺

標高664mの飯道山は古代より自然崇拝の対象とされ、中世以降は修験道《しゅげんどう》の霊山として信仰を集めました。その拠点として栄えたのが、甲賀市信楽町宮町《みやまち》にある飯道神社とその神宮寺である飯道寺です。修験道には当山《とうざん》派（真言宗《しんごんしゅう》系）と本山《ほんざん》派（天台《てんだい》宗系）の二大流派があり、飯道寺は当山派に属しました。

飯道寺は多くの僧坊を構え、そのなかでも梅本院と岩本院の二坊は、全国の当山派山伏《やまぶし》を支配する有力寺院の一つに数えられ、大和《やまと》国大峰《おおみね》山の諸堂管理を担うなど、絶大な権限を有しました。かつての繁栄を物語るように、山内には僧坊の遺構が累々と残されています。

飯道山の山伏の活動は、全国におよび、伏見稲荷《いなり》大社や多賀大社、石山寺といった有力社寺の勧進《かんじん》活動も請け負いました。また、諸国をめぐる際、漢方薬やもぐさなどの薬を売っていたことから、現在も盛んな甲賀の薬業の起源とみなされています。

大いに栄えた飯道山修験ですが、明治初年の神仏分離によって飯道寺は廃寺となります。その後、1892（明治25）年に飯道山の東麓にある本覚院がその法灯を引き継ぎ、飯道寺と改称しました。同寺に伝えられる阿弥陀如来《あみだにょらい》坐像（平安時代）、地蔵菩薩立像（鎌倉時代）、十一面観音立像（平安時代）にいずれも重要文化財に指定されています。

近代になって衰退した飯道山修験も現在は再興され、山中の行場《ぎょうば》では山伏による修行がおこなわれるなど、信仰の山としての命脈を保っています。（古川史隆）

⬆巨岩に囲まれた飯道山中腹の飯道神社（サンライズ出版撮影）

➡県指定有形文化財矢川神社楼門
⬇杣街道からみた矢川神社の参道

杣街道
02
森尻

矢川神社楼門

甲賀市

天保一揆の集結地の一つ、矢川神社

杣街道は、飯道《はんどう》寺の所在する三《さん》大寺《だいじ》を後に南下し、杣川の西側に沿って県道4号と重なって進みます。その後、街道は「矢川橋西」交差点で県道と分かれ、杣川を渡ります。この辺りは、杣川の支流の集まるところであり、奈良時代から甲賀の良質な木材を船で運ぶための「矢川津《やかわつ》」と呼ばれる湊《みなと》があったと言われています。

杣街道は、杣川を渡るとすぐ南に曲がり、森尻《もりしり》の南端を通過して深川市場《ふかわいちば》へ入りますが、北側には矢川神社の参道があり、その入口には石灯籠と石の鳥居が立っています。

矢川神社の創建に関する詳細は不明ですが、平安時代前期に編纂《へんさん》された延喜《えんぎ》式神名《しきじんみょう》帳に記されている甲賀八座のうちの「矢河神社」にあたると考えられます。

矢川神社は、1842（天保《てんぽう》13）年10月に甲賀・野洲・栗太《くりた》の三郡の農民数万人が幕府の見分《けんぶん》に反対して起こした大規模な一揆《いっき》の集結地の一つで、神社の鐘《かね》を合図に参加者が集結したと伝わります。「三上山《みかみやま》騒動」や「甲賀騒動」とも呼ばれるこの一揆は、明治前期の自由民権運動の原点ともいわれる有名なものです。

雨乞い祈願成就に寄進された楼門

さて、境内の南端に位置する鳥居をくぐり、参道を進むと石造の太鼓橋があり、その奥の石段上に県指定有形文化財である楼門《ろうもん》が建っています。さらに奥には拝殿と本殿が一直線上に並んでいます。

楼門は室町時代後期の1482（文明14）年に建立されたもので、「甲賀の雨宮」とも呼ばれ、雨乞い祈願の宮として知られた矢川神社に、大和国《やまとのくに》布留《ふる》郷《ごう》（現在の奈良県天理市周辺）の住人が祈願成《じょう》就《じゅ》の返礼として寄進したものと伝わっています。

楼門とは本来、2階建ての門を意味しますが、この門の2階部分は欠失しています。これは1573（天正元）年に、大風により2階の屋根が大破したものを、慶長年間（1596～1615）頃に今の姿に修理したためです。現在の屋根の小屋組には、2階の柱などの部材が利用されていることから、建立当初は2階建ての門であったことがわかります。

今からおよそ530年前に建てられた楼門は、その姿を変えながらも人々のさまざまな営みを見守り続けて来たのでしょう。

（尾山義高）

⬆矢川神社の石橋
（サンライズ出版撮影）

➡杣街道と伊賀街道の分岐点に立つ道標
⬅国登録有形文化財仁木家住宅洋館

杣街道
03
深川市場
明治にも繁栄した物資集散地

甲賀市

明治以降の繁栄を示す洋館

杣街道が森尻《もりしり》（甲南町森尻）の集落を過ぎ、矢川神社の門前を通過し、矢川橋の東詰めにある天保《てんぽう》義民を記念するメモリアルパークに達すると、深川市場《ふかわいちば》（甲南町深川市場）の集落の入り口となります。杣街道は集落の中へと続いていきます。

深川市場は杣川の東岸に広がる平坦地に形成された集落で、かつて杣川にあった矢川津《やかわつ》に近く、杣谷一帯の物資が集散される宿場町として繁栄した集落です。集落内には、商店や旅館を営む軒《のき》の低い町屋が残り、かつては街道に沿って軒を連ねていた町並みの面影が残っています。

集落の中には、国登録有形文化財である仁木家《にきけ》住宅洋館など、明治以降の「ハイカラな文化」をしのばせる建物も残り、近世だけでなく、近代にかけても深川市場が繁栄していたことを今に伝えています。

⬅天保義民メモリアルパークにあるモニュメント

伊賀街道が杣街道に合流

街道は、次の集落の寺庄《てらしょう》（甲南町寺庄）へ向かって進むと、集落の中ほどで杣川の流れに合わせて大きくカーブし、道の方向を東西に変えます。集落の北端から700mほど進んだこのカーブの終端付近で、南の伊賀方面に向かって進む道が分岐していきます。この分岐点には、正面に「伊賀街道」と刻まれた1889（明治22）年建立の道標が建っています。

近江と伊賀との間には、杣街道以外にも多数の道が通じていました。前述の道標に刻まれた「伊賀街道」は、東海道の水口《みなくち》宿から伊賀へと通じていた道です。水口で東海道から分岐した後、野洲川を越えて南へ進み、深川市場で杣街道と合流します。

合流後わずかながら伊賀街道は杣街道と経路を共有しますが、先ほど紹介した道標がある地点で杣街道から分岐すると、杣川を渡って、南方の龍法師《りゅうぼうし》（甲南町竜法師）の集落を経て、丘陵《きゅうりょう》と谷が入り組んだ地形が広がる一帯を通過し、やがて伊賀との国境に達し、上野《うえの》（三重県伊賀市）へ向かって進んで行きます。

川港に近く、近江から伊賀へと向かう2つの街道が交差する深川市場は、甲賀郡における水陸交通の要衝のひとつであったといえ、そのことが深川市場に宿場町、物資の集散地としての繁栄をもたらした背景であったといえるでしょう。

（上垣幸徳）

甲南高
寺庄駅
寺庄
六角堂
04
旧滋賀銀行
甲南支店
新名神高速道路
甲賀市
高野
池田
JR草津線
大原小
大原市場
甲賀中
甲賀駅
滝
檜尾神社
杣街道
07
櫟野寺
阿弥陀寺
櫟野
上野
極楽寺
油日小
油日駅
観音道
06
岳道
油日神社
油日
05
和田川
和田城館群
和田
500m
N

➡甲南町寺庄の交差点に建つ六角堂

⬅県指定有形文化財檜尾神社本殿

杣街道 04 寺庄—池田

檜尾神社本殿

甲賀市

十二支がデザインされている六角堂

深川市場を後に杣街道を南東へ進むと、甲南町寺庄《てらしょう》へ入り、六角《ろっかく》堂《どう》と呼ばれる地蔵堂が建つ交差点に出ます。この地蔵堂はその名のとおり、正六角形の平面を持ち、屋根は二重となっています。

各面の柱間《はしらま》の彫刻や、六角形の屋根の頂点に位置する隅棟《すみむね》の鬼瓦には十二支がデザインされています。棟札《むなふだ》の写から1788（天明8）年に建立されたことが明らかで、大工は甲南町池田《いけだ》の中村《なかむら》喜惣《きそ》治《じ》が務めたことがわかっています。

この中村姓の大工は、杣川をはさんで寺庄の対岸に位置する池田の檜尾《ひのお》神社本殿（県指定有形文化財）の建立にも関わっていました。

檜尾神社は、杣川南側のやや開けた谷間部の山裾に位置します。神社の草創については明らかではありませんが、1369（応安2）年に社殿を再造立したと伝わり、1580（天正《てんしょう》8）年の前身本殿の棟札が残ることから、中世には池田とそれに隣接する甲賀町滝《たき》の鎮守社として祀られていたと考えられます。

彩色・塗装がなされた檜尾神社本殿

檜尾神社本殿は、やや規模の大きい三間社流造《さんげんしゃながれづくり》で、正面に軒唐《のきから》破風《はふ》をつけます。蟇股《かえるまた》や向拝手《こうはいた》挟《ばさみ》といった装飾が施され、脇障子には龍やトラ、さまざまな種類の鳥をはじめとする動植物の彫刻が配されています。また、柱頂部やその上の組物、彫刻などには彩色、その他の木部は丹《たん》や胡粉《ごふん》などで塗装された、装飾性に富んだ華やかな本殿です。

2013（平成25）年から2016年にかけて行われた解体修理の際に棟札が発見され、1707（宝永4）年に建立されたことや、大工は池田の中村佐次衛門尉《さじえもんのじょう》が務めたことが明らかとなりました。

近世に入ると、彫刻を多用し、彩色を施すなど、華やかな本殿や仏堂建築が多く建てられるようになりますが、檜尾神社本殿は、地域の産土神《うぶすながみ》を祀る社殿の中で、建物全体に塗装、彩色が施された本殿として県内でも初期の例です。

部材に残された墨書から、大阪の大工や彩色の職人が造営に関わっていたことがわかっており、従来とは異なる「新しい」本殿を求めた意図がうかがえます。新しい建築技術や流行も街道を通って伝わったのかもしれません。

（尾山義高）

⬇杣街道沿いに残る旧滋賀銀行甲南支店。ヴォーリズ設計で1925（大正14）年築
（サンライズ出版撮影）

➡公方屋敷跡遠景

⬇和田惟政供養塔（左の宝塔）

杣街道

05

和田

公方屋敷跡

甲賀市

足利将軍に重用された和田惟政

JR草津線のおおむね南西側を通っていた杣街道は、甲賀《こうか》駅を過ぎたあたりで北東側にほぼ並行する県道4号と重なり南東に向かいます。JR草津線の滋賀県側最後となる油日《あぶらひ》駅前から南東へ徒歩数分、杣《そま》川を渡ると和田《わだ》川が流れる狭い谷と、その両側に高さ40mほどの丘陵地がひろがる甲賀町和田《わた》に至ります。

和田は、自治組織である甲賀郡《ぐん》中惣《ちゅうそう》の中核をなす甲賀五十三家の一つである和田氏の本拠地です。和田一族の中で時代の大きなうねりに翻弄《ほんろう》されたのが、室町幕府第13代将軍足利義輝《あしかがよしてる》・第15代将軍義《よし》昭《あき》の奉公衆として将軍を支え、織《お》田《だ》信長《のぶなが》にも重用された和田惟政《これまさ》です。JR油日駅の東側にある極楽《ごくらく》寺の境内に惟政の供養塔が建っています。

1565（永禄8）年5月1日、時の将軍足利義輝が三好《みよし》三人衆らに暗殺されました。義輝の弟で後に室町幕府最後の将軍足利義昭となる一乗院覚慶《いちじょういんかくけい》は、監禁されていた奈良興福《こうふく》寺から救い出され、この和田にかくまわれます。

後の足利義昭がかくまわれた公方屋敷跡

この時、覚慶がかくまわれたのが、和田谷を囲む丘陵上にある7つの城館跡で構成される和田城館群（甲賀市指定史跡）の一つである公方《くぼう》屋敷跡と伝えられています。

公方屋敷跡は、谷の入り口の近くにあり、和田城館群の中で唯一山麓の平場に郭《くるわ》があります。この郭は、背面は丘陵尾根、両側面を土塁《どるい》状に成形した小丘陵《しょうきゅうりょう》で囲まれた台形状を呈し、和田城館群の中で最大規模の約5000m²の広さがあります。

⬆和田城跡の郭と土塁

また、この郭を見下ろし、周囲の展望にも適した側面の丘陵尾根上にも郭があり、山麓の郭は「御《お》屋形《やかた》」＝居館にあたると考えられています。

覚慶は、和田に到着して間もなく、次期将軍を目指して上杉輝虎《うえすぎてるとら》（後の謙信《けんしん》）に室町幕府再興の意志表明をする手紙を送り、その後、近江矢島《やじま》（守山市）を経て朝倉氏を頼り越前《えちぜん》（福井県）に向かいます。覚慶は、「流浪《るろう》の将軍」とも称される将軍への道を、ここから踏み出していったのです。

（小竹森直子）

←重要文化財油日神社拝殿
↓杣街道沿いに建つ油日神社の一の鳥居

杣街道
06
油日

油日神社

甲賀市

東へそれると油日神社へ至る岳道

公方《くぼう》屋敷跡からJR油日《あぶらひ》駅に戻り、杣街道であったと思われる駅裏の県道135号を柘植《つげ》方面に進むと赤い鳥居が見えてきます。油日神社の一の鳥居です。ここでは、街道から脇にそれて、油日神社について紹介します。県道135号をこの鳥居のところで左折し、県道4号から県道131号につながる道を進みます。道は昔、油日神社・油日岳奥宮の参詣に使われた脇道で、「岳道《だけみち》」と称していました。

油日神社の最も古い記録は、古代日本の律令国家が編纂《へんさん》した六つの正史「六国史《りっこくし》」の一つ『日本三代実録』877（元慶元）年、「従五位下を授く」の記述です。創建は聖徳太子とされ、神社の南東にそびえる標高693mの油日岳に油日大神《あぶらひのおおみかみ》が降臨し大光明を発したということから山頂に奥宮が、北西麓に里宮が建立されたということです。油日岳の山頂には「岳大明神」と書かれた奥宮の祠《ほこら》があり、日本における代表的な水の神である罔象女神《みづはのめのかみ》が祀《まつ》られています。

甲賀衆の集会場ともなった油日神社

さて、油日大神が祀られている里宮は、本殿は1493（明応2）年建立の三間社流造《さんげんしゃながれづくり》檜皮葺《ひわだぶき》、拝殿は桃山時代建立の入母屋《いりもや》造檜皮葺、楼門《ろうもん》は1566（永禄9）年建立の入母屋造檜皮葺、回廊《かいろう》は室町時代後期建立の檜皮葺で、いずれも国の重要文化財に指定されています。

また、油日神社氏子地域に伝わる旱魃《かんばつ》時の雨乞い祈願の祭礼で、昔から不定期に行われてきた「太《たい》鼓踊《こおどり》」は国選択無形民俗文化財に、5年に一度行われる「奴振《やっこぶり》」は県選択無形民俗文化財になっています。

その地に神社に奉納されている「福太夫《ふくだゆう》の神面」1面と「ずずい子」1躯は県指定文化財になっており、隣接する甲賀市甲賀歴史民俗資料館で見学することができます。

2017（平成29）年、「忍びの里 伊賀・甲賀～リアル忍者を求めて～」が日本遺産に認定され、油日神社は、忍者の実像とされる「甲賀衆」の自治組織「甲賀郡中《ぐんちゅう》惣《そう》」の集会場として構成資産となりました。今もどこか忍者が潜んでいそうな空気がただよっています。一度立ち寄ってみてはいかがでしょうか。

（仲川靖）

←油日神社の奴振
（甲賀市教育委員会提供）

➡重要文化財木造観音菩薩立像
（櫟野寺蔵、写真は滋賀県教育委員会提供）

⬆櫟野から油日岳を望む

杣街道

07

櫟

観音堂を経て櫟野寺

　杣街道をさらに離
賀市甲賀町油日）か
ど進むと、ほどなく
甲賀町櫟野）の集
櫟野寺《らくやじ》へ参詣するた
が、油日から櫟野も
のです。
　油日岳を望む櫟野
な山林資源に恵まれ
業と林業が盛んです
寺として信仰を集め
まりも、樹木と関係
時代初期、伝教大《でんぎょうだい》
寺建立のための良
この地を訪れました
で出会ったイチイの
を刻み、櫟野寺の本
したと伝わります。
す「杣《そま》」の信仰です
　櫟野寺にはたくさ
があります。日本最

←重要文化財油日神社拝殿
↓杣街道沿いに建つ油日神社の一の鳥居

杣街道 06 油日

油日神社

甲賀市

東へそれると油日神社へ至る岳道

公方《くぼう》屋敷跡からJR油日《あぶらひ》駅に戻り、杣街道であったと思われる駅裏の県道135号を柘植《つげ》方面に進むと赤い鳥居が見えてきます。油日神社の一の鳥居です。ここでは、街道から脇にそれて、油日神社について紹介します。県道135号をこの鳥居のところで左折し、県道4号から県道131号につながる道を進みます。道は昔、油日神社・油日岳奥宮の参詣に使われた脇道で、「岳道《だけみち》」と称していました。

油日神社の最も古い記録は、古代日本の律令国家が編纂《へんさん》した六つの正史「六国史《りっこくし》」の一つ『日本三代実録』877（元慶元）年、「従五位下を授く」の記述です。創建は聖徳太子とされ、神社の南東にそびえる標高693mの油日岳に油日大神《あぶらひのおおみかみ》が降臨し大光明を発したということから山頂に奥宮が、北西麓に里宮が建立されたということです。油日岳の山頂には「岳大明神」と書かれた奥宮の祠《ほこら》があり、日本における代表的な水の神である罔象女神《みづはのめのかみ》が祀《まつ》られています。

甲賀衆の集会場ともなった油日神社

さて、油日大神が祀られている里宮は、本殿は1493（明応2）年建立の三間社流造《さんげんしゃながれづくり》檜皮葺《ひわだぶき》、拝殿は桃山時代建立の入母屋《いりもや》造檜皮葺、楼門《ろうもん》は1566（永禄9）年建立の入母屋造檜皮葺、回廊《かいろう》は室町時代後期建立の檜皮葺で、いずれも国の重要文化財に指定されています。

また、油日神社氏子地域に伝わる旱魃《かんばつ》時の雨乞い祈願の祭礼で、昔から不定期に行われてきた「太《たい》鼓踊《こおどり》」は国選択無形民俗文化財に、5年に一度行われる「奴振《やっこぶり》」は県選択無形民俗文化財になっています。

その地に神社に奉納されている「福太夫《ふくだゆう》の神面」1面と「ずずい子」1躯は県指定文化財になっており、隣接する甲賀市甲賀歴史民俗資料館で見学することができます。

2017（平成29）年、「忍びの里 伊賀・甲賀～リアル忍者を求めて～」が日本遺産に認定され、油日神社は、忍者の実像とされる「甲賀衆」の自治組織「甲賀郡中《ぐんちゅう》惣《そう》」の集会場として構成資産となりました。今もどこか忍者が潜んでいそうな空気がただよっていま す。一度立ち寄ってみてはいかがでしょうか。

（仲川靖）

←油日神社の奴振
（甲賀市教育委員会提供）

重要文化財木造観音菩薩立像
（櫟野寺蔵、写真は滋賀県教育委員会提供）

櫟野から油日岳を望む

杣街道 07 櫟野

櫟野寺　杣人たちと観音の里

甲賀市

観音堂を経て櫟野寺へ

杣街道をさらに離れ、油日《あぶらひ》（甲賀市甲賀町油日）から北へ1㎞ほど進むと、ほどなく櫟野《いちの》（甲賀市甲賀町櫟野）の集落へ至ります。櫟野寺《らくやじ》へ参詣するための「観音《かんのん》道」が、油日から櫟野まで通っているのです。

油日岳を望む櫟野の地は、豊かな山林資源に恵まれて古くから農業と林業が盛んです。集落の祈願寺として信仰を集める櫟野寺の始まりも、樹木と関係します。平安時代初期、伝教大師最澄《でんぎょうだいしさいちょう》が延暦寺建立のための良材をもとめて、この地を訪れました。最澄はここで出会ったイチイの霊木に観音像を刻み、櫟野寺の本尊として安置したと伝わります。材木を伐《き》りだす「杣《そま》」の信仰です。

櫟野寺にはたくさんの古い仏像があります。日本最大の十一面観音坐像である本尊をはじめ、平安時代の仏像だけでも20体になります。そのうち観音像が12体も含まれ、日本中でもこれほど多数の古像を伝える寺は稀《まれ》です。同じ櫟野の阿弥陀《あみだ》寺にも平安時代の仏像が3体あります。

湖北に匹敵する甲賀の観音の里

県内では長浜市が観音信仰の盛んな地として知られますが、重要文化財の観音像の数では櫟野集落だけで、ほぼ長浜市全体に匹敵します。まさしく「観音の里」といえるでしょう。

櫟野の人びとと観音像との関わりも近しく、初詣や花祭り、千日参り、相撲《すもう》など、年中行事のたびごとに櫟野寺への参詣が行われるほか、「わしら観音さんに遊んでもろた」と懐かしむ高齢者がおられます。かつて地域の子どもたちは観音像に手で触れ、信仰を深めたことがあったようです。

最澄は、すべての命が平等であることや、すべての人を残らず救う「菩薩《ぼさつ》」の精神の尊さを説きました。木の命について気付きを与え、子どもたちに優しい眼差しを向ける櫟野寺の観音菩薩群像は、最澄の教えを伝え続けてやみません。

2018（平成30）年10月から間近に平安の観音群像を拝観することができるようになりました。

さて、櫟野から杣街道に戻ると、五反田《ごたんだ》（甲賀市甲賀町五反田）から南進して県境を越え、伊賀国柘植《つげ》（三重県伊賀市柘植町）へと至ります。県境には「是《これ》より南、三重県管轄」などと刻まれた1904（明治37）年建立の石碑が建っています。杣街道はここで終わりです。

（井上優）

櫟野寺本堂

東海道

東海道《とうかいどう》は、古代から畿内と東国を結んだ主要幹道で、江戸時代の五街道の一つです。江戸から太平洋岸を通った街道は、鈴鹿《すずか》峠を越えて近江国《おうみのくに》に入ります。野洲《やす》川に沿って湖南の平野部に至り、草津《くさつ》宿で中山道《なかせんどう》と合流、瀬《せ》田《た》川を渡り、大津《おおつ》宿を経て京へ向かいました。

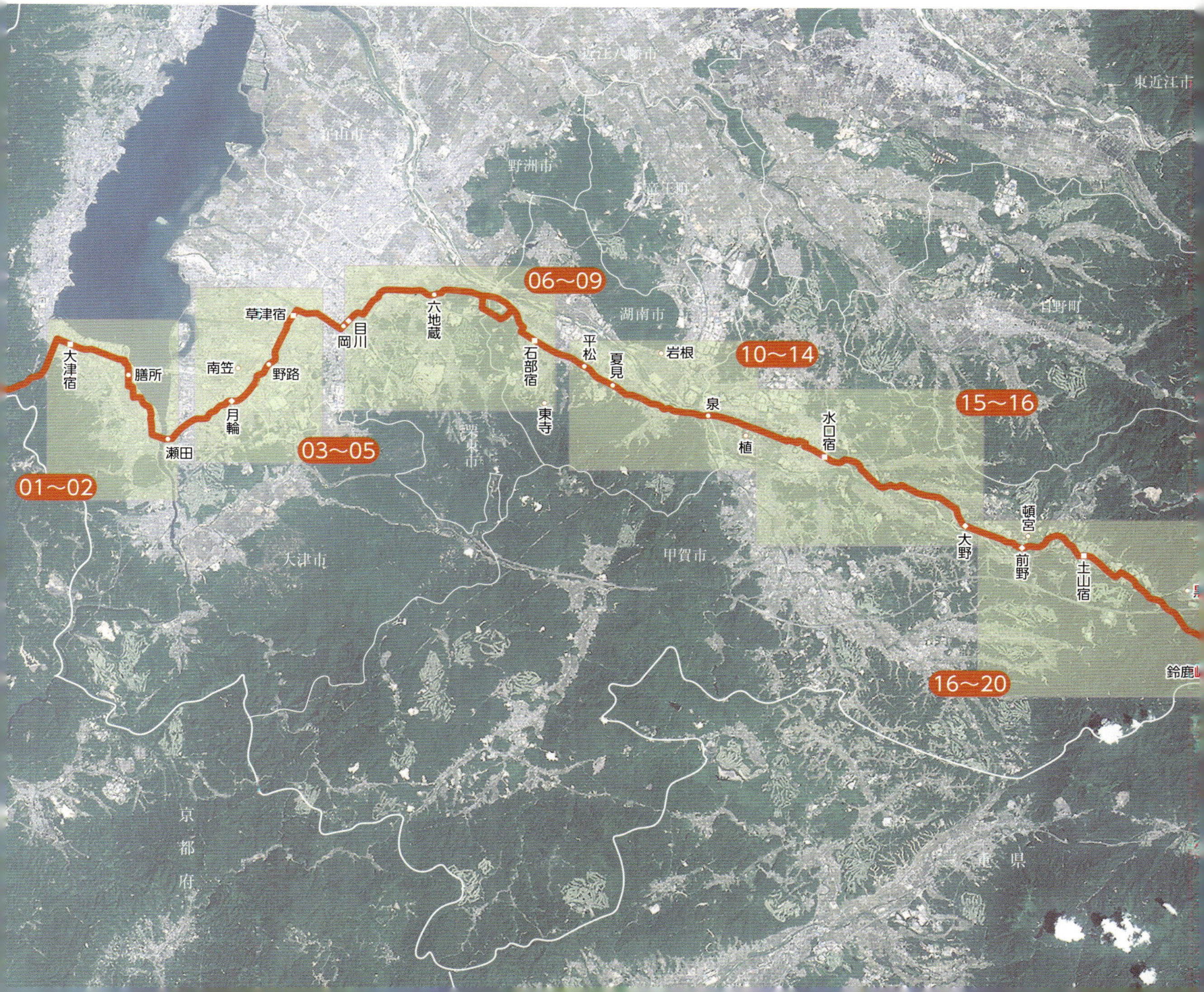

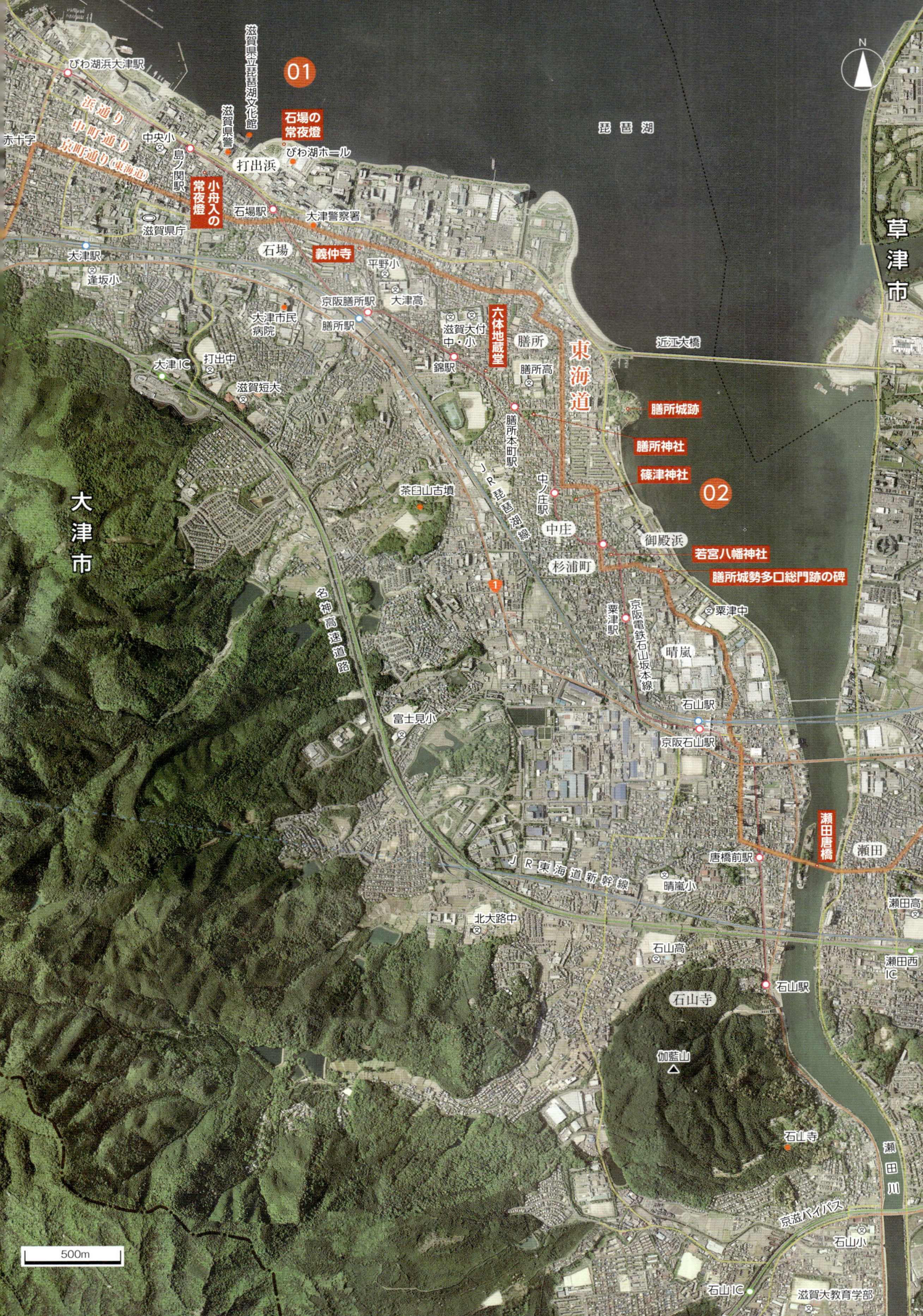
N
01
02
びわ湖浜大津駅
滋賀県立琵琶湖文化館
滋賀県警
石場の常夜燈
びわ湖ホール
打出浜
琵琶湖
浜通り
中町通り
京町通り(東海道)
赤十字
中央小
島ノ関駅
小舟入の常夜燈
石場駅
大津警察署
滋賀県庁
大津駅
逢坂小
石場
義仲寺
平野小
京阪膳所駅
大津高
膳所駅
大津市民病院
滋賀大付中・小
六体地蔵堂
膳所
東海道
近江大橋
草津市
錦駅
膳所高
大津IC
打出中
滋賀短大
膳所城跡
膳所神社
篠津神社
膳所本町駅
JR琵琶湖線
茶臼山古墳
中ノ庄駅
中庄
御殿浜
若宮八幡神社
膳所城勢多口総門跡の碑
杉浦町
大津市
名神高速道路
粟津中
粟津駅
京阪電鉄石山坂本線
晴嵐
石山駅
京阪石山駅
富士見小
瀬田唐橋
瀬田
唐橋前駅
JR東海道新幹線
晴嵐小
瀬田高
北大路中
石山高
瀬田西IC
石山駅
石山寺
伽藍山
石山寺
瀬田川
京滋バイパス
石山小
石山IC
滋賀大教育学部
500m

➡なぎさ公園に建つ石場の常夜燈
⬅小舟入の常夜燈

東海道 01

大津―膳所

石場と小舟入の常夜燈

大津市

矢橋とも結ばれた小舟入の常夜燈

大津の町は湖岸に沿って東西方向に広がり、北から浜通、中町通、京町通（東海道）の3本の道が幹線道路として東西に貫通しているのが特徴です。このうち浜通を東に進み、ゆば八《はち》大津本店を過ぎて次の十字路を左に曲がると小舟入《こぶないり》の常夜燈があります。小舟入は次に述べる石場《いしば》とともに矢橋《やばせ》（草津市矢橋町）との間の渡し船でにぎわっていました。

一方、もっとも南を通る京町通を西に進むと国道161号京町一丁目の交差点に着きます。東海道はそこを左折して京に向かいます。一方直進すると西近江路の最初で紹介した場所につながります。

大津は複数の街道と湖上交通が行き交う交通の要所で、江戸時代を通じて近江の経済の中心として繁栄したのです。

発起人の名を刻む石場の常夜燈

さて、東海道を東へ進むと、京《けい》阪《はん》石山坂本線の線路を横断し、大津警察署前を通ります。左手に大津警察署があるあたりが、かつて石場の港があった場所で、大津の町の東のはずれに位置します。

この港は、「近江名所図会《ずえ》」にも描かれており、江戸時代、対岸の矢橋の港との間を結ぶ渡し船が多くの旅人たちに利用されていました。

石場の港には小舟入と同様に常夜燈がありました。この常夜燈は1845（弘化2）年に現在の大津警察署駐車場付近に建てられました。その後、湖岸の埋立てが進む中、1968（昭和43）年に滋賀県立琵琶湖文化館前に移され、平成17年に、現在建っているなぎさ公園（大津市打出浜《うちではま》）に移されました。

常夜燈は高さ8mにおよぶ巨大なもので、基壇部分に大津の鍵屋傳兵衛《でんべえ》をはじめとした発起人《ほっきにん》の名が刻まれています。その中には近江以外に、大坂や、京、尾張《おわり》などの人名も見え、この石場の港が多くの人に利用されていたことがうかがえます。巨大な常夜燈は、港や街道を行き交う多くの人々の道しるべとして、旅の安全を見守っていたのでしょう。

木曽義仲《きそよしなか》と松尾芭蕉《まつおばしょう》の墓がある義仲寺《ぎちゅうじ》の門前を過ぎ、膳所《ぜぜ》城下町の西の端である大津口総門跡の鍵《かぎ》の手の辻を通過して東海道を進むと、膳所城下へと入っていきます。

（松下浩）

⬆大津町の入口を通る東海道

➡膳所城から移築された重要文化財の膳所神社表門

⬇膳所神社表門袖塀の瓦　膳所城三の丸跡で出土した瓦と同じもの

（2点ともサンライズ出版撮影）

東海道

02

膳所—瀬田

膳所城跡

大津市

移築されて残る膳所城の建築物

膳所《ぜぜ》は膳所城の城下町で、膳所藩の藩政の中心地です。城下町に入った東海道を南下すると、城の大手口に近い膳所神社の前に出ます。

ここを左に折れ、まっすぐ進むと膳所城跡です。膳所城は琵琶湖に突き出た膳所崎に天下普請《ぶしん》で築造されました。「日本三大湖城」の一つにも数えられた美しい城は、湖岸の埋め立てや市街化にともない建物や石垣が失われました。

ただ、城から移築された建物が12棟残され、往時をしのぶことができます。このうち城下町には、膳所神社表門や北門、南門のほか、篠津《しのつ》神社表門や若宮八幡神社表門、六体地蔵堂があり、城郭の建築を今に伝える貴重な文化財です。

屋根の瓦は修理などで葺《ふ》き替られることが多いですが、古い瓦が利用されてそのまま残っているものもあります。膳所城三の丸跡の発掘調査では大量の瓦が出土しました。その中には膳所神社表門の袖塀《そでべい》や、矢橋《やばせ》（草津市）の鞭崎《むちざき》神社表門の袖塀と同じ形状の瓦があります。

その形状の一例は、瓦の先端の正面に施された唐草《からくさ》文様の右隅に「九」の文字が刻まれているのが特徴で、どちらの神社でも見ることができます。建物を見学する際には、屋根の瓦にもぜひ目を向けてください。

いくども日本史の舞台となった瀬田唐橋

城下町の南の出入口は勢多口《せたぐち》総門で、堀に囲まれた門と番所があったことが絵図などからわかっていますが、現在は建物などは残っておらず、鍵《かぎ》の手に屈曲する道の形だけが当時の様子を伝えています。

膳所城下を過ぎ瀬田川に沿って南下すると、やがて東海道は瀬田《せた》唐橋《からはし》（大津市）を渡ります。武田《たけだ》信玄《しんげん》が死ぬ時、「瀬田橋に風林火山の旗を立てよ」と言い残しましたが、琵琶湖から流れ出る唯一の川を渡る戦略的に重要なこの橋は、日本史の舞台としてたびたび登場しています。

ただ、大友皇子《おおとものおうじ》と大海人皇子《おおあまのおうじ》が争う壬申《じんしん》の乱の決戦場となった古代の橋は、現在の橋から約100m下流に架かっていたことが、近年の河床《かしょう》工事にともなう発掘調査で遺構が見つかり判明しています。

さて、橋を渡った東海道は、北東へ向きを変え、月輪立場《つきのわたてば》へと向かいます。

（岩橋隆浩）

⬆膳所城公園に建つ天守跡の碑

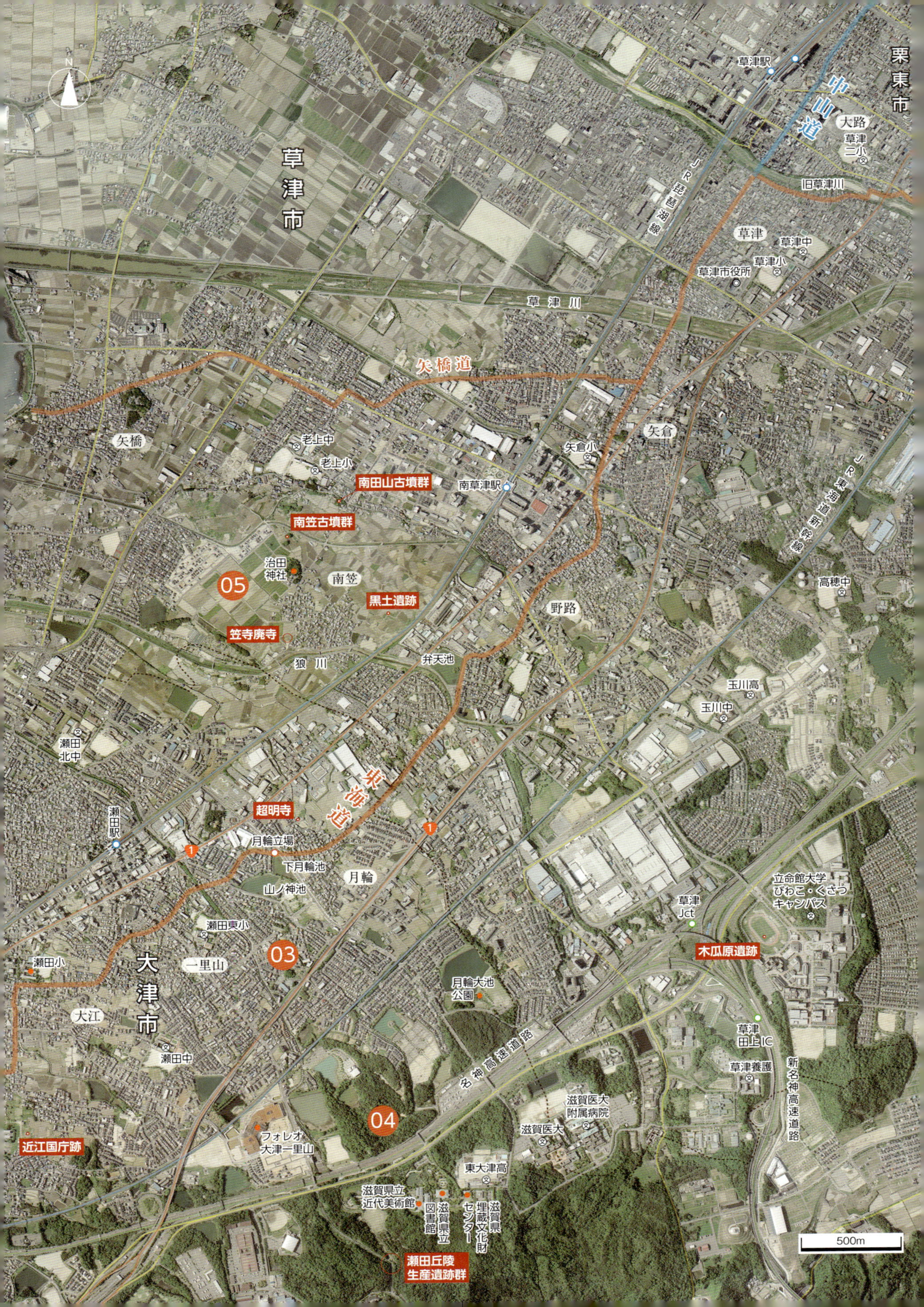
栗東市
草津駅
中山道
大路
草津二小
旧草津川
草津市
JR琵琶湖線
草津
草津中
草津小
草津市役所
草津川
矢橋道
矢橋
老上中
老上小
矢倉
矢倉小
南田山古墳群
南草津駅
JR東海道新幹線
南笠古墳群
治田神社
05
南笠
黒土遺跡
高穂中
野路
笠寺廃寺
狼川
弁天池
玉川高
玉川中
瀬田北中
東海道
超明寺
瀬田駅
1
月輪立場
下月輪池
月輪
山ノ神池
立命館大学びわこ・くさつキャンパス
草津Jct
瀬田東小
木瓜原遺跡
03
瀬田小
大津市
一里山
月輪大池公園
大江
草津田上IC
名神高速道路
瀬田中
草津養護
新名神高速道路
滋賀医大附属病院
04
フォレオ大津一里山
滋賀医大
近江国庁跡
東大津高
滋賀県立近代美術館
滋賀県立図書館
滋賀県埋蔵文化財センター
瀬田丘陵生産遺跡群
500m

➡月輪立場跡の石碑

⬅養老元年の銘を刻む、超明寺碑（超明寺蔵）

東海道

03 月輪

月輪立場と超明寺碑

大津市

宿場間の休憩所として栄えた立場

大津《おおつ》宿と草津《くさつ》宿の間には、「月《つきの》輪《わ》立場《たてば》」（大津市月輪）がありました。立場というのは江戸時代、宿場と宿場の中間地点に設けられ、旅人に昼食や茶菓子などを提供した休憩所のことです。

安倍川餅《あべかわもち》や桑名《くわな》の焼きハマグリなど、名だたる街道の名物が誕生する場所でもありました。近江でも走井《はしり》餅・大津絵・大津算盤《そろばん》（大津市）、姥《うば》が餅（草津市）、目川田《めがわでん》楽《がく》・和中散《わちゅうさん》（栗東市）、かんぴょう・蟹《かに》が坂飴《あめ》（甲賀市）などが、実は宿場ではなく立場で生まれています。

古代の石碑として再評価される超明寺碑

東海道の月輪立場にも茶店があったようですが、きわだった名物が知られているわけではありません。ここで注目したいのは「超明寺碑」と呼ばれる古代の石碑です。２０１７（平成29）年、ユネスコ世界の記憶に群馬県の「上野《こうずけ》三碑《さんぴ》」が登録されました。大津市月輪の超明寺《ちょうめいじ》に所蔵される石碑には７１７（養老元）年の銘が刻まれ、上野三碑とほぼ同じ時代のものです。

高さ40・6cmの堆積岩《たいせきがん》の一面を平らに成形し、「養老元年十月十日石柱立《たつ》、超明僧《ほうし》」と刻みこんでいます。江戸時代の１６７６（延宝４）年、新田開発中に月輪大池《おおいけ》から出土したもので、何かの記念碑だったと考えられます。

発見者の子孫からこれを寄贈されたのが月輪立場近くにある超明寺で、碑文に刻まれた「超明僧」の名にちなんで寺号が名づけられています。ただし養老元年に10月は存在しないことから、歴史学会では長く偽銘《ぎめい》とされてきました。

ところが近年、国立歴史民俗博物館の企画展示図録などで、「超明寺碑」を再評価して正しく古代に制作された石碑である可能性を認める説が示されています。実際には養老元年11月17日の改元後に作られながら、過ぎた10月10日の事業を記念するにあたって、あえて新元号を称した可能性もあるというわけです。

なるほど、刻まれた文字の書風は奈良時代前期の雰囲気をもっていて、風格あるものです。銘文の周囲に界線を刻むのも、古代石碑の特徴です。果たして本当に古代の石碑か、否か。発見から３４０年以上を経て今、謎を秘めた石に再び熱い視線が注がれつつあります。

（井上優）

⬇一里塚跡

➡整備された野路の玉川跡（野路町内会提供）

⬇野路小野山製鉄遺跡から発見された製鉄炉群

東海道

04 野路

製鉄遺跡と野路の玉川

草津市

歌にも詠まれた湧水・野路の玉川

月輪立場を過ぎ、東海道を北上すると、やがて野路《のじ》という地域に入ります。かつてここは、日本六玉川の一つ「野路の玉川」と呼ばれる美しい湧水の川として有名でした。平安時代の歌人　源　俊頼《みなもとのとしより》など多くの歌人の歌に、「野路の玉川」が登場しています。また、江戸時代の「東海道名所図会《ずえ》」にも「玉川跡」と紹介されています。

古代の官営工房跡

この野路には、奈良時代に製鉄を行った野路小野山《のじおのやま》製鉄遺跡があります。この遺跡では製鉄炉が12基、製鉄に使用する木炭をつくる木炭窯《がま》が6基、製鉄を管理する建物や、工房と考えられる建物が見つかっています。

また近くにある木瓜原《ぼけわら》遺跡（草津市野路町）も製鉄を中心とした遺跡で、現在、立命館大学びわこ・くさつキャンパス内に保存されています。

このように野路から瀬田にかけて位置する瀬田丘陵《きゅうりょう》には、古代の製鉄遺跡や須恵器《すえき》などを作った窯跡などの生産遺跡が点在しており、古代の工業地帯にあたるとされています。さらに当時、近江国の中心であった近江国庁跡もこの瀬田丘陵上に位置していることから、これらの遺跡は官営の工房であった可能性が高いと考えられています。なお、野路小野山製鉄遺跡は１９８５（昭和60）年に史跡に指定されたのち、２００５（平成17）年に瀬田丘陵の他の生産遺跡との関連から、瀬田丘陵生産遺跡群と名称を変更されています。

ところで、なぜ瀬田丘陵に生産遺跡が多く営まれたのでしょうか。一つめの理由としては、瀬田丘陵の地形や燃料となる山林資源が近くで手に入ることが考えられます。二つめとしては、その地理的な位置が大きな要因と考えられます。それは瀬田丘陵の北西から西にかけて、ちょうど丘陵の麓に古代の東山道《とうさんどう》（その後の東海道）が通り、さらに西には琵琶湖または瀬田川が流れており、陸運と水運両方に恵まれた地域であったことです。

このように瀬田丘陵の生産遺跡は原材料や生産した鉄製品を運ぶにも利点が多く、さらに近くに近江国の中心の近江国庁跡もあることから、当時の鉄製品等の生産体制を非常によく示す遺跡ということができます。

（福西貴彦）

⬇木瓜原遺跡の須恵器窯完掘状況（上方から）

東海道

05

南笠

黒土遺跡

草津市

➡黒土遺跡で発見された長舎跡
（草津市教育委員会提供）

⬇南笠古墳群遠景

県内最大級の古代建物遺構

道は野路を過ぎ、東海道を草津宿へと向かいます。途中、瀬田駅から南草津駅周辺で、最近の発掘調査により、この地域の歴史について新たな発見がありました。

草津市南笠《みなみがさ》町に所在する黒土《くろつち》遺跡では、建物跡と道路状の遺構が発見されました。建物跡は、梁《はり》行《ゆき》（幅）6m、桁行《けたゆき》（奥行）45mの規模で、約3mおきに柱跡が並ぶ、掘立柱《ほったてばしら》建物と呼ばれるものです。周辺から出土する土器から奈良時代に建てられたものと考えられています。

注目されるのは建物の規模です。大津市にある近江国庁跡の東脇殿《ひがしわきでん》とほぼ同じ大きさで、官衙《かんが》と呼ばれる古代の地方行政機関以外では県内最大級の建物遺構です。このような細長い建物は「長舎《ちょうしゃ》」と呼ばれ、県内では栗東《りっとう》市の岡《おか》遺跡でも発見されています。岡遺跡は古代の栗太郡衙《くりたぐんが》跡と推定されており、黒土遺跡で発見された長舎も、公的な機能を持っていた可能性が考えられます。

東山道だった可能性のある道路状遺構

道路状遺構は、長舎建物に近接して発見されました。幅が約12mで、両側には側溝を備えていました。同様の事例は甲良《こうら》町の尼子西《あまごにし》遺跡でも発見されており、ここでも幅12m以上で、両側に側溝がありました。尼子西遺跡の道路状遺構は奈良時代の官道である東山道《とうさんどう》と想定されていることから、今回発見された黒土遺跡の道路状遺構についても東山道の可能性が指摘されています。

南笠周辺ではこのような公的施設や官道のほかに、南田山《なんだやま》古墳群（野路町）や南笠古墳群（南笠町）といった、古墳時代中期から後期にかけて造られた前方後円墳や円墳が現在でも残っています。さらに、白鳳時代に創建され、平安時代の初め頃までは存続したと考えられる笠寺《かさでら》廃寺（草津市南笠町）も近接して建立されていたこともわかっています。

今回の長舎の発見によって、南笠周辺は、古代の草津市南部において特別な役割を担った場所だった可能性が浮かんできました。周辺の調査成果とあわせることで、その役割はさらに具体的に明らかにすることができるでしょう。

（松室孝樹）

⬇発掘調査で発見された道路状遺構
（草津市教育委員会提供）

野洲市
湖南市
栗東市
東海道
JR東海道新幹線
JR草津線
名神高速道路
新善光寺
菩提寺小
栗東第二IC
葉山中
手原駅
六地蔵
旧和中散本舗
大角家住宅
日向山
伊勢落
下道
上道
上鈎
上鈎池
栗東高
栗東市役所
安養寺
県立
聾学校
川辺
治田小
栗東中
小野
栗東IC
栗東湖南IC
栗東歴史
民俗博物館
治田東小
灰塚池
目川池
金勝川
目川立場
目川
地山古墳
岡遺跡
岡
下戸山
草津川
06
07
08
09
石部駅
一里塚跡
三大寺本陣跡
石部宿
小島本陣跡
愛宕神社(西清水町)
愛宕神社(中清水町)
石部
雨山
湖南市東海道石部宿
歴史民俗資料館
石部中
石部小
石部南小
石部高
金勝小
JRA栗東
トレーニング
センター
常楽寺
西寺
東寺
長寿寺
落合川
500m

←元伊勢屋の跡地に立つ「伝楽発祥の地」の石碑

↓地山古墳

東海道 06 岡—目川

目川田楽と古墳

栗東市

目川田楽発祥の地・岡

南笠を出て東海道をさらに進むと、東海道と中山道の分岐点に草津宿があります。草津宿を過ぎると東海道は旧草津川に沿って東南に進み、新幹線の高架をくぐります。そして草津川と金勝《こんぜ》川の合流点付近で大きく左へ曲がり、栗東《りっとう》市岡《おか》の集落へと入っていきます。

岡といえば「目川田楽《めかわでんがく》」。目川田楽とは、豆腐の味噌田楽と菜《な》飯《めし》をセットにした食べ物です。東海道目川立場《たてば》を中心に発展し、やがて諸国へと広がっていきました。

金勝川の西側に沿って、目川の集落に入るまでの約300mのあいだに、目川田楽のはじまりである3軒の茶屋「京伊勢屋」「小島屋」「元伊勢屋」がありました。それらの跡地には現在、石碑が建てられており、岡が目川田楽発祥の地であることを今に伝えています。

帆立貝形古墳や郡衙跡

岡周辺では、古墳や遺跡が多く発見されています。岡の集落と名神高速道路の間に広がる田畑の中にある小山は、地山《じやま》古墳です。地山古墳は、空から見ると帆立貝《ほたてがい》のような形をした帆立貝形古墳です。古墳周辺の調査で、家形埴輪《いえがたはにわ》などが発見されました。県内最大の帆立貝形古墳である栗東市の椿山《つばきやま》古墳と類似する部分も多くみられ、5世紀ごろに、この地域を治めていた人物の墓であると考えられています。

地山古墳に隣接する岡遺跡は、栗東市下戸山《しもどやま》、岡、目川にまたがる遺跡です。旧栗東町や滋賀県によって発掘調査が行われた結果、溝に囲まれた区画の中に、整然と並ぶ多数の建物や、正倉《しょうそう》にあたるとされる倉庫群、館、塀や門の跡が発見されました。建物の配置や規模などから、奈良時代の役所にあたる近江国栗太郡衙《くりたぐんが》であると考えられています。

この遺跡は、草津川と金勝川に挟まれた丘陵地の小高い場所に立地しており、当時は琵琶湖や湖畔に広がる平野部を見渡すことのできる小高い場所で、ながめの良い役所だったに違いありません。

後の時代に、東海道を行き交う多くの人々に親しまれた名物の目川田楽。周辺の古墳に眠る首長や、かつて郡衙で働いていた役人たちもその様子を見て、きっと「田楽、おいしそうだなあ」と思ったことでしょう。

（内藤千温）

→目川にある一里塚跡の石碑
（サンライズ出版撮影）

←重要文化財大角家住宅正面全景
↓東海道六地蔵の入口

東海道
07
六地蔵

旧和中散本舗

栗東市

間の宿として栄えた六地蔵

岡遺跡・地山《じやま》古墳を右手に見ながら東海道を北東に進むと、JR草津線の線路の手前で街道は東に向きを変えます。そのまま線路と平行に進むと、やがて六地蔵《ろくじぞう》（栗東市六地蔵）の集落にたどり着きます。六地蔵は、旧東海道の草津宿と石部《いしべ》宿の中間にあって、古来より休息をする間《あい》の宿《しゅく》（立場《たてば》ともいう）として栄えてきました。

現在は国道1号が北を通り、南側の山裾には名神高速道路も開通して、主要道としての役目は他に譲ってしまいましたが、道路を挟んで帯状に続く家並みには街道筋の面影を残しています。

名物の製薬販売店が現存

六地蔵は、和中散《わちゅうさん》と呼ばれる薬の製造販売が盛んなところで、道行く人に語りつがれた東海道の名所の一つでした。当時は薬店が軒《のき》を連ねていましたが、現在も薬屋を業《なりわい》としていた家が数軒残っており、元禄頃（1685～1695）に建築された重要文化財大角《おおすみ》家住宅では当時の薬製造の現場を見学することができます。

大角家は、屋号を「ぜさいや」といい、数多い薬店の中でも特に「和中散本舗《わちゅうさんほんぽ》」と称して、製薬販売のほか、間の宿の本陣も兼ねて、古くから人々に知られていました。

予約見学が可能な大角家住宅は、間口《まぐち》10間《けん》の店舗で、大看板、湯沸釜《ゆわかしがま》を街道に面した表に備え、製薬所には木製車輪と木製歯車によって人力で操作される製薬用の石臼《いしうす》を据《す》えています。店舗の奥には、台所および居間があり、店舗に並ぶ正門の奥には、玄関と11室の座敷が設けられています。さらに、街道を挟んで向かいには隠居所などを有する大邸宅で、旧和中散本舗として国の史跡に指定されています。

この建物では現在も所有者である大角氏が生活をされており、常時公開はしていませんが、予約をすれば見学することができます。かつて、製薬に使われていた仕事場の木製大歯車や、1826（文政9）年にドイツの医師・博物学者シーボルトが立ち寄った店舗、1868（明治元）年に明治天皇東行の際に御休憩所とされた書院、日向山《にっこう》を借景《しゃっけい》とする国指定名勝大角氏庭園など見どころ満載です。長い歴史の中で多くの人々が立ち寄った間の宿である旧和中散本舗で、江戸時代の製薬技術や店舗の様子などに思いを馳《は》せてみてはいかがでしょうか。

（福吉直樹）

←国指定名勝大角氏庭園
（びわこビジターズビューロー提供）

石部宿の町並み

小島本陣跡

東海道

08 石部

石部宿

たびたびの洪水により山越の上道を整備

栗東《りっとう》市六地蔵《ろくじぞう》の旧和中散本舗《きゅうわちゅうさんほんぽ》をあとにしてさらに東海道を進みます。栗東市林《はやし》の新善光寺《しんぜんこうじ》へと至る新善光寺道との分岐点に立つ道標を過ぎ、栗東市伊勢落《いせおち》を経て名神高速道路のトンネルに至ると、道は上道《うわみち》と下道に分かれます。

下道は、正規のルートで野洲《やす》川沿いを通る道ですが、洪水でたびたび通行できなくなったため、山を越えて行く上道が1682（天和2）年以降に整備されました。上道は厳しい山道だったので、道沿いには旅人の安全のため5軒の茶屋が作られていました。今は、地名「五軒茶屋」として知ることができます。

上道と下道の間の山は、現在大きく削り取られていますが、江戸時代から今に続く生産遺跡の跡として有名な場所でした。山では銅鉱石の採掘、製鉄、石灰岩の採掘、砥石《といし》の採掘や生産、磨き砂の採掘、陶土採掘（これで石部焼を焼いた）など数多くの生業が行われていました。

もともと伊勢参宮のルートにあった石部宿

さて、道は一里塚跡（銀色の解説板が目印）を経て、右折（下横町）して左折（上横町）する鈎《かぎ》の手に入ります。当時はやった豆腐田楽《でんがく》を再現した田楽茶屋の前に出ると、ここからが石部《いしべ》宿です。宿は近世東海道が整備される前から伊勢参宮のルートとしても有名で、「京立ち石部泊り」という言葉があったように、足利義満《あしかがよしみつ》や徳川《とくがわ》家康など歴史上の有名人が多数宿泊していたことで知られています。

真明《しんみょう》寺、浄現《じょうげん》寺の石碑を過ぎると、江戸時代には小島《こじま》本陣と三《さん》大寺《だいじ》本陣という2つの本陣がありました。かつてはこの2つが休泊する諸大名を激しく奪いあったと伝えられています。問屋場のあった交差点をわたり、小池町、西清《いしし》水《みず》町の愛宕《あたご》神社、中《なか》清水町の愛宕神社を過ぎると落合橋が見えてきて、宿はここで終点となります。

石部宿に関する情報は、少し足を延ばした湖南市東海道石部歴史民俗資料館（湖南市雨山《あめやま》二丁目）で学ぶことができます。館内には東海道の宿場町として栄えた石部の歴史を示す資料や町並みの復元模型が展示されています。また、隣接する石部宿場の里では商家、旅籠《はたご》、茶屋、関所などの宿の一部が復元され実感できます。あわせて訪れれば、当時の宿の姿をイメージできることでしょう。

（木戸雅寿）

石部宿の三大寺本陣跡

➡長寿寺本堂外観

⬇長寿寺本堂外陣

東海道

09 石部―東寺

国宝長寿寺

湖南市

良弁開基の東寺と西寺

さて、石部宿を東へ進み、宿場の終わり付近で東海道を右へ折れて落合川《おちあい》沿いに南へ進むと、やがて東寺《ひがしてら》（湖南市東寺）の集落に入ります。東寺集落の南端部、旧東海道から約2・5km離れた位置に長寿寺《ちょうじゅじ》があります。

長寿寺は、天平《てんぴょう》年間（729〜749）に良弁《ろうべん》が開基したとされる天台宗の古刹《こさつ》で、同じく良弁が開基したとされる、近隣の西寺《にしてら》集落にある常楽寺《じょうらく》とともに、古くから多くの信仰を集めてきました。

長寿寺は、境内正面に表門を構え、表門から続くヒノキやマツ並木の参道をしばらく進むと、正面に国宝の本堂が姿を現します。本堂は、鎌倉時代前期の建立と考えられ、屋根は寄棟造《よせむねづくり》の檜皮葺《ひわだぶき》で隅《すみ》の反《そ》り上がりが強く、また棟から隅への稜線が大変にのびやかで、優雅な美しい姿が特徴の建造物です。

天台宗本堂の双堂形式を残す長寿寺本堂

この本堂は堂内にも大きな特徴があります。堂内は格子戸《こうしど》で前後に区画されていますが、長寿寺よりも古い天台宗の本堂は、人々が礼拝を行うための礼堂《らいどう》と、仏像を安置する正堂《しょうどう》とが平行に2棟並んだ双堂《ならびどう》形式でした。それが一つの屋根で覆われて1棟の建造物となり、中世以降に一般に見られる、堂内が外陣《げじん》（礼堂）と内陣《ないじん》（正堂）に区画された本堂へと変化します。

長寿寺の本堂も内部は外陣と内陣に区画され、天井はどちらも中央が両端より高い船底《ふなぞこ》天井形式ですが、外陣の天井は寄棟型の船底天井で奥の内陣の船底天井とは異なる形式をもっています。そのため、天井を見上げると、別個の2棟の建造物が並んでいるように見え、古い双堂の形式を残しています。

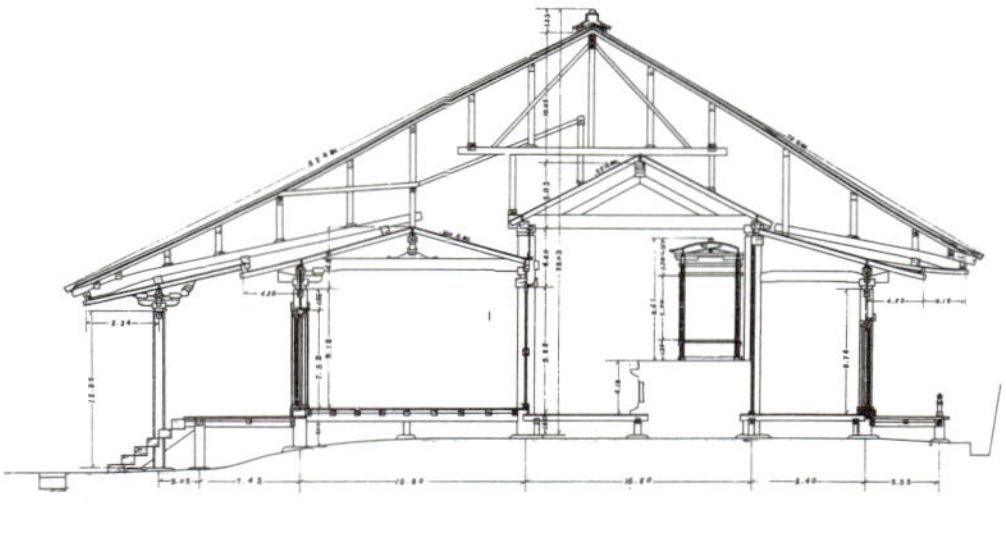

⬆長寿寺本堂断面図。二つの天井が堂内に並ぶ様子がうかがえる

滋賀県に所在する長寿寺より後に建立された天台宗の本堂では、こうした古い形式の天井廻《まわ》りは次第に薄れ、外陣・内陣に水平に天井が張られるように変化し、双堂形式から脱却していきます。

長寿寺本堂は、屋根をはじめとした外観の美しさのみではなく、天台宗本堂が成立する過程を今日に伝える建造物として、日本建築史上でも大変貴重な遺構であり、国宝に指定されています。

（菅原和之）

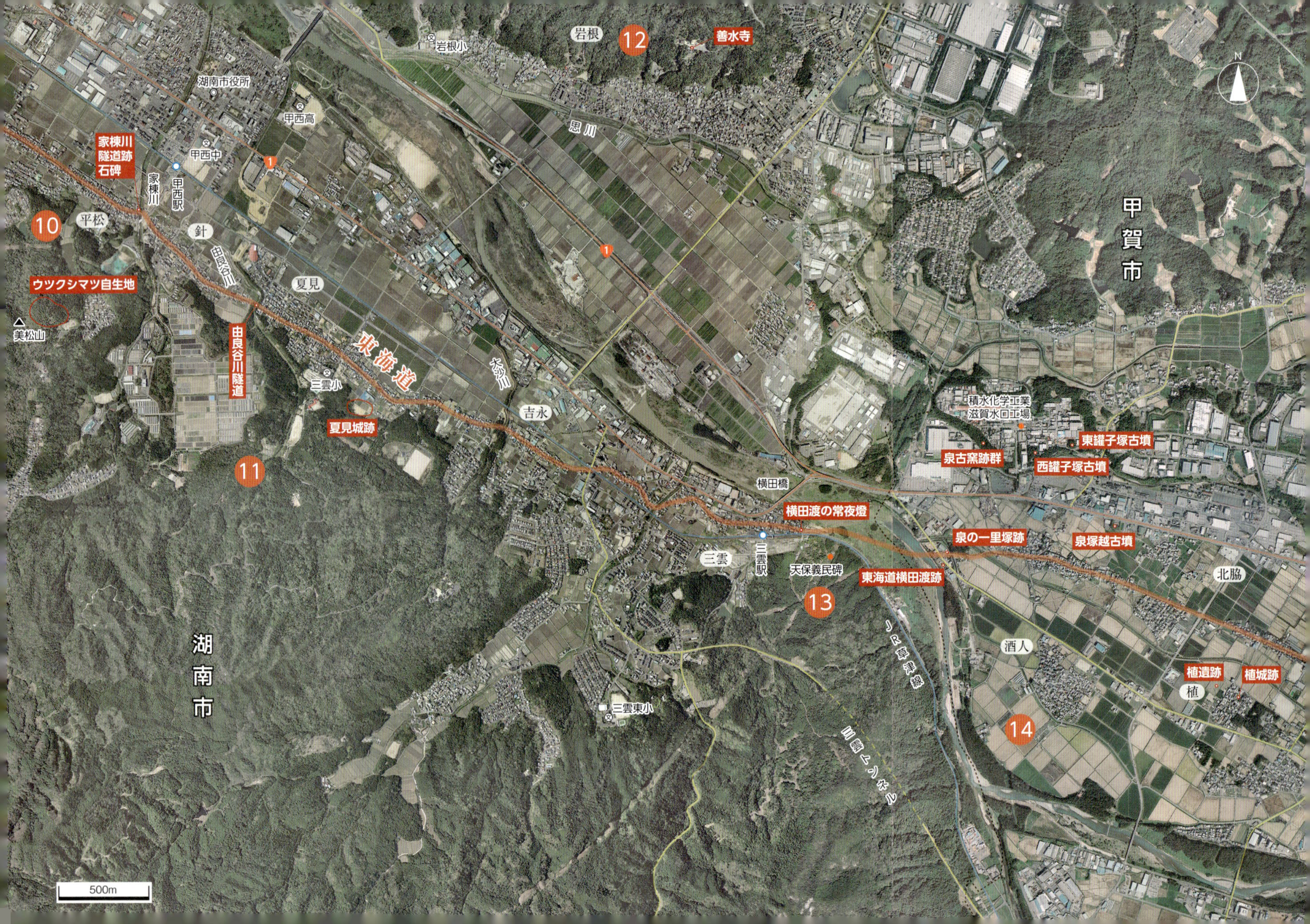

岩根
12
善水寺
岩根小
湖南市役所
甲西高
甲西中
家棟川隧道跡石碑
家棟川
甲西駅
10
平松
針
由良谷川
夏見
ウツクシマツ自生地
美松山
由良谷川隧道
思川
東海道
大沙川
三雲小
夏見城跡
吉永
11
甲賀市
積水化学工業滋賀水口工場
東罐子塚古墳
泉古窯跡群
西罐子塚古墳
横田橋
横田渡の常夜燈
泉の一里塚跡
泉塚越古墳
三雲
三雲駅
天保義民碑
東海道横田渡跡
13
北脇
JR草津線
酒人
植遺跡
植城跡
植
湖南市
三雲東小
三雲トンネル
14
500m
N

➡平松のウツクシマツ
（辻村耕司氏撮影）

⬇家棟川隧道跡の石碑

東海道

10 平松

平松のウツクシマツ

湖南市

江戸時代から名所だった ウツクシマツの景観

東寺《ひがしてら》（湖南市東寺）から東海道に戻り、街道を野洲《やす》川とほぼ平行しながら丘陵裾《すそ》の北側に沿って南東に向かって進むと、平松《ひらまつ》（湖南市平松）に入ります。

平松付近の南に連なる丘陵地の中には美松山《びしょうざん》と呼ばれる山があります。この美松山の斜面の一面に、今もウツクシマツと呼ばれる珍しいマツが多数自生している土地があります。ウツクシマツは、アカマツの変種の一種で、根に近い低い所から、幹《みき》が複数放射状に分かれて、扇《おうぎ》やほうきに似た美しい形に伸びるマツです。このウツクシマツの群生が「平松のウツクシマツ自生地」として1921（大正10）年3月3日に国の天然記念物に指定されました。

伝承では、ウツクシマツは、鎌倉初期の武士である藤原頼平《ふじわらのよりひら》が平松を訪れた際、松尾明神の使いとして現れた童女が周囲の雑木を美しいマツに変えたとされ、松尾神社の神木ともなっています。ウツクシマツが群生する景観は、東海道沿線の名所の一つとして知られており、江戸時代には『東海道名所図会《ずえ》』や『近江名所図会』などにも紹介され、浮世絵の題材としても取り上げられています。

天井川の下をくぐる石造の隧道

平松を過ぎると街道は家棟《やなむね》川、由良谷《ゆらたに》川、大沙《おおすな》川といった天井《てんじょう》川《がわ》を越えて行きながら水口《みなくち》方面へ向かっていきます。

近代になって、これらの天井川には東海道の通行をよくするためアーチ型の石造《いしづくり》の隧道《ずいどう》（トンネル）が設けられ、道は川の下を潜り抜けていくようになりました。現在、家棟川隧道のみ1979（昭和54）年の河川改修によって取り壊され隧道跡の石碑だけが残っています。

また、由良谷川と大沙川の間の山夏見《やまなつみ》（湖南市夏見）には、「夏見の里」と呼ばれた立場《たてば》が設けられ、多数の茶屋で名物の心太《ところてん》が四季を通じて販売されていたことが『近江名所図会』に紹介されています。それぞれの茶店の店先には遣水《やりみず》が設けられ、その流水で回る水車を動力としたからくり仕掛けの人形が旅人を楽しませていたようですが、現在では茶店は1軒も残っておらず、当時の趣はすっかり失われてしまっています。

（上垣幸徳）

⬆夏見の里（近江名所図会）

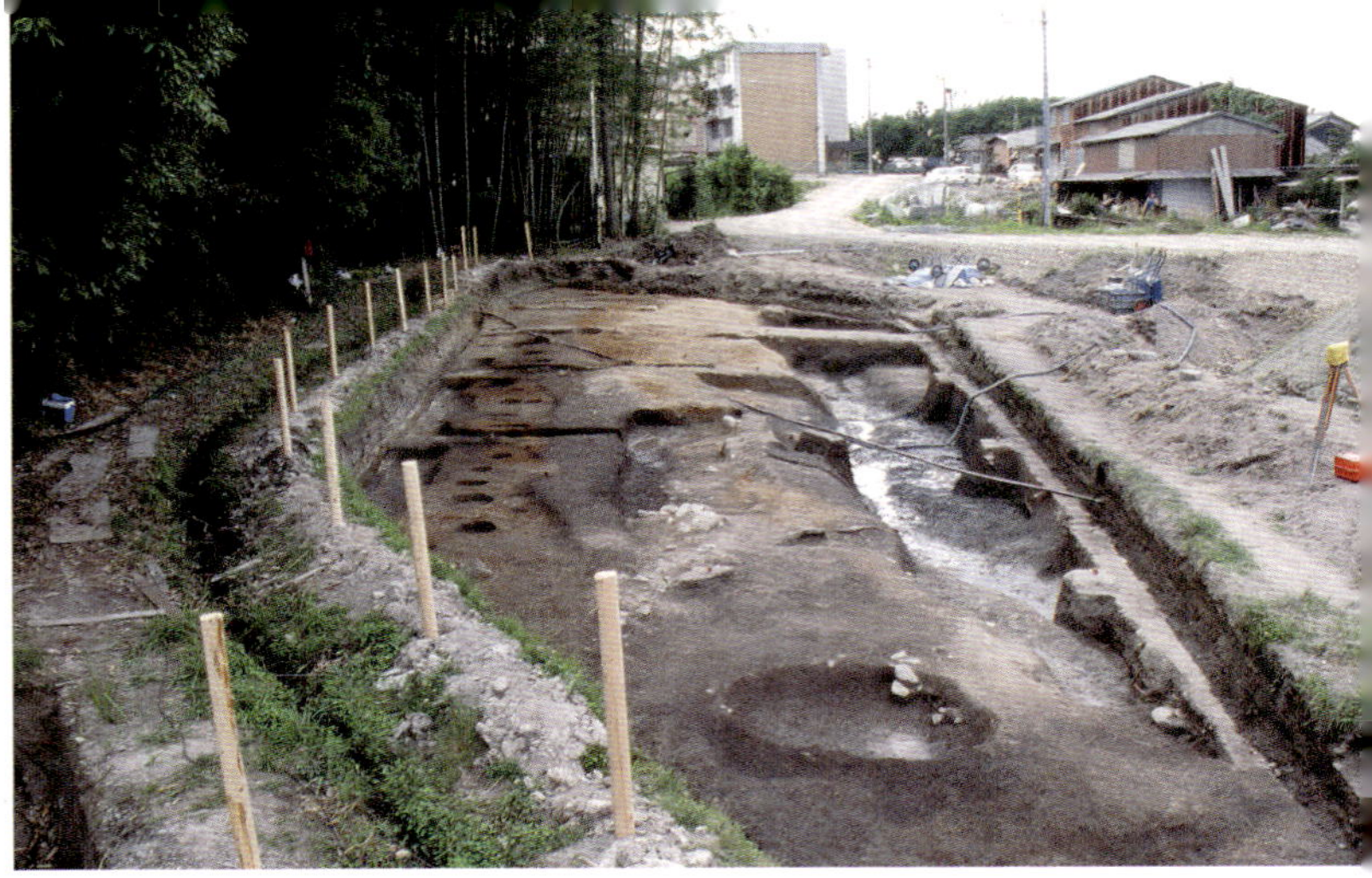

➡夏見城遺跡の区画溝

⬅溝から出土した真鍮製毛抜き
右：オモダカ　左：ツル

東海道

11 平松―夏見

夏見城跡

湖南市

1世紀ほどの短命に終わった夏見城

平松《ひらまつ》から東海道を進み、由良谷《ゆらたに》川隧道《ずいどう》を越えると、右手の山裾に三雲《みくも》小学校が見えてきます。この小学校の東側の雑木林の中には「コ」の字形の溝とそれと対になった土塁《どるい》があり、甲賀《こうか》五十三家の一つ夏見氏の居城跡と言われています。

1489（長享元）年の足利義《よし》尚《ひさ》近江出陣の時、六角高頼《たかより》方に属していた夏見大学が戦功を挙げ、高頼から当地を賜わりましたが、1585（天正13）年に豊臣秀吉《とよとみひでよし》に領知を召し上げられ、帰農したため、廃城したとされています。

これまで城の実体は不明でしたが、2007（平成19）年、県営圃場《ほじょう》整備にともなう発掘調査が行われ、15世紀後半から16世紀代に位置付けられる、幅2m前後の屋敷地を区画する溝が複数検出されました。

その結果、夏見城は、複数の郭《くるわ》で構成された複郭《ふくかく》式と呼ばれる城館で、単郭の城館が多い甲賀郡内では珍しいタイプの城館であることが明らかとなりました。

装飾性豊かな毛抜きが出土

検出された区画溝からは国産の陶磁器や調理具といった日常生活色が濃い遺物が多く出土しました。

その中で特筆すべき遺物は、真《しん》鍮《ちゅう》製の毛抜きでしょう。長さは8cm、幅は根元で0・7cm、挟み部で1・5cmの、先端部が広がる撥《ばち》形をしています。重さは15・6gで、手持ち部にはツルが翼を広げた姿とオモダカ（矢尻形の葉をつける水生植物）が毛彫《けぼり》で描かれ、ツルの目とオモダカの花の部分を円環状の魚々子鏨《ななこのみ》を使って表現した、非常に丁寧な細工が施された、金工品としても高い評価が得られる物です。

当時は、冑《かぶと》で蒸れないように前頭部から頭頂部にかけてのすべての頭髪を除く月代《さかやき》が一般的で、刃物を忌み嫌う武将は、頭髪と髭《ひげ》を毛根から抜くために毛抜きを用いていました。毛抜きは、身だしなみを整える必需品の一つですが、しかも真鍮製という珍しい材質で、しかも装飾性豊かな彫刻が施されていることから高価なものと思われ、おそらく裕福な人物が暮らしていたのではないでしょうか。

（仲川靖）

⬆由良谷川隧道

➡善水寺の名前の由来となった境内の名水
（びわこビジターズビューロー提供）

⬅国宝善水寺本堂

東海道
12
岩根

善水寺

湖南市

国宝本堂に立ち並ぶ重文仏像群

夏見《なつみ》を過ぎると東海道は、野洲《やす》川に沿って三雲《みくも》を目指し、東に進みます。途中、進行方向の左側(北)に目を向けると、岩根《いわね》山（十二坊《じゅうにぼう》山）が目に入ります。岩根山中には湖南三山の一つである天台宗善《ぜん》水《すい》寺があります。

善水寺は、奈良時代の和銅年間（708～715）に元明《げんめい》天皇によって国家鎮護の道場として建立され、和銅寺と称しました。延暦年間（782～806）に桓武《かんむ》天皇が病に罹《かか》った際、伝教大師最《でんぎょうだいしさい》澄《ちょう》が当寺で修法《しゅほう》を行って、香水を献じたところ、天皇の病が回復したといいます。その功績で善水寺の寺号を与えられ、比叡山の別院となります。

境内に入ると堂々たる本堂の威容に圧倒されます。木造入母屋《いりもや》造《づくり》、檜皮葺《ひわだぶき》の本堂は、南北朝時代の1360（貞治《じょうじ》3）年の再建で、国宝に指定されています。堂内には、秘仏本尊の薬師如来《やくしにょらい》像をはじめ、梵天《ぼんてん》・帝釈天《たいしゃくてん》像、四天王《してんのう》像、不動明王《ふどうみょうおう》像、聖僧文殊《しょうそうもんじゅ》像、兜跋《とばつ》毘沙門天《びしゃもんてん》像（以上、すべて重要文化財）をはじめとする仏像群が立ち並び、荘重《そうちょう》なたたずまいをみせます。

解体修理によって造立年代が判明

1906（明治39）年、薬師如来像の解体修理が行われ、像内より、本像の造立関係者の名前を記した結縁交名《けちえんきょうみょう》という紙片が発見されました。そこには993（正《しょう》暦《りゃく》4）年の年号が記されていたことから、本像の造立年代が判明しました。

⬅重要文化財木造帝釈天立像
（善水寺蔵）

このように造立年代が判明する像を基準作といいますが、彫刻では10世紀の基準作例はきわめて乏しく、本像の存在は貴重です。本尊の脇侍《わきじ》である梵天・帝釈天像は、明快な目鼻立ちやふっくらとした頰《ほお》など、本尊と瓜二つの表情で、像の表面には鮮やかな彩色文様がほどこされています。薬師如来像と作風を同じくする梵天・帝釈天像、さらには四天王像、聖僧文殊像などの一群の像はすべて同時期の製作と考えられます。

10世紀といえば荒廃していた比叡山延暦寺の根本中堂《こんぽんちゅうどう》が再興・整備された時期で、堂内には薬師如来像、梵天・帝釈天像、四天王像、聖僧文殊像を中心とする尊像が安置されていました。善水寺の尊像構成はまさに同時期の延暦寺根本中堂を忠実に摸しており、早い時期の根本中堂内の様子を伝える希有《けう》な例として、わが国の彫刻史上高く評価されています。

（古川史隆）

➡野洲川を渡った甲賀市水口町泉にある横田の渡しの常夜燈

⬇湖南市三雲の側にある常夜燈（サンライズ出版撮影）

東海道

13

泉

渡し場跡と古墳群

甲賀市

横田の渡しに建てられた常夜灯

夏見《なつみ》からは、東海道を南東方向に進みます。途中、左手に善水《ぜんすい》寺のある岩根《いわね》山を遠くに見ながらさらに街道を進むと、吉永《よしなが》の集落を経て三雲《みくも》の集落に至ります。古代より東海道や船運の要衝であった三雲には、奈良時代、甲賀の木材を石山《いしやま》寺や奈良の東大《とうだい》寺に運ぶための中継地として、三雲川津《つ》が置かれ、江戸時代には野洲《やす》川（別名：横田《よこた》川）を渡る横田《よこた》の渡しが設けられます。

横田の渡しは、東海道の13の川渡しのうちの一つで、有名な「大井《おおい》川の渡し」（静岡県）と同様、軍事的理由や経済的理由により、恒常的な橋が設置されませんでした。通行には、時期によって仮設の土橋や川船が用いられました。現在、旧国道1号（県道13号線）の横田橋を渡って水口に向かいますが、当時の渡し場は橋から900mほど上流でした。

渡し場跡の両岸には、夜間でも安全に渡れるよう、多くの人々の寄進で建てられた常夜燈が残されています。甲賀市水口町泉《いずみ》にある滋賀県指定史跡の「横田渡の常夜燈」は、1822（文政5）年に万人講によって建てられた高さ8mを超えるもので、石製常夜燈としては東海道最大のものです。常夜燈の巨大さはオランダ商館の医師シーボルトの目に留まったようで、江戸への道中の出来事を記録した『江戸参府《さんぷ》紀行』にも、「この川岸には金毘羅《こんぴら》さんを祈念した石灯籠、火をともす大きな台がある」と記されています。

5世紀の豪族たちの古墳群

野洲川を渡り、泉の一里塚跡を過ぎると広々とした田園風景が広がります。このあたり一帯には、泉古墳群と呼ばれる5～6世紀頃の古墳群があります。

そのうち、積水《せきすい》化学工業滋賀水口工場がある丘陵には、県指定史跡の西罐子塚《にしかんすづか》古墳・東罐子塚《ひがしかんすづか》古墳があります。西罐子塚古墳は全長70m以上の帆立貝形《ほたてがいがた》古墳で、甲賀地域では湖南市にある宮《みや》の森《もり》古墳に次ぐ規模を誇ります。墳丘からは円筒埴輪《はにわ》のほか、家形の埴輪なども見つかっています。また、その東側に造られた東罐子塚古墳は直径42mの円墳です。

これらの古墳は、近くにある泉塚越古墳とともに、5世紀に甲賀地域を治めていた豪族たちが野洲川や街道を押さえる位置に造ったものと考えられます。（北原治）

⬇西罐子塚古墳

➡空から見た植遺跡の建物跡群

⬇平面表示された県指定史跡植遺跡の大型倉庫跡

東海道

14 植

植遺跡と植城跡

甲賀市

野洲川右岸の段丘上に残る植城跡

横田《よこた》の渡し場跡を過ぎ、泉《いずみ》古墳群や泉古窯跡群《こようせきぐん》を左手にのぞみながら旧東海道を東に約2km進むと、右手南側にひろがるのが、植《うえ》（甲賀市水口町植）の集落です。集落は、野洲川の右岸側の段丘上、周囲との比高差が1～2m程度の高台にあることから、野洲川の氾濫《はんらん》などの被害は少なかったようです。

植の集落内には、土塁《どるい》や堀の一部が残る植城跡があります。城主・来歴などは不明ですが、1226（嘉禄2）年に、山中中務丞俊《やまなかなかつかさのじょうとし》信《のぶ》が鈴鹿山賊を討伐した功により柏木《かしわぎ》荘を与えられ、隣接する宇田《うった》（甲賀市水口町宇田）に居住したとする記録があることから、山中氏に関連する城である可能性があります。

2005（平成17）年に行われた発掘調査では、16世紀代の堀が見つかっており、豊臣政権によって甲賀郡が再編される1585（天正13）年までは城として機能していた可能性が高いようです。

大和朝廷とも密接な大規模集落と考えられる植遺跡

植城跡の西側には古墳時代の集落遺跡である植遺跡があります。平成13・14年度に圃場《ほじょう》整備事業にともなって実施された発掘調査では、床面積が50㎡を超えるような大型倉庫建物群、200棟以上の竪穴《たてあな》住居、首長居館などが検出され、古墳時代中期から後期の大規模集落であることが明らかとなりました。

中でも大型倉庫は、一般的な集落のものに比べて5倍ほども広く、全国的に見ても、大和朝廷の中心地か隣接する地域にしか見られないことから、朝廷を支える有力な豪族の軍事力と経済力を示すものだと考えられています。このことから、植の集落を築いた人々は、畿内と東海・北陸地域を結ぶ交通の要衝を治めることを通して、大和朝廷との密接な関係を結んでいたことがうかがえます。

こうして発掘調査で明らかになった植遺跡は、その重要性から、大部分が地下に保存され、県の史跡に指定しました。見つかった3棟の大型倉庫は、平面表示され、その広さを今に伝えています。

（小竹森直子）

➡遺跡竪穴住居から出土した遺物

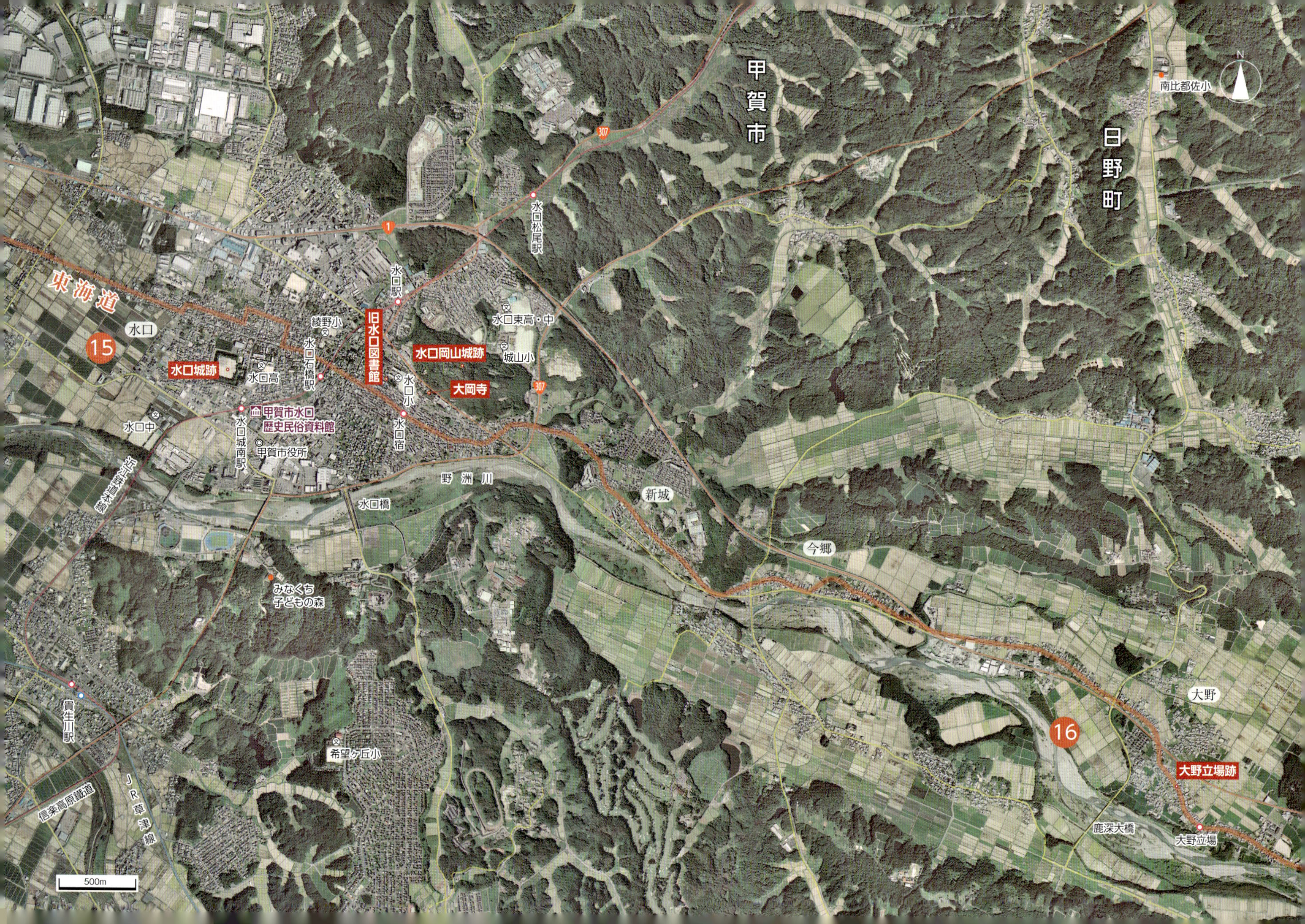

東海道
15
水口
水口城跡
水口高
水口中
甲賀市水口歴史民俗資料館
水口城南駅
甲賀市役所
綾野小
水口石橋駅
旧水口図書館
水口駅
水口小
水口宿
水口岡山城跡
大岡寺
水口東高・中
城山小
水口松尾駅
甲賀市
日野町
南比都佐小
野洲川
水口橋
新城
今郷
みなくち子どもの森
希望ケ丘小
貴生川駅
信楽高原鐵道
JR草津線
16
大野
大野立場跡
大野立場
鹿深大橋
500m

⬇道が３筋に分かれる石橋

➡国登録有形文化財旧水口図書館

東海道 15 水口

旧水口図書館

甲賀市

昭和初期のヴォーリズ建築

植《うえ》遺跡を後にして東海道を東へ進むと、次の宿場となる水口《みなくち》宿に入ります。宿場を東海道に沿って進み、近江鉄道の線路を越えると、石橋《いしばし》と呼ばれる地点で道が3筋に分かれます。3本の道は宿の東口で再び合流しますが、中央の道が旧東海道です。一方、北寄りの道を400mほど行くと、左手に洋風の建物が姿を見せます。

水口小学校の敷地内に建つこの建物は、1928（昭和3）年に水口町立図書館として建設されました。1970（昭和45）年に図書館機能が別地に移転するまで使用されており、現在は月に数回内部公開を行っているほか、地域のコミュニティースペースとしても利用されています。

設計を手掛けたのは、大正から昭和にかけて近江八幡を拠点に活躍したウィリアム・メレル・ヴォーリズです。ヴォーリズはアメリカ出身の建築家で、滋賀県を中心に全国に数多くの作品を残しました。ヴォーリズの作品は今なお多くの人に親しまれており、旧水口図書館もその一つです。

西洋の意匠を配す珠玉のヴォーリズ作品

建物は小学校の正門の脇に位置し、南東を正面とします。鉄筋コンクリート造の塔屋《とうや》付2階建で、1階が児童用閲覧室と書庫、2階が成人用閲覧室《えつらんしつ》兼会議室でした。装飾的要素は多くありませんが、正面口の両脇にはトスカナ式オーダーと呼ばれる西洋の意匠の柱を建て、その上部の壁面には半円状のレリーフを配し、燭台《しょくだい》と書物やオリーブなどのモチーフをバランスよく並べます。塔屋の上には、2004（平成16）年に復原されたドームを冠する円筒状のランタンを設け、建物のアクセントとします。

また、1階窓の水切りを建物の周囲に廻し、2階窓の水切りと上部の半円アーチを各窓に設けることで、均整感とリズムを与えます。小さいながらもヴォーリズらしさにあふれた珠玉の作品と言え、2001（平成13）年に国の登録有形文化財に登録されました。

水口宿の周辺には、国指定史跡の水口岡山城跡や県指定史跡の水口城跡、鴨長明《かものちょうめい》出家の地と伝わる大岡寺《だいこうじ》など、近世以前の歴史が感じられる地ですが、ぜひ、珠《しゅ》玉《ぎょく》のヴォーリズ作品である旧水口図書館もあわせて訪れてみてください。

（新井康之）

⬅旧水口図書館　正面口の意匠

←地安寺の山門

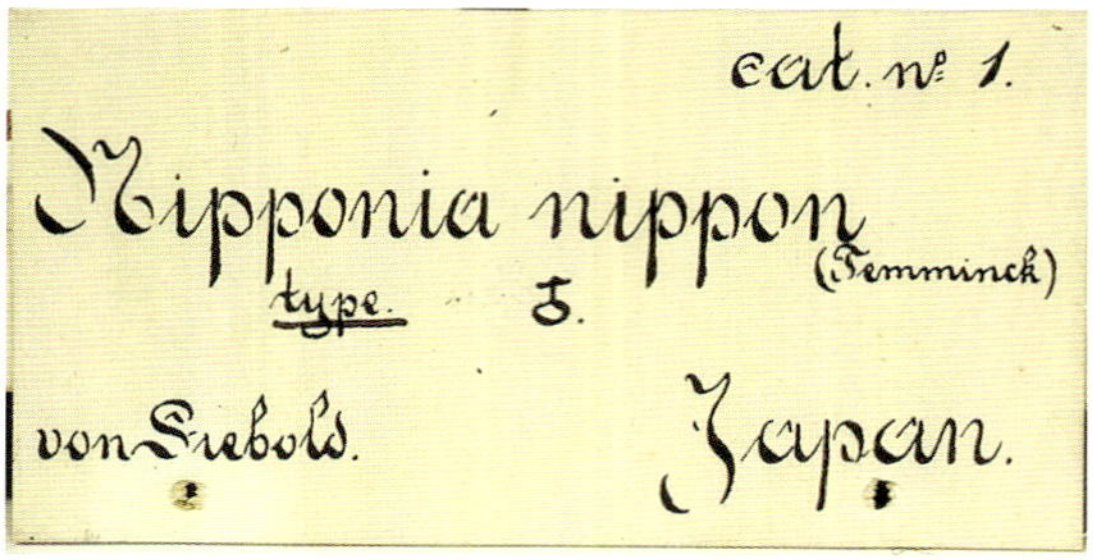

↑トキのラベル（シーボルト収集品）

東海道

16 水口―前野

大野・前野立場と地安寺

甲賀市

水口《みなくち》（甲賀市水口町）を出て東海道を進み、土山《つちやま》（甲賀市土山町）に入ります。水口宿と土山宿の間には、2つの「立場《たてば》」がありました。

立場とは江戸時代、宿場と宿場の中間地点に設けられ、旅人に昼食や茶菓子などを提供した休憩所のことです。多くの名物が宿場ではなく立場で生まれていることから、筆者は「立場こそ街道文化の華」だと考えています。

大野立場の鳥肉料理

まずは水口宿に近い「大野《おおの》立場」（甲賀市土山町大野）です。この立場では、当時珍しい野鳥の焼鳥や、鳥の羹《あつもの》（肉などを煮た熱い料理）を提供していました。1801（享和元）年に大野立場を訪れた著名な狂歌師の大田南畝《おおたなんぽ》は、鴨・キジ・サギなどの「あつもの（熱い吸物）」とともに酒をすすめる家々があったと記録しています。

野鳥は附近の農夫が弓で狩ったもので、大田南畝自身も「はしたなく」箸《はし》を立てたと告白しているように、東海道の旅人にはこの上なく美味な、高タンパク質のご馳走だったことでしょう。

さらに1826（文政9）年、同じ大野立場でドイツ人シーボルトはトキの剥製《はくせい》を購入しています。2003（平成15）年に日本産のトキは絶滅してしまいましたが、19世紀には近江国にも多くいたのです。当時はトキが、「ここいらの田畑によく姿を見せ」ていたのだとシーボルトは記録しています。

→シーボルトが持ち帰ったものの可能性がある、トキの剥製
（ライデン国立自然史博物館蔵、北九州市立自然史・歴史博物館撮影・提供）

禅宗の名刹がある前野立場

大野立場をたち、土山宿の手前に所在する「前野《まえの》立場」（甲賀市土山町前野）に至ります。ここには黄檗宗《おうばくしゅう》の名刹《めいさつ》である地安《じあん》寺があります。黄檗宗は中国の明《みん》から渡来した高僧・隠元隆琦《いんげんりゅうき》が開いた禅の一派で、中国直輸入の最新文化とともにもたらされました。普茶《ふちゃ》料理、明朝体《みんちょうたい》文字などの「黄檗文化」がわが国の文化に大きな刺激と影響を与えています。

地安寺は隠元の孫弟子にあたる照山元瑶《しょうざんげんよう》が住んだ寺院で、照山は後水尾《ごみずのお》天皇の皇女として生まれた尼僧《にそう》でした。寺には照山ゆかりの品々が多く伝わり、山門にかかげられた額は隠元禅師のみごとな書です。大田南畝も東海道から望まれる山門と額字《がくじ》に目を見張り、みずからの紀行文にしっかりと書き記しています。

（井上優）

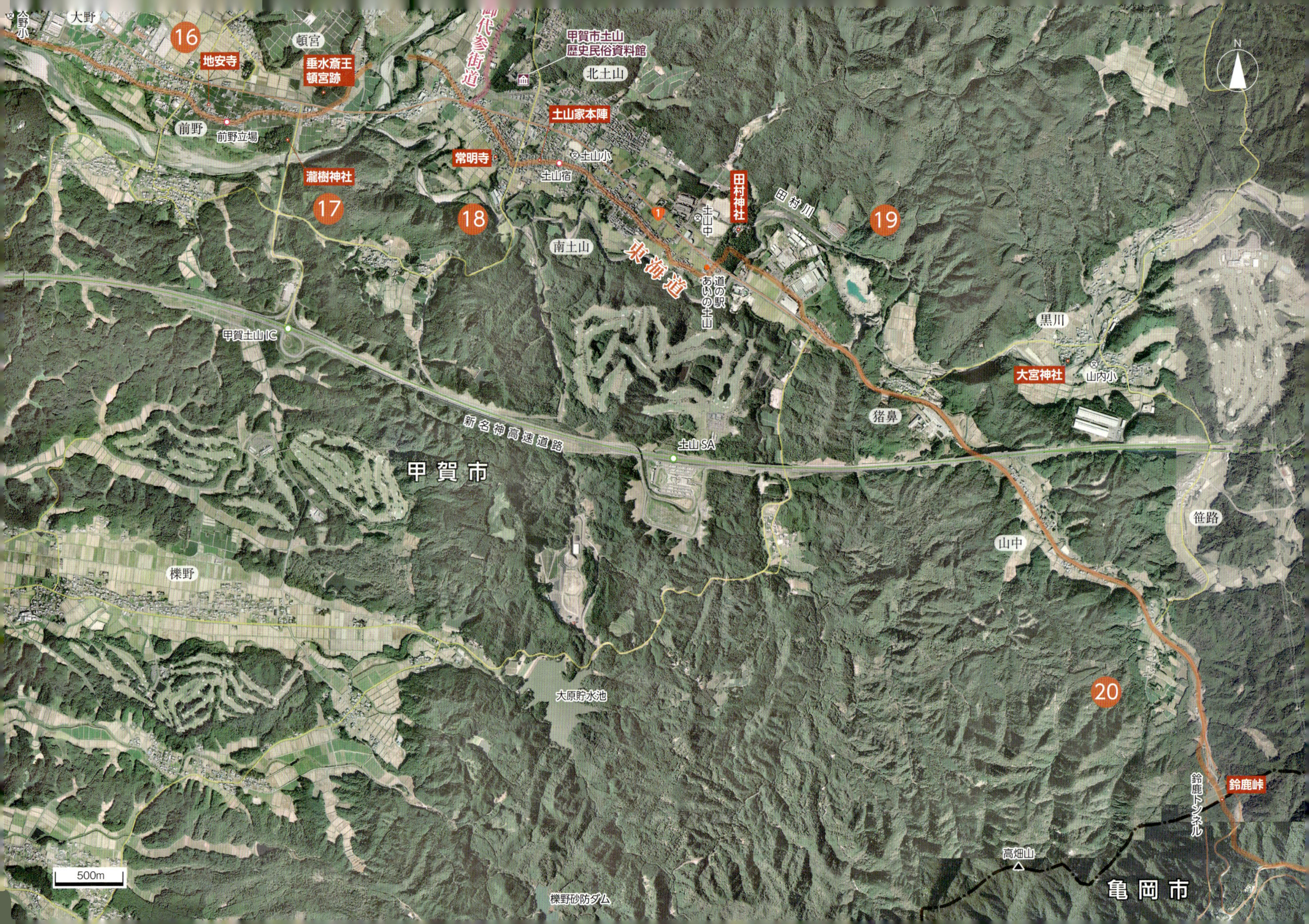

大野
16
地安寺
頓宮
垂水斎王頓宮跡
御代参街道
甲賀市土山歴史民俗資料館
北土山
前野
前野立場
土山家本陣
常明寺
土山小
土山宿
瀧樹神社
17
18
田村神社
田村川
19
南土山
土山中
東海道
道の駅あいの土山
甲賀土山IC
黒川
大宮神社
山内小
猪鼻
新名神高速道路
土山SA
甲賀市
笹路
山中
櫟野
大原貯水池
20
鈴鹿トンネル
鈴鹿峠
高畑山
500m
櫟野砂防ダム
亀岡市
N

➡垂水斎王頓宮跡入口に建つ石碑

⬇古井戸跡

東海道

17

頓宮

垂水斎王頓宮跡

甲賀市

斎王が宿泊した垂水頓宮

地安寺《じあん》から東に進む東海道沿いには古い民家が残り、往時の面影を残しています。さらに東に進むと右手に瀧樹《たき》神社の石の鳥居が見え、やがて街道は北東へ曲がり、道幅が狭くなります。国道を横断して、茶畑の中を進むと、左手に鬱蒼《うっそう》とした杉林が現れます。ここが史跡垂水斎王頓宮跡《たるみさいおうとんぐうあと》です。

斎王とは、天皇の代替わりごとに卜定《ぼくじょう》という占いで選ばれた未婚の内親王《ないしんのう》または女王のことです。斎王群行と呼ばれる5泊6日の旅を経て伊勢国にある斎王宮に入り、天皇のかわりに天照大神《あまてらすおおみかみ》への祭祀《さいし》に奉仕する生活を送りました。斎王群行が頓宮として利用した一時的な宿泊所は、平安時代には近江国内に垂水の他に、勢多《せた》と甲賀《こうか》、伊勢国内に鈴鹿・壱志《いちし》の5カ所に設けられました。

ところで、古代の東海道は、都が置かれた大和から近江を通過せずに、伊賀を経て伊勢へ抜けていましたが、平安京に遷都されると、近江を通るようになります。平安初期には杣《そま》川沿いに柘植《つげ》を越える倉歴道《くらぶみち》が利用されていましたが、886（仁和2）年、新たに鈴鹿峠を越え、伊勢へと抜ける阿須波《あすわ》道《みち》が新設され、以後このルートが東海道として定着します。斎王群行もこれらの道を利用しました。

毎年3月に平安絵巻を再現

垂水斎王頓宮跡は、1944（昭和19）年に国の史跡に指定されました。地元ではこのあたり一帯を古来神聖の地として取り扱ってきたということです。

史跡地は、一辺70～90mのいびつな方形となっており、西側と南側の一部を除く各辺には高さ20～60cm、幅50cm程度の土塁《どるい》状の高まりがあり、その外側の一部には深さ20～50cm、幅50cm程度のくぼ地がみられます。また、敷地の北側には古井戸と伝えられる直径2m、深さ1mのくぼ地があります。地元では、明治ごろまで水をたたえ、相当な深さがあったと伝わります。

毎年3月に行われる「あいの土山斎王群行」は、斎王による「禊《みそ》ぎ式」、女人列《にょにんれつ》による「斎王の舞」など、甲賀市立大野小学校から垂水斎王頓宮跡までの斎王群行を再現したものです。いつも多くの見物客が集まり、華やかな平安絵巻を楽しんでいます。（大道和人）

⬇垂水頓宮跡遠景

東海道 18 土山

土山宿と国宝・長屋王願経

甲賀市

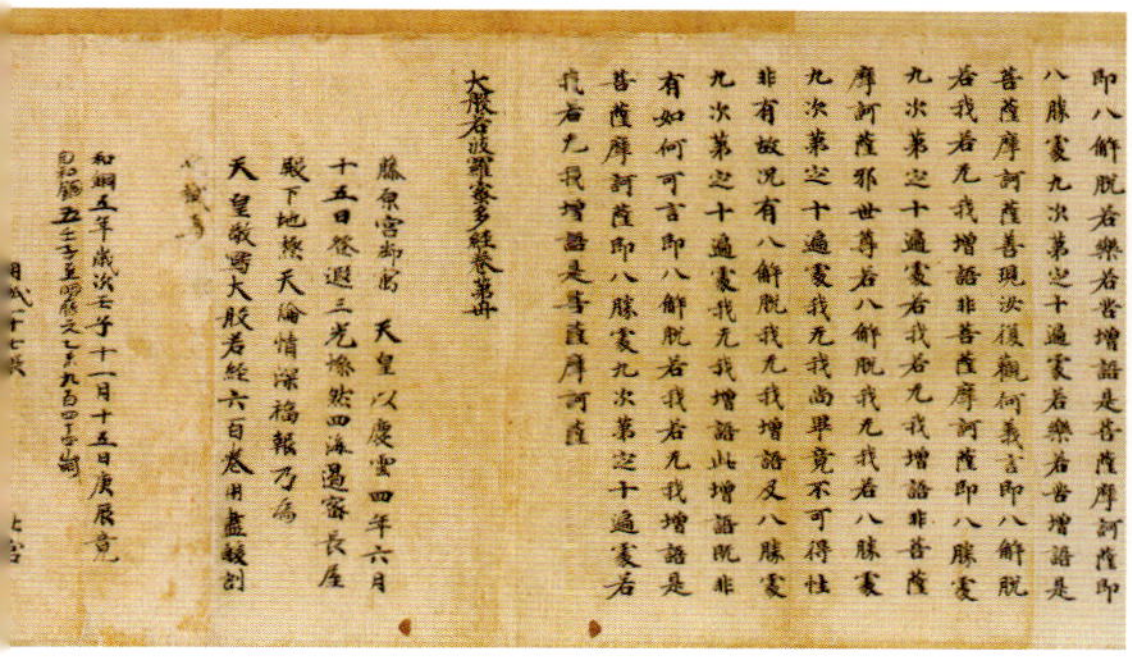

➡土山宿の土山家本陣
⬇常明寺の国宝大般若経（長屋王願経）
（常明寺蔵、写真は滋賀県教育委員会提供）

宿場の風情が残る土山宿

いよいよ近江最東の東海道宿場・土山《つちやま》宿に至ります。土山宿は街道有数の難所として知られた鈴鹿峠の麓にあり、多くの旅人が宿泊しました。「坂は照る照る鈴鹿は曇る　あいの土山雨が降る」という有名な馬子唄《まごうた》に歌われるように、山岳地帯の変わりやすい天候に翻弄《ほんろう》される旅人も多く、「雨の名所」として知られるに至りました。歌川広重の浮世絵版画「東海道五十三次之内土山」（保永堂版）でも、叙情《じょじょう》的な雨の景色が描かれています。

土山には大名らが宿泊する「本陣」が2軒ありましたが、現在はそのうち「土山家本陣」が残っています。土山家の初代・土山喜左《きざ》衛門《えもん》は1634（寛永11）年の将軍徳川家光上洛《いえみつじょうらく》に際して本陣職に任命され、明治に至るまで代々世襲されました。今も豪壮な建築や庭園を見ることができ、宿帳や関札《せきふだ》など本陣関係の資料が伝えられています。事前に予約をすれば見学をすることも可能です。

土山宿には、本陣の他にも脇本陣や問屋場や旅籠《はたご》屋などが軒《のき》をつらねており、今なお江戸時代の建物を残している民家も多いなど、きわめて良く宿場の風情を伝えています。

常明寺に伝わる国宝・長屋主願経

宿内にはまた、由緒ある社寺が多くあります。とくに常明寺《じょうみょうじ》は、奈良時代に元明《げんめい》天皇の願いで建立されたと伝える古刹《こさつ》で、国宝の大《だい》般若経《はんにゃきょう》を所蔵する寺院として注目されています。

常明寺の国宝大般若経は、わが国現存最古のもので、奥書には712（和銅5）年11月15日に「長屋殿下」が従兄弟かつ義兄弟である文武《もんむ》天皇の死を悼《いた》んで書写させたことが記されています。長屋殿下とは奈良時代前期の皇親政治家長屋王《ながやおう》のことで、この大般若経は長屋王願経《がんきょう》とも呼ばれています。

長屋王は、721（養老5）年に右大臣《うだいじん》となって政界を主導しますが、藤原氏との権力闘争の末、729（神亀《じんき》6）年の「長屋王の変」で自殺しました。悲劇の人物の信仰を伝える貴重な古代の写経が、縁あって土山の地で大切に守り伝えられてきたのです。

（井上優）

⬇常明寺

→華やかな太鼓踊り

↓踊りが奉納される大宮神社

東海道

19 黒川

花笠太鼓踊り

甲賀市

雨乞い返礼の花笠太鼓踊り

東海道は、土山宿の町場から田《た》村《むら》川を渡り、鈴鹿峠に向けて坂道を登り始めますが、今回は田村川に沿って少し街道をそれて黒川《くろかわ》に足をのばしてみます。

田村川の川沿いの小盆地に上流から上《かみ》の平《ひら》、中ノ組、市場、川西という4つの垣内《かいと》と呼ばれる集落からなるのが黒川です。

この黒川には雨乞《あまご》いの返礼の踊りを起源とすると伝えられる「花笠太鼓踊り」が伝承されています。現在は、4月の第三日曜日に、氏神の大宮《おおみや》神社の春の大祭において踊りが奉納されています。

花笠太鼓踊りは、上の平、中ノ組という上組《かみぐみ》の集落と、市場、川西という下組《しもぐみ》の集落に分かれ、上組、下組それぞれで踊りが継承されています。祭礼では両組の出逢いという儀式の後、大宮神社に練り込みます。神前において、各組それぞれが踊りを奉納し、最後に両組合同で踊りを奉納します。

踊り役は、棒振り、太鼓打ち、ほら貝、歌出し、側《がわ》踊りが中心となります。棒振りは鳥の羽が付いた鬼の面をかぶり、手に棒と軍配《ぐんばい》を持って踊ります。太鼓打ち、ほら貝、歌出し、側踊りは、桜などの造花を笠の頂部に刺し、白と赤の紙垂《しで》を垂《た》らした花笠をかぶり優美に踊ります。

変化に富んだ順役踊りを継承

黒川の花笠太鼓踊りの特徴の一つが「順役《じゅんやく》踊り」という楽曲を継承していることにあります。変化に富んだ楽曲で、踊り手には難曲とされ、継承の難しさがありますが、「順役踊り」は風流《ふりゅう》踊りの研究において重要視されています。

華やかな太鼓踊りですが、黒川でも少子高齢化や地域からの人口流出などにより、祭礼行事を従前どおり続けていくことが難しくなっています。そこで黒川では、10年先を見越しつつ祭りを継承していく独自の「大宮プラン」が策定されました。あらためて氏神の祭りの重要性を再確認し、老若男女地域をあげて祭りを継承していこうとされています。太鼓踊りを核とした祭礼行事は、集落や世代間の交流を活性化させ、活力ある地域づくりの源となっています。

力強く祭りが続けられている黒川へ、花笠太鼓踊りの見学にぜひ訪ねてみてください。

(矢田直樹)

→黒川の花笠太鼓踊り(ほら貝)

➡峠の途中で旅人を見守る「万人講」の常夜灯

⬇空から見た鈴鹿峠

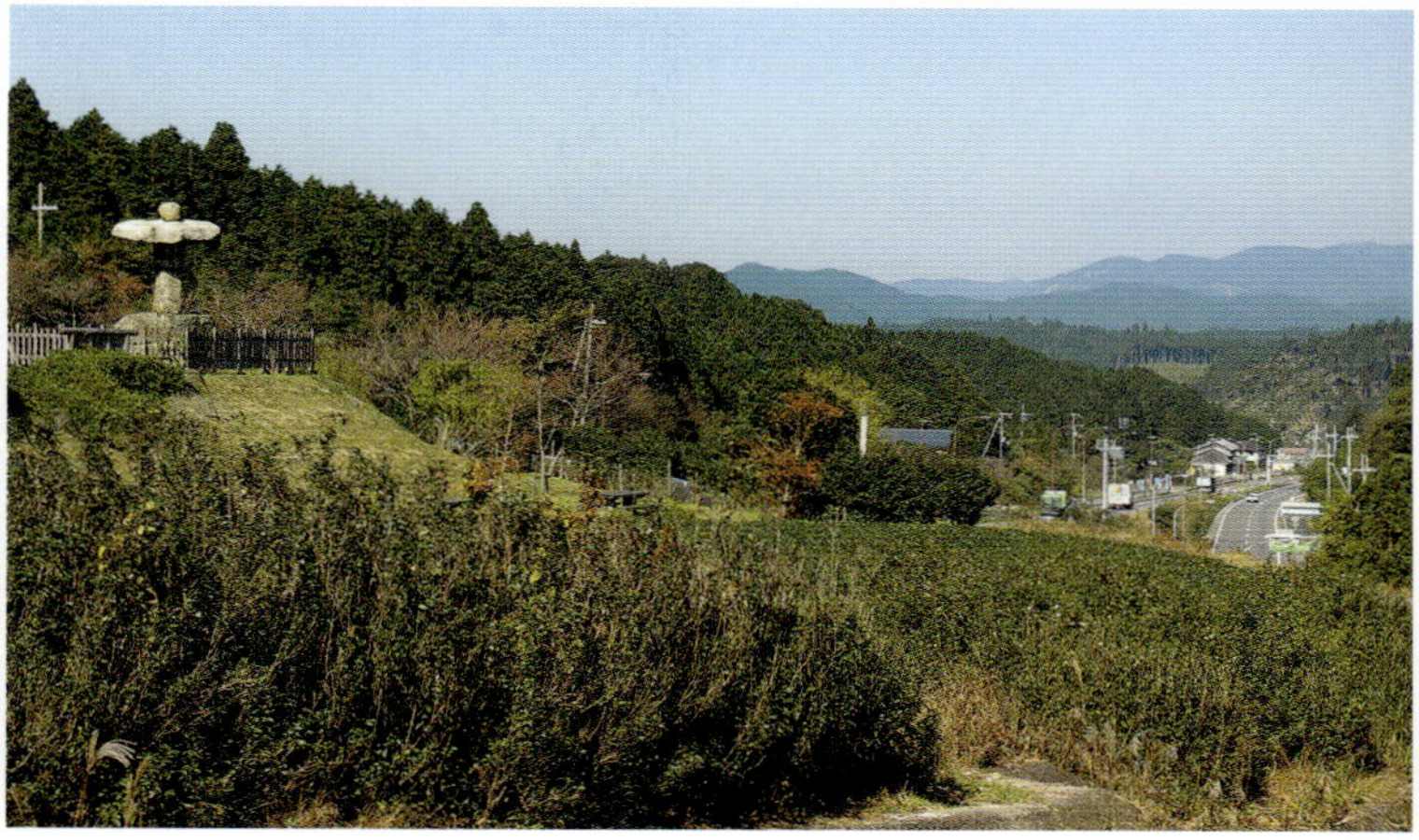

東海道

20

鈴鹿峠

万人講の常夜灯

甲賀市

天気の変化を歌う鈴鹿馬子唄

　土山の宿を越え、田村川を渡ると蟹坂《かにがさか》（甲賀市土山町南土山）に至ります。次第に民家は少なくなり、道は猪鼻《いのはな》（甲賀市土山町猪鼻）から山間に入り山中《やまなか》（甲賀市土山町山中）を経て伊勢《いせ》（三重県）と近江（滋賀県）の国堺である鈴鹿峠に向かって緩やかに登っていきます。

　峠は三子《みつこ》山と高畑《たかはた》山の鞍部《あんぶ》、標高378mの所にあります。近江側は比較的緩やかですが、峠から伊勢側の坂下《さかした》宿までは、「八町二十七曲り」と呼ばれていた落差が大きな急坂を下っていきます。このあたりは地形的に厳しく、東の箱根に次ぐ難所として知られています。

　峠の高さと地形により、近江側と伊勢側では天候が大きく変化するといわれ、鈴鹿馬子唄《まごうた》に「坂は照る照る鈴鹿は曇る　あいの土山雨が降る」と歌われています。鈴鹿山道は、壬申《じんしん》の乱（672年）で使われたとされており、古代東海道として、峠は9世紀後半ころから設置され、その後、伊勢へ向かう多くの旅人がここを通行していました。

中世には盗賊による被害が続出

　鬱蒼《うっそう》とした峠道周辺の山中には盗賊がいて、通行する人々が襲われ、被害が続発していたことが当時の記録にたびたび記されています。鎌倉幕府はこのことを重く見て、1194（建久5）年に甲賀武士である山中氏に対して、盗賊の鎮圧を命じました。その後山中氏は、山中村に居を構え、これ以来、鈴鹿峠を安全に往来することができるよう、代々同氏一族が道路の警固を務めることになりました。

⬆鈴鹿峠に出没する悪鬼を退治したと伝わる坂上田村麻呂を祀る田村神社の本殿
（びわこビジターズビューロー提供）

　さて、現在、街道と国道は峠手前で合流し、鈴鹿トンネルの手前で右の街道（東海自然歩道）を登ります。峠の途中には旅人を見守る「金毘羅大権現《こんぴらだいごんげん》永代常夜燈」「万人講《まんにんこう》」と刻まれた灯籠があります。

　また、滋賀県側は土山の田村神社（峠に旧社がある）、三重県側は坂下の片山神社が旅人たちの守神として位置付けられ、旅の途中で参拝されていました。今は、峠は車で越えることができますが、いまでも、徒歩で東海道を歩いて往時の体験しているたくさんの人々が見受けられます。

（木戸雅寿）

経済産業省の近代化産業遺産に指定されている柳ヶ瀬トンネル。滋賀県側入口近くに保存されている扁額「萬世永頼」は、伊藤博文による揮毫。現在も道路トンネルとして使用中
（サンライズ出版撮影）

敦賀・長浜間は、明治時代に北国街道沿いのルートが開業。1957（昭和32）年、塩津街道沿いの現路線に変更

街道あれこれ 七

近代の交通

明治以前の交通は、街道を徒歩で移動する陸上交通と、河川や湖上・海上を船で移動する水上交通でした。しかし明治維新を経て近代になると、こうした交通のあり方が大きく変わっていきます。そのきっかけとなったのが鉄道の誕生です。

1869（明治2）年、明治政府は東京・京都間、東京・横浜間、琵琶湖・敦賀《つるが》間の鉄道敷設《ふせつ》を決定します。滋賀県でもこの方針にそって、大津・京都間の測量を実施しています。

その後、1878（明治11）年に大津・京都間の鉄道工事が起工されました。2年後の1880（明治13）年6月、京都と大津を結ぶ逢坂山《おうさかやま》トンネルの完成とともに大津・京都間の鉄道工事が完成しました。

その後、1882（明治15）年に敦賀・長浜間が、1884（明治17）年に長浜・大垣間の工事が完了し、大垣・長浜間が開通しました。残る長浜・大津間についても1889（明治22）年7月に開通し、東海道線全線が開通しました。

一方、琵琶湖の水運も明治以降、再編されていきます。1869（明治2）年、琵琶湖を初めて汽船が航行しました。この後、汽船が琵琶湖水運の主役となっていきます。彦根・海津《かいづ》・長浜などの各港で汽船が建造され、大津との間を就航しました。

1882（明治15）年、琵琶湖に乱立する汽船を整理する形で太湖《たいこ》汽船株式会社が設立されます。太湖汽船は堅田《かたた》以北の琵琶湖を営業区域として活動し、鉄道連絡船を就航させています。一方、琵琶湖の南部を営業区域として、湖南汽船株式会社が1886（明治19）年に設立されました。

1889（明治22）年の東海道線全通は、物資輸送ルートとしての琵琶湖水運の地位を大きく低下させます。その結果、汽船はそれまでの貨客輸送から湖上遊覧へと営業の主力をシフトさせていきます。特に湖南汽船の対応は迅速《じんそく》で、1894（明治27）年から石山や坂本への遊覧を開始し、1903（明治36）年には「近江八景めぐり」遊覧船を就航させています。太湖汽船も1914（大正3）年から竹生島《ちくぶしま》や長命寺《ちょうめいじ》への定期連絡船を就航させるなど、観光客の誘致に努めました。

かつて交通の主役を務めた琵琶湖の船は、時代の変化に対応してその役割を変化させ、生き残りを図っているのです。（松下浩）

湖の道

これまで陸上の道をたどってきましたが、近江国は中央に琵琶湖をかかえており、琵琶湖を横断・縦断する湖の道が数多く存在しました。続いては、湖の道の起点となる琵琶湖岸の湊《みなと》をたどります。

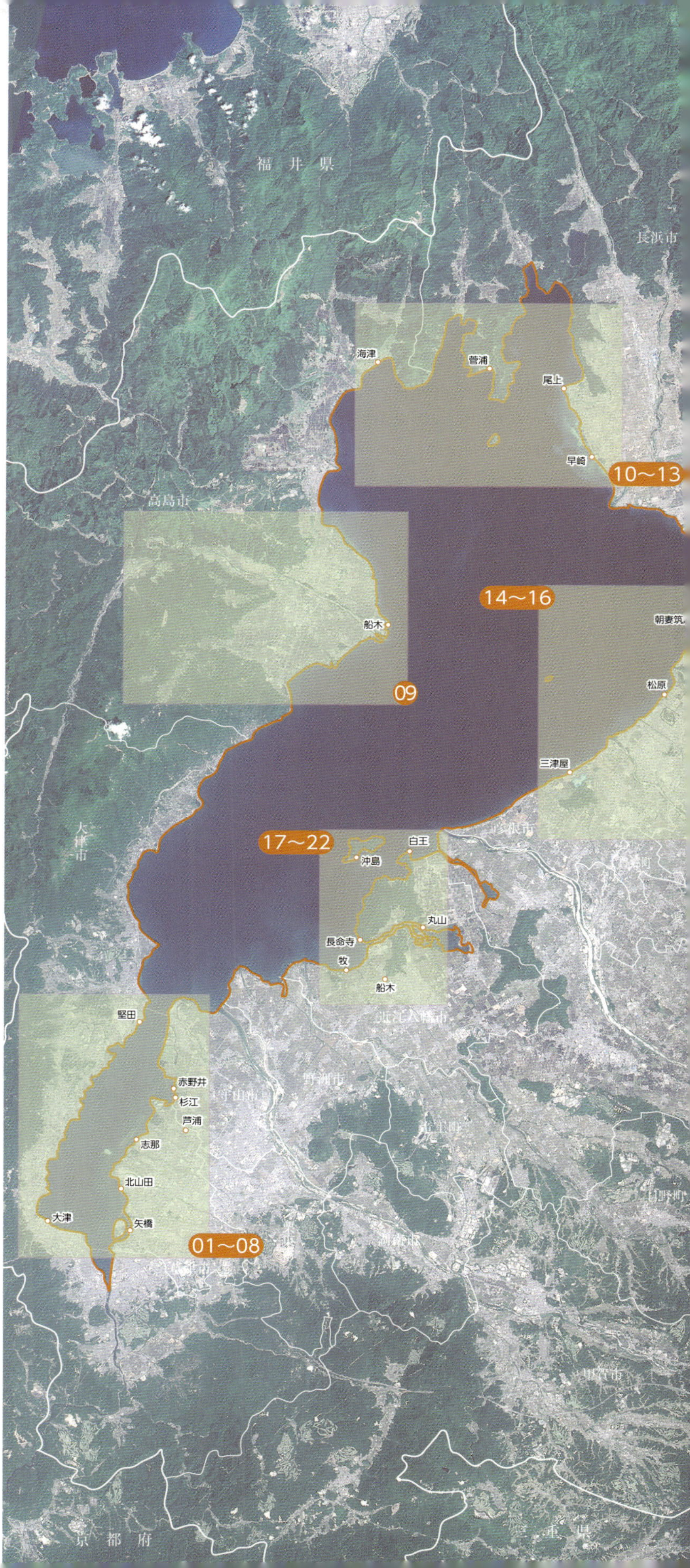

N
堅田駅
琵琶湖大橋
堅田
堅田中
堅田高
堅田漁港
02
居初氏庭園
堅田小
堅田港
満月寺
浮御堂
477
佐川美術館
奥比叡ドライブウェイ
仰木中
仰木の里
東小
成安
造形大
仰木の里小
北大津高
木浜漁港
仰木雄琴IC
おごと温泉駅
湖西道路
守山市
03
04
赤野井
釈迦堂川
赤野井道
矢島
大庄屋
諏訪家
屋敷
大津市
坂本北IC
赤野井漁港
赤野井浜
坂本比叡山口駅
滋賀県立琵琶湖博物館
杉江
小津神社
山賀
比叡山坂本駅
05
ケーブル坂本駅
松ノ馬場駅
JR湖西線
京阪電鉄
琵琶湖
堺川
芦浦観音寺
06
蓮海寺
芦浦
小津小
穴太駅
下阪本
印岐志呂神社
志那漁港
志那街道
長束
横江
161
志那
志那神社
唐崎駅
芦浦道
新堂中
栗東市
笠縫東小
北山田
松原中
笠縫小
北山田漁港
山田道
砂原天神社
木内石亭
住居跡
草津駅
中山道
07
皇子山中
大津城跡
草津市
草津宿
本陣
08
大津
01
湖南
農高
草津中
草津小
東海道
大津港
草津
総合病院
矢橋道
正光寺
びわ湖
浜大津駅
島ノ関駅
矢橋帰帆島
鞭崎神社
光泉
高・中
JR琵琶湖線
中央小
老上中
大津駅
滋賀
県庁
石場駅
平野小
矢橋
老上小
南草津駅
1
京阪膳所駅
大津高
滋賀大
附属小
逢坂小
滋賀短大
附属高
膳所駅
打出中
錦駅
膳所高
近江大橋
矢橋常夜灯
1 km
大津IC
滋賀短大
膳所小
膳所本町駅

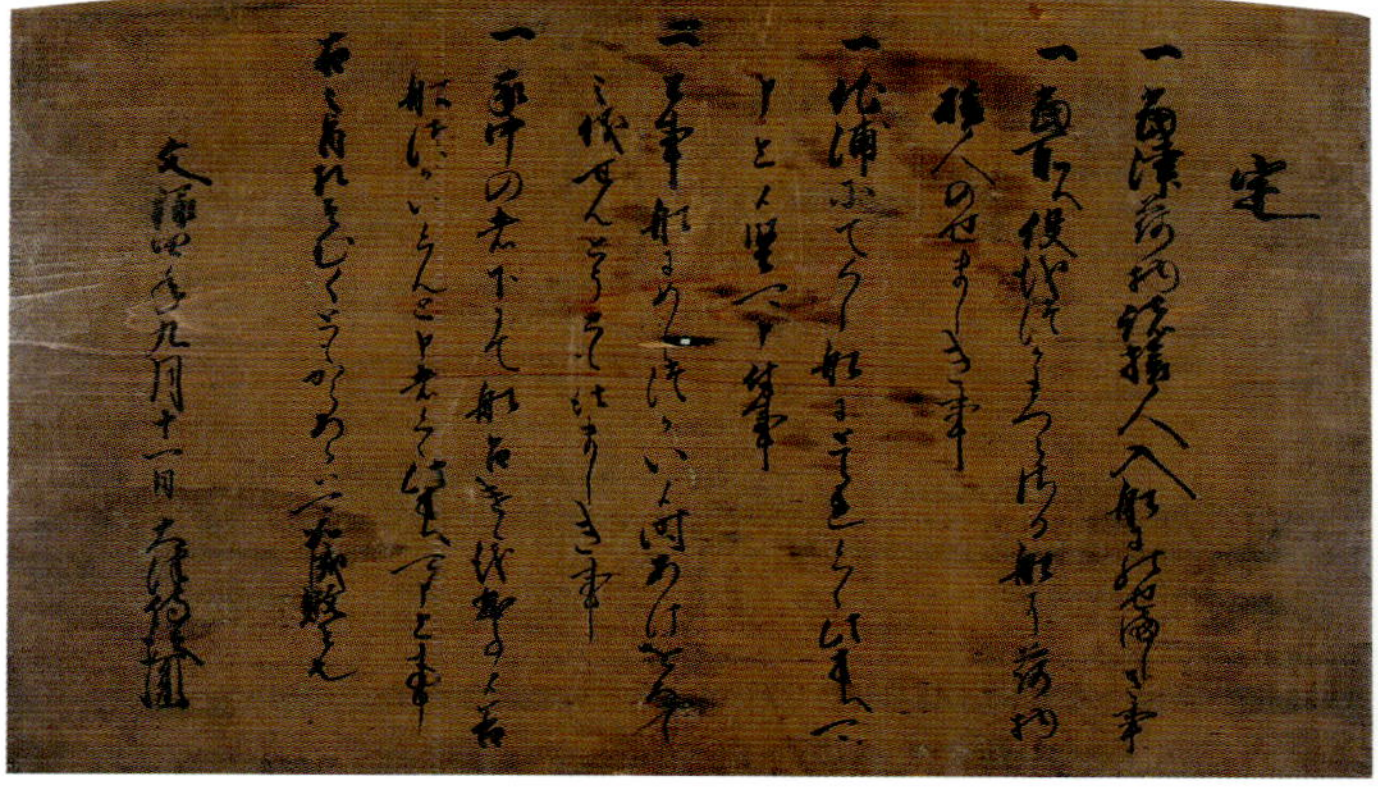

←重要文化財大津百艘船関係資料のうち京極高次制札（個人蔵、大津市歴史博物館提供）

↓大津城跡の碑

湖の道 01 大津

大津百艘船

大津市

平安時代から京都の外港として繁栄

大津は、湖南地域の湖上水運の核でした。平安時代より大津は京都の外港として繁栄しており、「延喜式《えんぎしき》」には、勝野津《かつのつ》（高島市勝野）や塩津《しおつ》（長浜市西浅井町塩津浜）から大津までの運賃が記されています。塩津や勝野津は陸路で日本海とつながっており、日本海からの物資が琵琶湖を経由し、大津で陸揚げされて京都に運ばれていたことがうかがえます。

一方で、延暦寺の門前である坂《さか》本《もと》にも湖岸には三津浜《みつはま》と呼ばれる湊《みなと》があり、大津とともに湖南の湊として栄えていました。織田信長《おだのぶなが》は、こうした坂本の重要性に着目し、1571（元亀《げんき》2）年、延暦寺焼き討ちの後、明智光秀《あけちみつひで》に坂本築城を命じました。

その後、本能寺の変で信長が死んだ後、天下を継承した羽柴秀吉《はしばひでよし》は坂本城を廃して大津城を築きました。秀吉の居城である大坂や伏見との連絡を重視したためといわれています。大津城は関ヶ原合戦後、廃城になりますが、町と湊は近世を通じて交通の要所として繁栄しました。現在は、埋め立てにより、湊の景観は大きく変わってしまいましたが、ところどころに大津湊の痕跡《こんせき》が残っています。

秀吉が特権を有する大津百艘船を組織

また秀吉は、新たな湖上水運の担い手として大津百艘船《ひゃくそうせん》を組織します。秀吉の命を受けた家臣の浅野長吉《あさのながよし》が、大津の船持ちに船を100艘集めさせたのがその起源であると由緒書には記されています。彼らは、大津住人にかかる負担の免除と合わせ、大津から出る人や荷物を独占的に扱うことや、他の湊での活動を認められるといった特権を有していました。近世を通じて大津が湖上水運の要として発展する基礎がこうしてできあがったのです。

2018（平成30）年10月31日、大津百艘船関係資料が重要文化財（歴史資料）に指定されました。同資料は、増田長盛《ましたながもり》や新庄《しんじょう》直頼《なおより》、京極高次《きょうごくたかつぐ》ら歴代大津城主の制札をはじめ、さまざまな文書や記録、器物類から構成されています。近世の琵琶湖水運の歴史を知るための基礎資料として大変貴重なものです。

（松下浩）

↑現在の大津港

➡名勝居初氏庭園（大津市教育委員会提供）

⬇堅田港周辺。琵琶湖岸のほぼ中央の緑が居初氏庭園、左下に浮御堂（びわこビジターズビューロー提供）

湖の道 02 堅田

居初氏庭園と浮御堂

大津市

大津から琵琶湖の西岸を北上すると、坂本、堅田《かたた》といった多数の船舶が出入りした港がありました。このうち堅田は、琵琶湖の最も狭い所に位置しており、琵琶湖を往来する水運を掌握《しょうあく》できる交通の要所でした。その重要性から、中世には延暦寺の湖上関《こじょうせき》が置かれていました。その一方で堅田の住人は、上乗権《うわのりけん》に代表されるさまざまな湖上特権を有していました。上乗権とは、琵琶湖を行き交う船を海賊から守るためにその船に乗り込んで航海の安全を保障し、その見返りを獲得するというものです。

そうした特権的な地位から、近世には「諸浦之親郷《しょうらのおやごう》」と称するなど、堅田は、琵琶湖の港町で、大津などとともに、最も繁栄した町の一つでした。

三上山を借景とする居初氏庭園

現在の堅田には、かつての繁栄ぶりを忍ばせる文化財が多数残っています。その一つに天然図画亭《てんねんずえてい》があります。天然図画亭は舟運《しゅううん》を取り仕切る権利を有していた居初《いそめ》氏の邸宅内に、江戸時代末期に建てられた書院です。

湖岸近くの敷地内の北側に書院は位置し、書院の北側と東側には、茶人藤村庸軒《ふじむらようけん》の手になる庭園がしつらえられています。庭園には石を直線状に敷き並べた通路を巡らし、マツやツツジなどの樹木が多数植えられています。東側は琵琶湖に向かって眺望が開け、広がる湖面、対岸の三上山《みかみ》などの山並みが借景《しゃっけい》として取り込まれています。この庭園は、「居初氏庭園」として国の名勝に、また、天然図画亭は県の有形文化財に指定されています。

中世の景観を伝える浮御堂付近

堅田の周囲に広がる湖岸のうち、浮御堂《うきみどう》付近は、「模本片田景図」（東京国立博物館）に描かれた中世の景観を伝えています。湖中に建つ浮御堂は満月《まんげつ》寺の建物の一つで、平安時代に山門横川《さんもんよかわ》の僧源信《げんしん》が建立したと言い伝えられています。現在の建物は1937（昭和12）年に再建されたもので、国の登録有形文化財となっています。

この付近の風景は、近江八景のひとつ、堅田落雁《らくがん》としても知られており、数多くの文人墨客《ぶんじんぼっかく》が題材として取り上げてきました。満月寺の境内にも松尾芭蕉《まつおばしょう》をはじめとする俳人たちの句碑が建てられています。行楽・参詣で多くの人々が訪れる名所として知られていることから、近江八景（堅田落雁）として国の登録記念物（名勝地関係）となっています。（上垣幸徳）

⬆国登録有形文化財海門山満月寺浮御堂

➡複雑な様子を見せる敷地南側から見た大庄屋諏訪家屋敷

⬇赤野井浜船入跡

湖の道
03
赤野井

大庄屋諏訪家屋敷

守山市

大庄屋を代々務めた諏訪家

守山市の北部に位置する赤野井《あかのい》町は、西部が琵琶湖に面しており、元禄年間（1688〜1704）に記された「淡海録《おうみろく》」からは多くの船を所有していたことがわかり、湖上交通が盛んであったことがうかがえます。西に離れて存在する赤野井浜に荷揚げされた物資は、年貢米《ねんぐまい》を大津へ搬出するために利用された赤野井道を通り、村の中心部へ運ばれており、明治6（1873）年に記された「地《ち》券取調総絵図《けんとりしらべそうえず》」によると、物資は、日本遺産の構成物件にも認定され、市指定文化財の史跡でもある大庄屋諏訪家屋敷《おおじょうやすわけやしき》に着いたことがわかります。

諏訪家は、室町時代に信州から赴任《ふにん》したのを始まりとし、江戸時代には農民の指導者でもある大庄屋を代々務め、明治時代には初代野洲《やす》郡長、玉津《たまつ》村長を歴任するなど、この地方の中心的役割を担っていました。

⬆諏訪家屋敷　書院

複雑に構成された主屋と書院

敷地中央には主屋《しゅおく》が建ち、東に書院、北に土蔵が接続し、主屋北側に広がる庭園の先には敷地北側を流れる釈迦堂《しゃかどう》川を見下ろすように、茶室が建っています。主屋は、入母屋造《いりもやづくり》、茅葺《かやぶき》で、正面と背面には桟瓦葺《さんがわらぶき》の下屋《げや》がかかります。内部は南側が2室に分かれた土間で、北側は南北・東西各3列の全9室で構成されています。

主屋東側の書院は、入母屋造、茅葺で、内部は正面（南面）に式《しき》台《だい》がつく玄関座敷、その奥に種類の違う庭園に面した中座敷と奥座敷が続きます。また、玄関には入母屋造、桟瓦葺の屋根が茅葺屋根に接続してかかり、敷地南側から主屋と書院を見渡すと、大小の茅葺屋根、下屋や2棟の取り合い部、そして書院の入母屋造の屋根の、複雑で巧妙な様子を一度に見ることができます。

庄屋屋敷の特徴である式台玄関や床をもつ接客用の座敷が書院にあることから、諏訪家住宅主屋と書院は一体的に屋敷を形成していたと考えられ、書院の破風《はふ》の墨書によると、1825（文政8）年と1838（天保9）年に修理が行われており、このことから江戸時代後期に建てられたと考えられています。

2016（平成28）年から今年まで大規模な修復工事が行われ、現在は内部ともに一般公開されています。

（伊藤静香）

➡小津神社の祭礼の長刀振り
⬇小津神社の祭礼の神輿渡御

湖の道

04 杉江

小津神社の祭礼

守山市

杉江《すぎえ》（守山市杉江町）は赤野井《あかのい》（守山市赤野井町）の南西に位置する集落です。赤野井と同様、湖上水運の要所で、集落内に琵琶湖から水路が入り込み、船入《ふないり》を形成している様子が1873（明治7）年作成の「杉江村絵図」（滋賀県蔵）に描かれています。

集落の中心に鎮座するのが小津《おづ》神社です。小津神社は延喜式内社《えんぎしきないしゃ》に比定される古社で、本殿に安置される女神像は平安時代中期の作で重要文化財に指定されています。江戸時代の小津神社は、近隣13カ村という大きな氏子《うじこ》域を持ち、氏子の村落が連合して祭祀《さいし》が行われてきました。現在は11カ村が8組に分かれて春の祭礼行事が続けられています。

長刀振りとサンヤレ踊り

5月5日の祭礼では神輿《みこし》が渡御《とぎょ》するとともに芸能の奉納が行われます。この祭礼行事は、「舁《か》き番《ばん》」と「踊り番」という2種類の祭礼当番があり、毎年、氏子の集落が輪番制で務める慣わしとなっています。この踊り番を杉江、赤野井、矢島《やじま》、三宅《みやけ》、山賀《やまが》、石田《いしだ》の集落が務める年は、長刀振《なぎなたぶ》りやサンヤレ踊りという芸能が奉納されます。

長刀振りが多数の少年や青年が手にした長刀を振りながら行列を先導し、サンヤレ踊りが花笠など美しい衣裳できらびやかに装い、太鼓、鉦《かね》、ササラ、笛などで賑やかに囃《はや》しながら長刀振りに続き地域を巡行します。

こうした踊りは、風流《ふりゅう》踊りと呼ばれ、滋賀県内各地で伝承されています。「風流」とは、さまざまな趣向を凝らし見物人を驚かせる趣向のことを言い、このような風流踊りは、近世初期に京都から当地に伝わり定着したものであるとされています。

疫病から地域を守るための踊り

長刀振りの祭礼の起源は、疫神を鎮めて送ることにあるとされています。現在のように衛生環境や医療技術が整う前は、地域に伝染病などが蔓延すると、深刻な事態となりました。かつて人々は、こうした病をはやらせるのは疫神《えきじん》の仕業《しわざ》によるものと考え、病がはやり出す前に、地域内にいる疫神を音楽や踊りで囃し立てながら集めて回り、地域外へと送り出そうとしました。

災厄から地域を守ろうとした人々の祈りは、地域の繁栄を願い今後も脈々と受け継がれていくことでしょう。ぜひ5月5日は街道歩きとあわせてお祭り見学にお出かけください。

（矢田直樹）

⬆杉江の船入跡

➡空から見た芦浦観音寺（３点とも草津市教育委員会提供）

⬇芦浦観音寺の表門（長屋門）

湖の道 05 芦浦

船奉行芦浦観音寺

草津市

時の支配者に琵琶湖の水運権を任される

野洲《やす》郡の杉江《すぎえ》（守山市杉江町）の港から南に向かって船を進めると、間もなく栗太《くりた》郡の沿岸へと達します。栗太郡に入ると現在の草津市芦浦《あしうら》町となり、その地には観音《かんのん》寺が所在しています。

大慈山《だいじさん》観音寺、通称芦浦観音寺は聖徳太子開基の伝承を持つ天台宗の寺院です。創建時の寺院は一時廃《すた》れたようですが、室町時代に復興されました。以後、室町幕府や近江守護六角《ろっかく》氏の庇護《ひご》を受けていき、織田信長《おだのぶなが》が近江を掌握《しょうあく》した際にも信長とのつながりを得て琵琶湖の水運権を任せられます。

その後、豊臣秀吉《とよとみひでよし》からは近江における直轄《ちょっかつ》地の代官と船奉行に任じられ、琵琶湖全体の水運を掌握することとなりました。徳川家が天下を掌握した後も引き続き、近江国内の徳川領の代官と船奉行に任じられ、その寺勢を極めることとなります。

⬆芦浦観音寺阿弥陀堂

中近世の城郭に似た境内

現在も草津市芦浦町に残る観音寺の境内は、堀と土塁《どるい》に囲まれ、石垣や土塀を巡らす門構えなど、中近世の城郭に似た特異な景観を呈しています。また境内には、江戸時代以前に建造された建物も残されています。

境内で行われた発掘調査では、境内を南北に分け、江戸時代の末に埋められた堀の跡も見つかっています。境内からは水路が延び、北側を流れる堺川につながっています。堺《さかい》川は守山宿から琵琶湖に流れ込む川で、かつてはこの川を利用して琵琶湖と観音寺の間を船が行き来していたものと思われます。

また、現境内の西側は現在水田が広がっていますが、江戸時代に描かれた「芦浦観音寺境内絵図」には、堀と竹垣に囲まれた建物が描かれており、寺と一体の施設があったところと想定されます。

このように、観音寺の境内とその周辺は豊臣・徳川の天下統一事業に深く関わり、特に琵琶湖の湖上交通全体を掌握する船奉行として重要な役割を担った寺跡であることから、「芦浦観音寺跡」として国の史跡に指定されています。

また、観音寺は仏像や中近世にかけての文書といった多数の有形文化財が残されていることから、「近江の正倉院」とも呼ばれています。

（上垣幸徳）

➡かつての湖岸べりに建つ蓮海寺

⬇志那街道沿いに建つ志那神社の鳥居

湖の道

06 志那

志那街道と志那湊

草津市

中山道守山宿とを結んだ支那街道

琵琶湖南湖の東岸、現在の守山市・草津市一帯には、多くの湊《みなと》がありました。志那《しな》(草津市志那町)もそうした湊の一つです。

志那は、「太平記《たいへいき》」に北畠顕家《きたばたけあきいえ》が志那浜から船で坂本へ渡ったと記されているように、南北朝期には湊として利用されていたようです。

この志那湊と中山道守山宿を結ぶ道が志那街道です。守山宿から、金森《かねがもり》(守山市金森町)、大門《だいもん》(守山市大門町)、横江《よこえ》(守山市横江町)、長束《なつか》(草津市長束町)、芦浦《あしうら》(草津市芦浦町)、片岡《かたおか》(草津市片岡町)を経て志那湊へといたるこの街道は、内陸部と琵琶湖を結ぶ幹線道路として、中世から利用されていました。1568(永禄11)年、織田信長が、足利義昭《あしかがよしあき》をともなって上洛《じょうらく》する際にもこのルートを利用したことが、「信長公記《しんちょうこうき》」に記されています。

芦浦観音寺以前に支那湊を管理した市川氏

中世、志那湊を管理していたのは在地の土豪市川《いちかわ》氏です。市川氏に伝わる古文書には、近江守護六《ろっ》角義賢《かくよしかた》や義治《よしはる》から出されたものが含まれています。市川氏は、信長の近江進攻後も六角氏に従っており、1570(元亀《げんき》元)年の坂本《さかもと》合戦で、森可成《もりよしなり》以下数百人が討ち死にした際、浅井方に船を手配した市川吉澄《よしずみ》に対する六角義賢の礼状が残されています。

その後、志那湊の管理は芦浦観音寺に任されます。1580(天《てん》正《しょう》8)年11月7日付の芦浦観音寺宛の織田信長《おだのぶなが》朱印状写には、寺領300石《こく》とあわせて、「志那渡舩《しなとせん》」の支配権を従来どおり認めることが記されています。市川氏が信長と敵対する側に付いたため、信長は芦浦観音寺に志那湊の管理を認めたのではないでしょうか。

志那湊の位置ははっきりしませんが、古地図によれば、現在蓮海《れんかい》寺が建っているあたりが湖に突き出すようになっています。現状では、蓮海寺の西側や北側は地形が低くなっていることや、志那街道の終着が蓮海寺の前にあたることから、かつての湊は蓮海寺付近だったと考えられます。

今では埋立てにより蓮海寺周辺は陸化されていますが、寺の周囲の石垣や、寺の南にある志那漁港に、かつての志那湊の情景が思い浮かべられます。

(松下浩)

⬆志那街道

→木内石亭住居跡
←木内石亭像（二木長右衛門氏蔵）

湖の道 07 北山田

草津市

木内石亭住居跡

北山田港を管理した木内小兵衛家

北山田港（草津市北山田町）は東海道草津宿から1里8町（4・8km）西に位置し、早くから対岸の下坂本《しもさかもと》（大津市下阪本）へと船運による短捷路《たんしょうろ》が開かれていました。下坂本は比叡山延暦寺の門前港であるため、北山田は比叡山と琵琶湖東岸、さらには東日本とを結ぶ重要な港でした。「近江輿《おうみよ》地志略《ちしりゃく》」（1733年成立）には北山田村に丸子船16艘、艜船《ひらた》1艘、艜網船2艘があったと記されるなど、下坂本以外にも大津港などとの間に米などの荷物を盛んに運び、漁港としての側面もあったことが知られています。

その北山田港に屋敷を構えた木内小兵衛《こへえ》家は、代々「郷《ごう》代官」に任じられ、港湾管理を行いながら膳所《ぜぜ》藩領10数カ村の村落支配を総括しました。今に残る屋敷内には、「渡船安全」と柱に刻まれた石造の常夜灯《じょうやとう》も建てられています。

→『東海道名所図会』をもとに歌川広重が浮世絵に描いた、石亭博物館の展示品（「五十三次張交《はりまぜ》 草津」部分）
（草津市立草津宿街道交流館蔵・写真提供）

日本考古学の祖　木内石亭

江戸時代中期、下坂本に生まれて母の実家である北山田木内家の養子となったのが、日本考古学の祖として知られる木内石亭《きのうちせきてい》（本名小繁《こはん》、1724〜1808）です。石亭は結果的に郷代官を継ぐことはありませんでしたが、北山田を拠点に京都、大坂、江戸をはじめ諸国をめぐって石器や化石、鉱物資料などの収集と研究を進め、その道の第一人者として「石の長者」と呼ばれるようになります。

石亭の住居は同時に、日本初の常設公開博物館でもありました。1797（寛政9）年に刊行されて当時のベストセラーとなった旅行ガイドブック『東海道名所《とうかいどうめいしょ》図会《ずえ》』にも博物館「石亭」が項目立てされ、見開きのイラストを含めて詳細に紹介されています。2000余品の石が展示台に陳列され、全国からたくさんの見学者が訪れました。1800（寛政12）年3月に飛騨《ひだ》高山から訪れた4名は何と、24時間のあいだ飽くことなく石を見続けた記録も残っています。北山田の「石亭」は、日本における考古学や鉱物学、古生物学などの発祥地であり、全国から人々が集う、近世学問の一拠点でもあったのです。（井上優）

↓矢橋港の石積

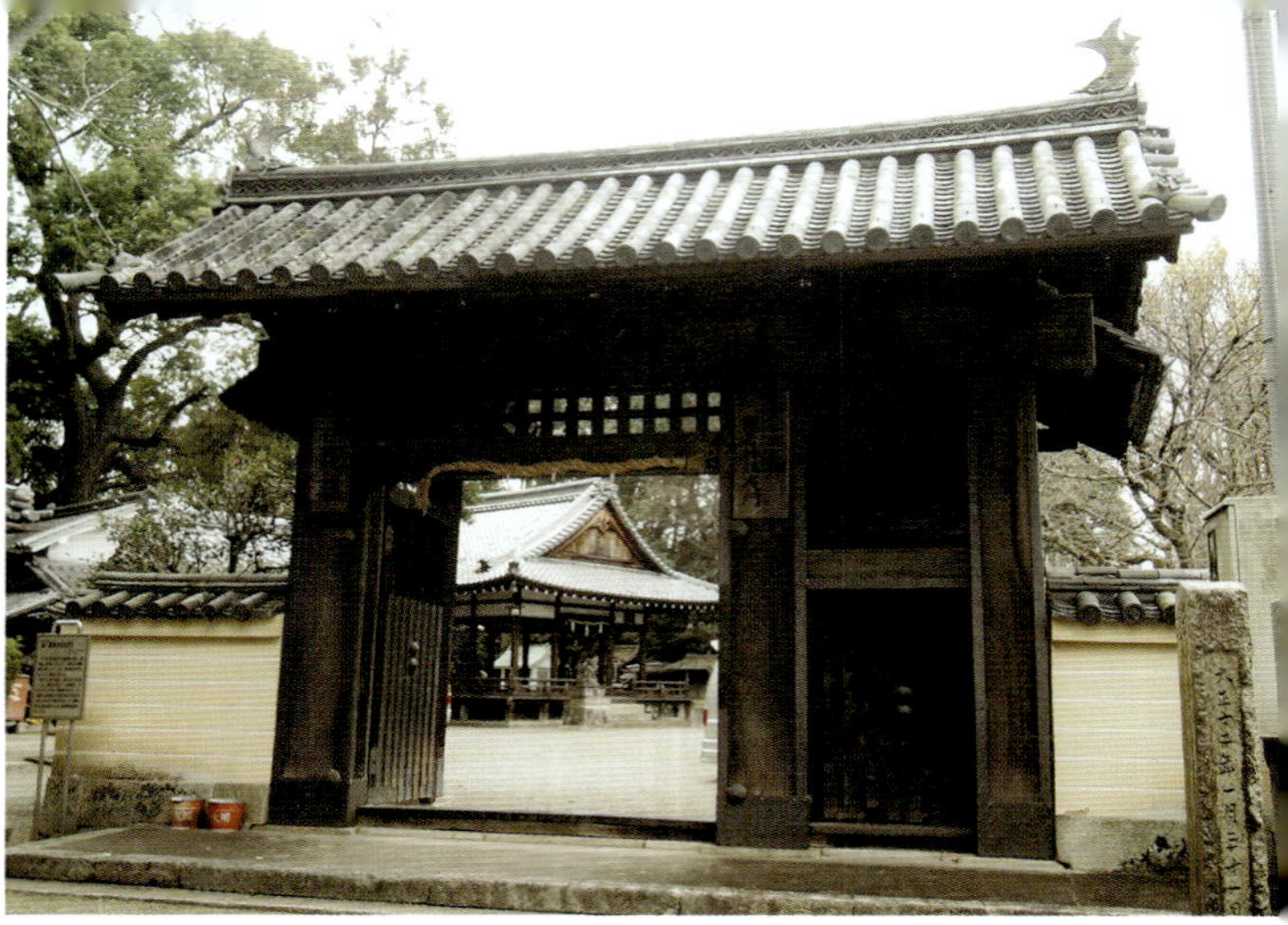

➡膳所城南大手門を移築した鞭崎神社表門（重要文化財）

湖の道 08 矢橋

矢橋港と鞭崎神社

草津市

今も残る常夜灯と港の石積

草津市北山田《きたやまだ》町を琵琶湖沿いに南に進み、帰帆北橋《きはんほっきょう》を越えて人工島の矢橋帰帆島《やばせきはんとう》に着くと、草津市矢橋町に入ります。矢橋は、日本最古の和歌集「万葉集」にもその名が登場する恋の歌があり、また歌川広重《うたがわひろしげ》の浮世絵「近江八景《おうみはっけい》」で町の西側の矢橋港が「矢橋帰帆」として描かれるなど、多くの人々の心にその風景を焼き付けた歴史ある町です。

矢橋港は、かつては東海道の草津宿に直結していたことから、所有する船数や利用者の人数が周辺地域でも有数の港であり、また、東海道の大津・草津間の短縮航路としても、織田信長《おだのぶなが》を始めとする多くの人々に利用されていました。

現在、港は公園となっていますが、１８４６（弘化３）年建立の常夜灯と港の石積が残っており、かつてその場所から多くの船が旅人を乗せて対岸へと渡っていた光景を思い浮かべることができます。

廃城となった膳所城の遺構

対岸へ向けていた目をその反対側、港の東側に向けると、家々の中にひときわ高い木々に囲まれた場所があることがわかります。その境内林に囲まれた場所に、国の重要文化財である表門が建つ鞭崎《むちざき》神社があります。その名の由来は、１１９０（建久元）年に源　頼朝《みなもとのよりとも》が上洛《じょうらく》した際、鞭で神社の森を指して神名を尋ねたことからとされています。

鞭崎神社表門は、１８７１（明治４）年に廃藩置県にともない膳所城が廃城となった際に、県内外に移築された城門の一つです。矢橋が膳所藩の領地であったことから、南大手門が鞭崎神社に移築されました。

屋根は本瓦葺《ほんかわらぶき》で、本柱《ほんばしら》の後方に控《ひか》え柱を建て、本柱と控え柱にそれぞれ切妻《きりづま》屋根をかける高麗門《こうらいもん》となっています。門扉は板の上に鉄板を縦方向に張った堅牢《けんろう》な造りとなっており、慶長年間（１５９６～１６１４）の建立の特徴を残しています。また、軒瓦には膳所城の城主であった本多《ほんだ》氏の家紋である立ち葵《あおい》が刻まれ、膳所城の入り口を力強く、また誇り高く守っていた様子がうかがえます。

現在の矢橋の町には、かつて港が所在し、多くの人々が行き交った江戸時代の賑《にぎ》わいはありませんが、矢橋港跡や鞭崎神社表門は、今も静かに矢橋の町を見守っています。

（伊藤静香）

⬆鞭崎神社表門の軒瓦

奥山ダム
367
阿弥陀山
新旭駅
高島市役所
琵琶湖
JR湖西線
161
09
高島市
安曇川駅
若宮神社
北船木
蛇谷ヶ峰
南船木
本庄小
びわ湖こどもの国
安曇川
松ノ木内湖
鴨川
岳山
近江高島駅
大溝城跡
勝野
1 km
N

←船木材木番所跡

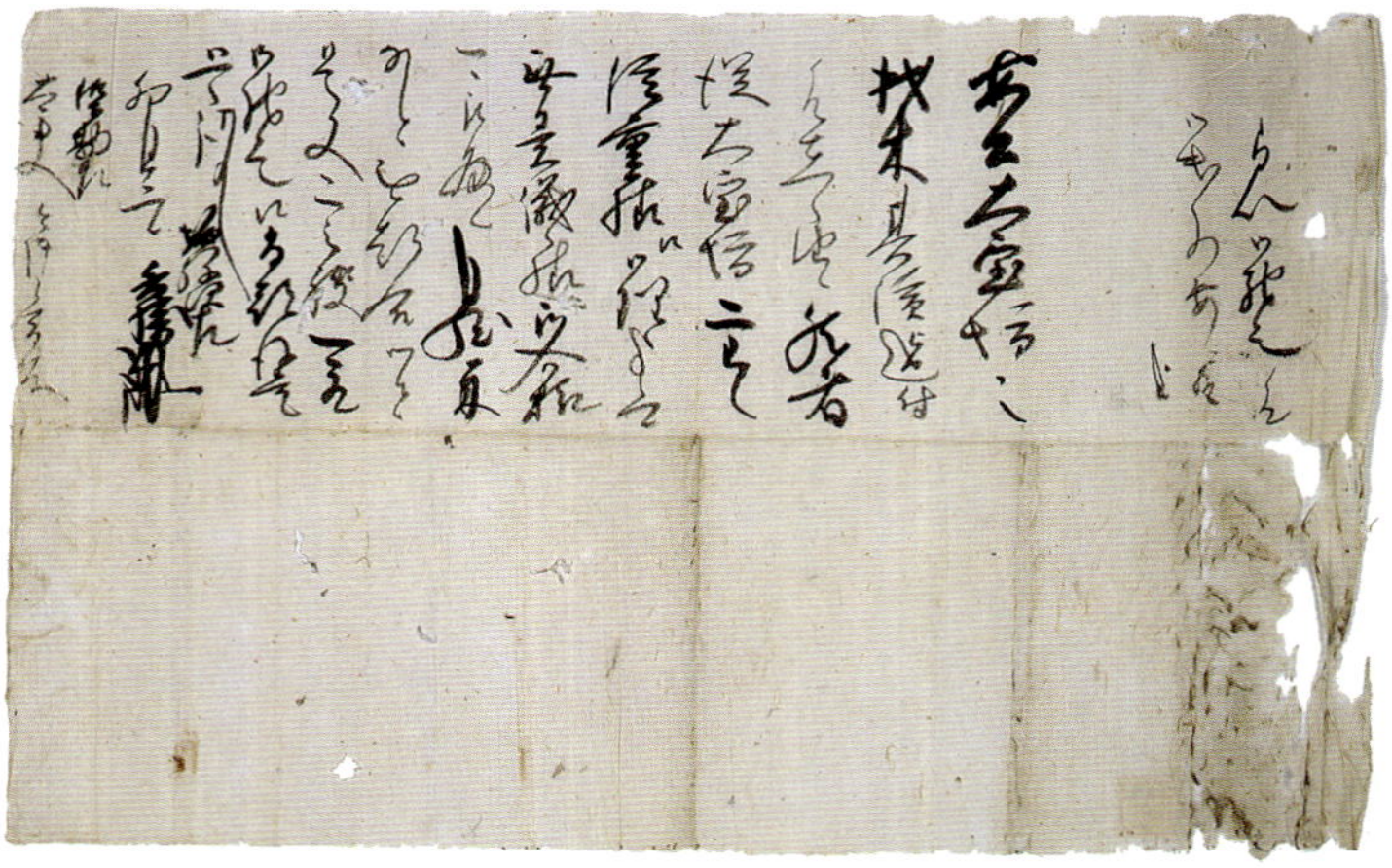

→堀田秀勝書状（個人蔵）

湖の道

09 船木

安曇川河口の材木集積地

高島市

北船木の供祭人と南船木の材木座

船木は安曇《あど》川河口に位置する集落です。古くから安曇川水運と琵琶湖との結節点として重要な地位を占め、延暦寺の湖上関《こじょうせき》（日吉船木関）が設けられていました。また、上賀茂《かみがも》社（京都市）に湖魚を供進する御厨《みくりや》（安曇川御厨）が置かれていました。

船木の集落は、安曇川河口を挟んで、北に位置する北《きた》船木と南《みなみ》に位置する南船木に分かれます。上賀茂社に伝来した古文書に、「船木北浜供菜人」という文言が見られることから、北船木には、上賀茂社に湖魚を供進する供祭人《くさいにん》が集住していたようです。

彼らは、上賀茂社に供える魚を獲っていたことから、安曇川に対する漁業権を独占していました。今でも北船木の若宮神社では、安曇川献進祭として上賀茂神社に魚を奉納していますが、安曇川御厨からの湖魚の供進に由来するものです。

一方南船木は、葛川谷《かつらがわだに》や朽木《くつき》谷から伐り出され、安曇川を下ってきた材木の集積地でした。そのため、ここにはそれらの材木を独占的に扱う材木座がありました。地元に伝来する材木座関係の古文書には、座の由緒として京極《きょうごく》氏の御用を務め、運上を納めていたことから、その恩賞として材木商売の独占営業を認められたと記されています。

安土にも運ばれた湖西の材木

実はこの材木座関係の古文書の中に、湖西の材木が信長《のぶなが》時代に安土に運ばれたことを記したものがあります。大溝《おおみぞ》城主織田信澄《のぶずみ》の家臣堀田秀勝《ほったひでかつ》が材木座人に宛てて出した書状です。内容は、安土大宝《だいほう》坊《ぼう》の材木を送ったので間違いないよう取り扱うことを申し渡したものです。安土大宝坊は、1582（天正10）年5月、徳川家康が安土を訪れた時宿舎とした所です。文中に出てくる「信重様」とは織田信澄のことで、信澄は本能寺の変直後に殺されることから、この書状の年代は本能寺の変以前と考えられます。つまり、信長時代に安土の建物に湖西の材木が使われたことを示すものなのです。

安土城や城下町の建設にあたり、その材木がどこから運ばれたかはわかりませんでしたが、湖西の材木が使われた可能性を示す重要な史料だということができます。

（松下浩）

↑琵琶湖に向かって流れ込む安曇川の河口

マキノ北小
道の駅
マキノ追坂峠
161
高島市
マキノ東小
奥田湖
JR湖西線
西浜
マキノ駅
蓮光寺
中ノ川
海津
東山
10
知内
知内漁港
大浦
大浦漁港
須賀神社
菅浦
奥琵琶湖パークウェイ
四足門
11
葛籠尾崎
葛籠尾崎
湖底遺跡
竹生島
宝厳寺
琵琶湖
磯野山
西野水道
古保利
古墳群
古保利小
12
片山港
野田沼
山本山
尾上港
尾上
尾上浜遺跡
湖北野鳥センター
道の駅湖北みずどり
ステーション
朝日小
余呉川
浅井寺遺跡
長浜市
北陸自動車道
びわ北小
竹生島
一の鳥居
早崎
奥びわ
スポーツの森
早崎港
13
田川
八木浜
八木浜港
500m

➡湖岸の石垣

⬇海津中村町の船入。奥がマキノ東小学校

湖の道 10 海津

重要文化的景観と湖岸石垣

高島市

重要文化的景観に選定された水辺景観

船木から湖岸を北上すると、木津《こうづ》、今津《いまづ》の港があります。両港は、琵琶湖の西岸を大津から越前敦賀《えちぜんつるが》へと向かう西近江路《にしおうみじ》との接点となる港です。また今津は、若狭小浜《わかさおばま》へと向かう九里半街道《くりはんかいどう》が、西近江路から分かれる交通の要所です。

今津からさらに北へ進むと、高島市マキノ町の海津《かいづ》にいたります。古くから海津は、敦賀と海津を結ぶ七里半《しちりはん》街道を経て北陸から運ばれてきた物資を、京都方面に運ぶ中継港としての役割を担っていました。海津には部分的に内湖が残っており、かつての船入が完全には埋められてはいません。このように、昔ながらの景観が残されています。

2008（平成20）年、海津を含む高島市マキノ町西浜《にしはま》・知内《ちない》の海岸一帯および知内川と琵琶湖を含む約1842haを対象として、琵琶湖や河川、内湖の周辺で続けられている昔ながらの生活習慣、湖岸の石積みや共同井戸、地内川周辺でつづけられている伝統的な漁法などの多様な水文化が評価され、「高島市海津・西浜・知内の水辺景観」として全国で5番目に重要文化的景観に選定されました。

石垣や舟入の起源

海津を代表する景観である湖岸の石垣は、1703（元禄16）年、西浜を領する甲府藩の代官となった西与一左衛門《にしよいちざえもん》が、幕府領の海津東浜の代官金丸又左衛門重政《かなまるまたざえもんしげまさ》とともに幕府の許可を得て、湖岸波除《なみよけ》石垣を西浜に495・5m、東浜に668m築いたものです。この石垣は嵐で何度か破損しましたが、改修され今日に至っています。その功績を称え作られた碑が、西浜地区の蓮光寺《れんこう》に建っています。

また、中村町の船入は、1585（天正13）年から1600（慶長5）年にかけてこの地を領した大谷吉継《おおたによしつぐ》が、中ノ川《なかのかわ》を新たに開削《かいさく》して奥田湖《おくだこ》（現在は田地化）に船を停泊できるようにしたのがはじまりで、その後、加賀藩《かがはん》がこの地を領することになり、本格的に整備されたと言われています。

現在、マキノ東小学校は、中ノ川と奥田湖を堀とする方形区画の中にありますが、その場所に、かつて加賀藩海津屋敷が置かれていました。屋敷の正面には船入が設けられ、加賀藩が琵琶湖を経由して大津・京・大坂へと輸送する年貢米《ねんぐまい》の中継地点となりました。

（大道和人）

⬆海津の石垣

➡菅浦の景観（長浜市長浜城歴史博物館提供）

⬅国宝に指定された菅浦絵図（須賀神社蔵、滋賀大学経済学部附属史料館寄託・滋賀大学経済学部附属史料館提供）

湖の道 11 菅浦

国宝菅浦文書と重要文化的景観

長浜市

朝廷とも関わりの深かった集落

菅浦《すがうら》は琵琶湖の北端に突き出した岬に位置する集落です。かつては船運が外部との主たる交通手段で、1971（昭和46）年に奥琵琶湖パークウェイが開通するまでは「陸の孤島」などと呼ばれたこともあります。独特の地理的環境を背景に、自らの掟《おきて》をもつなど、早くから自治共同体を発達させてきたことでも知られてきました。

菅浦の住人は、平安時代末に高《たか》倉《くら》天皇の供御人《くごにん》となり、以後朝廷に供物《くもつ》を調進しています。一方、菅浦の地は延暦寺檀那院《だんないん》の末寺である竹生島宝厳寺《ちくぶしまほうごんじ》に寄進され、山《さん》門《もん》領菅浦荘となりました。琵琶湖の奥まった地ではありますが、朝廷とも大寺院とも関わりの深い集落だったのです。

国宝となった菅浦文書と絵図

ところで菅浦には、「惣《そう》」と呼ばれる中世の自治組織によって、鎌倉時代から江戸時代にかけて作成され、地域に長く伝えられてきた古文書群があります。この菅浦文書は、わが国でも群を抜いて著名な村落史料です。大正期に歴史学会に紹介されて以来、菅浦文書を素材とした中世村落史研究が盛んに行われ、数多くの論文や著作が生み出されてきました。

また、菅浦には、隣りあう大浦《おおうら》と荘園の境界を争ったことにより、南北朝時代に作成された絵図も伝わっています。村内唯一の田地である「日指《ひさし》・諸河《もろかわ》」の地の帰属をめぐる争いで、この菅浦絵図は、両田地が菅浦の領域に含まれることを主張した描き方となっています。菅浦の領主であった竹生島の伽藍《がらん》配置や樹木なども詳細に描写しており、貴重な荘園絵図です。

2018（平成30）年、菅浦文書65冊と菅浦絵図（正式には「菅《すが》浦《うら》与《と》大浦下庄《おおうらしものしょう》堺《さかい》絵図《えず》」と呼ばれる）1幅《ぷく》をあわせて、わが国を代表する中世村落史料として、県内では実に52年ぶりに新しく国宝に指定されました。

すでに2014（平成26）年には特色ある「菅浦の湖岸集落」が国の重要文化的景観として選定されており、中世の面影を伝える菅浦の豊かな歴史遺産を、今後ますますしっかりと守り、伝え、世界へ向けて発信していくための条件が整ってきました。　（井上優）

⬅菅浦の集落の入口に置かれた四足門（びわこビジターズビューロー提供）

➡東から見た葛籠尾崎と竹生島

⬇葛籠尾崎湖底遺跡から出土した古式土師器

湖の道 12 尾上

丸木舟と湖底遺跡

長浜市

万葉集でも詠われた津乎の崎

尾上《おのえ》は、琵琶湖の最北端にある塩津《しおつ》湾の入り口付近、余呉《よご》川河口の三角州に形成された集落です。尾上の北側の湖岸に沿って障壁のように横たわる丘陵には約１３０基の古墳が連なる古保利《こぼり》古墳群があり、余呉川河口の平地には浅井《あざい》寺遺跡など３つの白鳳《はくほう》寺院跡があります。また、万葉集に「葦《あし》べには鶴《たづ》が音鳴きて潮風《みなとかぜ》寒く吹くらむ津乎《つを》の崎はも」と詠《よ》まれた「津乎の崎」は尾上付近のことと考えられていて、今も漁港を有するこの土地が、古くから港を備えた要衝の地であったことがうかがえます。

その様子を伝える遺跡が、集落の湖岸から湖底に広がる尾上浜《おのえはま》遺跡です。発掘調査では、祭祀《さいし》に関わる斎串《いぐし》や「黒毛祓《くろげのはらえ》」と墨《すみ》書きされた馬形代《うまかたしろ》、古代の公的施設に関わる墨書《ぼくしょ》土器や硯《すずり》に転用した土器といった特徴的な遺物が多く出土しています。

また、琵琶湖に流れ込む流路跡から、ほぼ完全な形で出土した全長約５・５ｍの縄文時代の丸木舟《まるきぶね》からは、約３０００年前の尾上で暮らした人々の湖上での生業や沖合との往来がうかがえます。

解明が待たれる湖底遺跡

尾上の集落から、西に広がる琵琶湖を臨《のぞ》むと、ぽっかりと浮かぶような竹生島《ちくぶしま》と、島に向かって半島状にのびる葛籠尾崎《つづらおざき》の岬を眺めることができます。この半島沖の湖底にあるのが、葛籠尾崎湖底遺跡です。

１９２４（大正13）年に尾上の漁師がイサザ漁の網で数個の土器を引き上げたことで発見され、故小江慶雄《おえよしお》氏（元京都教育大学学長）が研究を進めた日本の考古学史に残る、琵琶湖を代表する水中遺跡です。水深10～70ｍの湖底からこれまで約１４０点を数える土器が見つかっていて、縄文時代から平安時代までの長い時代の土器が、割れずにじっと沈んでいたようなものが多い点が特徴です。

この遺跡が形成された要因は、地盤の沈下、運搬途中の落下、祭《さい》祀《し》での投げ込みなどさまざまな説がありますが、いまだに解明されない謎の１つです。

これまでに引き上げられた土器や尾上浜遺跡で出土した丸木舟は、尾上にある資料館で見ることができます。湖岸からの美しい琵琶湖の眺めとともに、湖底にある遺跡の謎解きを楽しんでみてはいかがでしょうか。

（大﨑哲人）

⬅尾上浜遺跡で出土した縄文時代の丸木舟

⬅畑の中に立つ「竹生島一の鳥居」

⬇早崎付近の湖岸から竹生島をのぞむ（サンライズ出版撮影）

湖の道 13 早崎

湖北に残る竹生島信仰の港

長浜市

竹生島宝厳寺の門前湊

西国《さいごく》三十三所観音霊場の第30番札所である竹生島宝厳寺《ほうごんじ》。巡礼者たちが竹生島へ渡る時の湊として、琵琶湖の東岸では尾上《おのえ》・八木浜《やぎはま》・早崎《はやざき》などが古くから用いられていました。

なかでも早崎は、中世を通して竹生島領であったことから、歴史的・財政的に竹生島にとって重要な場所でした。早崎は、西国巡礼者が島へと渡るための港であるだけでなく、宝厳寺やそれを取り巻く職人や商人などが集住するような、竹生島における経済活動の心臓部を担う門前湊だったと考えられます。

この早崎と竹生島のつながりを示すものが、早崎集落の東側の畑の中に残されています。それは「竹生島一《いち》の鳥居」と呼ばれる鳥居で、1786（天明6）年に江戸在住の江嶋屋甚兵衛《えしまやじんべえ》と、早崎近隣の住人が建立したものです。この他にも、北国街道から竹生島への道筋を示す道標が街道と鳥居を結ぶルート上に残されています。

鴨田遺跡から出土した大量の巡礼札

また、発掘調査からも西国巡礼に関する資料が見つかっています。

1993（平成5）年、長浜市大戌亥《おおいぬい》町の鴨田《かもだ》遺跡で、15～16世紀の集落にともなう区画溝の中から巡礼札53点が出土しました。調査の結果、付近にお堂のような施設があったのではないかと考えられています。

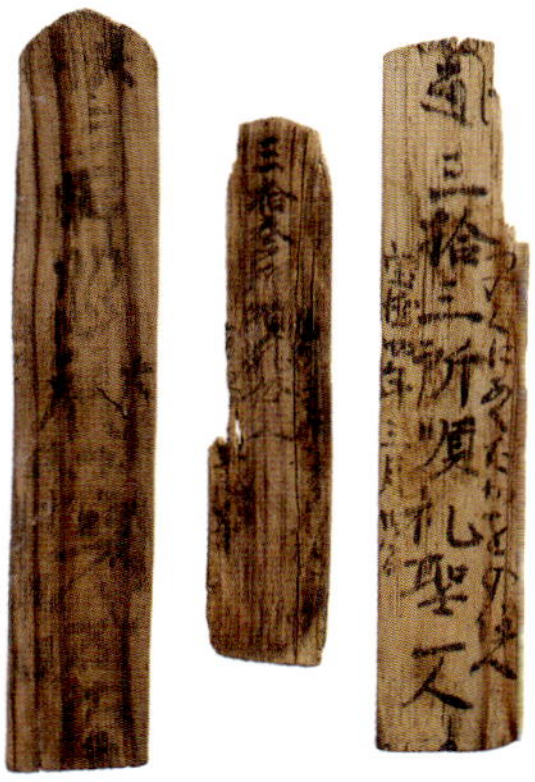

⬅鴨田遺跡から出土した巡礼札（滋賀県教育委員会蔵）

巡礼札は、大半が現存最古級の1452（宝徳4）年のものでした。また内容から、もともと修行的性格が強かった西国三十三所巡礼が15世紀には一般民衆にも普及し始めていたこと、美濃《みの》や遠江《とおとうみ》など、西国巡礼信仰が地域的にも広がりを見せつつあったことなどがわかってきました。

巡礼札は霊場などの寺院に奉納され、一定期間保管されたのち処分されるものなので、このように発掘調査でまとまって出土することは極めて稀《まれ》です。また、霊場に納めるべき巡礼札がそれ以外の場所から出土したことは、室町期における竹生島参詣の拠点（旅宿・宿坊など）の1つがこの場所にあった可能性を示しています。早崎にもそうした施設があったと考えられます。

巡礼の港町として賑わった早崎でしたが、1882（明治15）年に太湖《たいこ》汽船株式会社による長浜港―竹生島―今津《いまづ》港の運航が始まったことで、竹生島への航路は長浜港に移り、早崎はその役割を終えました。

（松室孝樹）

N
14
朝妻神社
石碑
朝妻湊跡
朝妻筑摩
筑摩神社
筑摩御厨遺跡
米原市役所
米原小
米原中
文化産業交流会館
米原市
磯漁港
磯
8
磯崎神社
磯山
矢倉川
フジテック前駅
お浜御殿
15
松原
彦根港
城北小
近江高
鳥居本駅
佐和山
滋賀大
彦根城跡
西中
彦根市役所
芹川
城西小
彦根東高
彦根駅
彦根西高
金城小
城東小
彦根市
大上川
佐和山小
彦根総合高
ひこね芹川駅
8
彦根市立病院
中央中
東中
彦根IC
滋賀県立大
ひこね市文化プラザ
平田小
16
彦根口駅
彦根翔陽高
宇曽川漁港
306
名神高速道路
県立盲学校
城陽小
城南小
宇曽川
南彦根駅
三津屋
須三須大橋
古屋敷遺跡
南中
日夏
JR東海道新幹線
近江鉄道本線
曽根沼
妙楽寺遺跡
荒神山古墳
荒神山
荒神山神社
高宮駅
若葉小
JR琵琶湖線
高宮小
スクリーン駅
多賀大社前駅
河瀬高・中
河瀬駅
多賀小
亀山小
500m
甲良町
多賀町
琵琶湖

➡天野川河口に建つ朝妻港跡の石碑

⬇筑摩江と御厨跡付近

湖の道 14 朝妻筑摩

朝妻湊跡と筑摩御厨跡

米原市

東国と畿内を結んだ朝妻湊

朝妻《あさづま》は、天野《あまの》川河口に位置し、江戸時代までは陸路で箕浦《みのうら》・野登《のと》勢《せ》を経て東山道《とうさんどう》に通じる要港でした。

950（天暦《てんりゃく》4）年美濃《みの》の国の東大《とうだい》寺領から約400石《こく》の米が税として都に納められる時、東山道を朝妻まで運び出し、湖上を大津《おおつ》まで廻漕《かいそう》したことが記録に残っています。当時、大津まで廻漕する舟は「朝妻船」と呼ばれ、米400石を運ぶ船賃は3割にあたる120石が支払われたことも記載されています。

また、物資輸送のほかに、文人たちにも利用され、日記や紀行集にも多く登場します。文明5年（1473）には、前関白一条兼良《さきのかんぱくいちじょうかねよし》が美濃に向かう時、坂本《さかもと》から乗り朝妻で下船しています。

また、公家の山科《やましな》言継《ときつぐ》は1533（天文2）年に京都から美濃へ向かう時、坂本から朝妻へ渡り、帰路も朝妻から船に乗り坂本で下船しています。言継が記した『言継卿記《ときつぐきょうき》』によると朝妻から坂本まではおよそ13時間かかったとあります。

このように古代から中世にかけて頻繁《ひんぱん》に利用され、畿内と東国の物流拠点として重要な役割を担ってきた朝妻湊でしたが、1603（慶長8）年、現在のJR米原《まいばら》駅付近に米原《まいはら》湊が開かれます。1611（慶長16）年には彦根藩が中山道番場《ばんば》宿から米原湊に通じる新道を作ったことで中山道を通る荷物が米原湊へと流れるようになります。

その間、朝妻と米原で通船阻止等の相論がありましたが、米原湊には彦根藩の強い保護があり、朝妻湊はやがて衰退し、現在は天野川河口に石碑が建てられているのみで、往時のにぎわいを感じるものは何ひとつ残っていません。

御厨の置かれた筑摩

さらに朝妻湊跡から南に1・5km隔てた所には、日本三大奇祭の一つにも数えられている「鍋冠《なべかむり》祭《まつり》」が行われる筑摩《ちくま》神社があります。

このあたりには、現在は干拓されて陸地化していますが、古代には筑摩江《え》と呼ばれた松原内湖に繋がる内湖がありました。その内湖をふさぐように形成された砂嘴《さし》上に平安時代初期から京都の宮内省内膳司《ないぜんし》に湖で捕れた魚を献上する御厨《みくりや》が存在していたことが知られています。このことを証明するかのように筑摩御厨遺跡からは墨書《ぼくしょ》土器や硯《すずり》、刀子《とうす》などが出土しています。

（仲川靖）

⬆筑摩神社

➡空から見た彦根城（びわこビジターズビューロー提供）

⬇名勝旧彦根藩松原下屋敷（お浜御殿）庭園
（サンライズ出版撮影）

湖の道

15

松原

彦根城とお浜御殿

彦根市

佐和山城へ物資を搬入した松原湊

朝妻筑摩《あさづまちくま》をさらに南下すると、彦根市松原《まつばら》に至ります。松原は、「千々《ちぢ》の松原」と呼ばれるようにマツが生い茂る琵琶湖と内湖に挟まれた名勝地として古くから有名です。戦国時代、松原は佐和山《さわやま》城の搦手《からめて》（裏門）として湊が置かれ、物資の搬入に使われていました。

そのこともあってか織田信長《おだのぶなが》は、佐和山城を手に入れるとすぐの1573（元亀4）年に材木を芹《せり》川から流して松原に運び、矢倉《やぐら》を備えた巨大な船を造っています（『信長公記《しんちょうこうき》』）。

関ヶ原の戦いで、東軍の将として勝利した徳川家康《とくがわいえやす》は、戦いの後、諸大名を動員して城を築かせる天下普請という方法で、全国に拠点となる城郭を築きました。最も早くに築いた城が彦根城です。

関ヶ原で軍功のあった井伊直政《いいなおまさ》は、石田三成《いしだみつなり》の旧領とその居城佐和山城を与えられますが、より支配に適し、琵琶湖の水運が利用できる磯《いそ》山への移転を計画します。しかし、関ヶ原での戦傷がもとで直政が死去したため、後を継いだ井伊直継《なおつぐ》が、磯山と金亀《こんき》山を移転の候補とし、最終的に家康が金亀山に決定し、築かれたのが彦根城です。

彦根城は三重の堀で囲まれています。堀は琵琶湖の水を利用し、城の北に広がる松原内湖につながって松原湊から琵琶湖へとつながっていました。このことから松原湊は彦根藩の水運の重要な施設となっていました。彦根藩領から集められた年貢米は、一旦松原蔵に納められ、大津の蔵へと船で廻送されていました。

琵琶湖と内胡につながるお浜御殿

さて、松原にはもう一つ彦根城関連の施設があります。それは名勝旧彦根藩松原下屋敷《しもやしき》（お浜御殿《はまごてん》）庭園です。お浜御殿は、1810（文化7）年、第11代当主井伊直中《なおなか》のころに藩主の別邸として造営されたものです。

この時代は江戸幕府による戦いのない秩序ある統治の仕組みが確立し、安定した社会が築かれた結果、武士も政治や文化に力を注いだ時代で、公務から離れた藩主が庭園や景色を眺めながら船で遊興するなど心を癒す空間として使用されていました。

庭園の池は琵琶湖の水位と連動して池の水位が変化する日本でも珍しい汐入《しおいり》形式の庭園と云われています。公開は春と秋の2回行われています。季節に合わせた庭園をぜひご鑑賞ください。

（木戸雅寿）

⬆松原の琵琶湖岸。奥が磯山
（サンライズ出版撮影）

➡宇曽川河口にかかる須三嶺《すみれい》大橋の欄干の親柱の上には、荷を積んだ船のオブジェが置かれている。奥が三津屋の集落（サンライズ出版撮影）

⬇三津屋の浜から琵琶湖を望むと、正面に多景島

湖の道 16

三津屋

宇曽川と妙楽寺遺跡

彦根市

琵琶湖と内陸部を結んだ拠点

三津屋《みつや》（彦根市三津屋町）は、愛荘町、東近江市、彦根市を流れる宇曽《うそ》川河口に位置する集落です。町の背後には、県下2番目の大きさを誇る荒神山《こうじんやま》古墳が所在する荒神山がそびえており、そのふもとには曽根《そね》沼が広がっています。

宇曽川は水量が豊富な川で、琵琶湖と内陸部を結ぶ船が数多く行き交っていました。そのため、河口に位置する三津屋は、流通の拠点として重要な町でした。安永年間（1772～81）には、町内に12軒の問屋があったことが記録に残されています。また、船を用いて物品を輸送したことや、宇曽川でハスやビワマス、アユを獲っていたことも記録に残されています。

三津屋の湖岸に広がる浜から琵琶湖を望むと、遠くに多景《たけ》島を見ることができます。琵琶湖を背に町内を延びる細い路地裏を進んでいくと、圓徳《えんとく》寺、賢学《けんがく》寺、蓮光《れんこう》寺などの寺院が静かに立ち並んでおり、三津屋の歴史を感じることができます。

水路に下りる石段も整備

三津屋から宇曽川をさかのぼり、荒神山の北端部で大きく曲がった日夏《ひなつ》町地先にあるのが、妙楽寺《みょうらくじ》遺跡です。河川の改修工事にともなって滋賀県が発掘調査を行った結果、大小の水路によって区画された、屋敷跡をともなう室町時代後期の大規模な集落跡が発見されました。妙楽寺遺跡の大きな特徴の一つとして、水路に下りるための階段が区画ごとに築かれていたことを挙げることができます。

このことから、このあたりの人々は、宇曽川の水運を利用した暮らしを営んでいたと考えられます。室町時代から戦国時代にかけての琵琶湖周辺の集落の様相や、水運の実態を明らかにすることができたという点で、重要な遺跡として知られています。宇曽川対岸の古屋敷《ふるやしき》遺跡でも同様の集落跡が発見されており、琵琶湖を利用した「五箇《ごか》商人」との関係も論じられています。

宇曽川の名のいわれの一つに、舟で年貢米《ねんぐまい》を運漕《うんそう》したことから、「運漕川」となり、いつの日か「宇曽川」と呼ばれるようになったという説があります。琵琶湖から宇曽川のほとりを歩くと、農作物や物品を船に乗せて宇曽川を行き、暮らしの中で水運を利用した人々の声が聞こえてくるようです。

（内藤千温）

⬇妙楽寺遺跡で検出された水路に下りる石段

N
19
沖島
西福寺
沖島漁港
18
伊崎寺
伊崎山
大同川
堀切新港
大中
白王
大嶋奥津嶋神社
長命寺山
長命寺
21
長命寺
長命寺川
17
丸山
西の湖
長命寺港
津田内湖
琵琶湖
22
近江八幡市
鶴翼山
20
八幡山城跡
瑞龍寺
白鳥川
水茎岡山城跡
岡山
岡山西古墳群
牧
近江兄弟社
高・中
八幡中
船木
八幡小
八幡
商高
岡山小
500m
近江八幡
市役所

➡重要文化的景観近江八幡の水郷

⬇空から見た西の湖

湖の道 17 **丸山**

西の湖と文化的景観

近江八幡市

残された数少ない内湖のうち最大

琵琶湖の周辺には、内陸部に入り込んだ入江状の湖があり、これを内湖《ないこ》といいます。かつては琵琶湖の周囲には多くの内湖がありましたが、その多くは干拓《かんたく》や埋め立てにより失われています。

近江八幡市の西《にし》の湖《こ》は現存する内湖の中で最大のものです。かつて西の湖の北には大中《だいなか》の湖《こ》と呼ばれる巨大な内湖がありました。大中の湖は琵琶湖最大の内湖で、江戸時代中期には「中之海《なかのうみ》」と呼ばれ、周辺の村々が利用する漁場でした。大中の湖は1946（昭和21）年にはじまる干拓事業により、1964（昭和39）年までに陸化されました。その後、入植が開始され、北部・南部・西部の3集落が形成されました。

大中の湖の南には東西方向に伸びる砂州《さす》があり、砂州の南には小《しょう》中《なか》の湖《こ》と呼ばれる内湖が広がっていました。小中の湖は、安土山の東の伊庭《いば》内湖、西の安土内湖、その西にある西《にし》の湖《こ》の3つの内湖に分かれていましたが、西の湖と伊庭内湖の一部を残し、他は干拓によって陸化されました。

県内最大のヨシ産地だった丸山

西の湖の西に位置する集落が丸《まる》山《やま》（現近江八幡市円山《まるやま》町）です。1601（慶長6）年の船数調によると、艜《ひらた》船が30艘《そう》あったことがわかります。ただ、この船は田船あるいは漁船として使用したもののようで、1880（明治13）年の『滋賀県物産誌』には、「専《もっぱ》ラ捕魚採藻或《あるい》ハ農作ニ使用ス」と記されています。

丸山の主要産業はヨシの生産です。ヨシは内湖に群生するイネ科の植物で、屋根材や葭簾《よしず》、葭《よし》戸《ど》、葭筆《よしふで》などさまざまな用途に用いられました。このため、ヨシを生産し、刈り取って出荷する産業が、琵琶湖岸の各地に存在しました。中でも、丸山は、『滋賀県物産誌』によると、ヨシの生産地として県内最大の生産額を誇っていました。

丸山の景観は、山裾に分布する集落と、その南に広がる田地とヨシ地、そしてその間を通る細かなクリークで構成されています。こうした景観は、現在までほとんど変わっておらず、ヨシ産業を生業とする生活文化を反映したものであることから、2006（平成18）年1月、「近江八幡の水郷」として、重要文化的景観の第1号に選定されました。　（松下浩）

⬇西の湖の水郷を行く遊覧船
（辻村耕司氏撮影）

➡伊崎の棹飛び（川島朱実氏提供）

⬇伊崎寺

湖の道 18 白王

伊崎の棹飛び

近江八幡市

かつては島だった白部と王之浜

近江八幡市の北部に位置する白王《しらおう》町は、白部《しろべ》村と王之浜《おうのはま》村が1879（明治12）年に合併してできた地名です。白部と王之浜には、それぞれに氏神を祀《まつ》る神社があり、春の祭礼での松明《たいまつ》行事などもそれぞれで行われています。

この地域は、大中《だいなか》の湖《こ》が干拓されて、現在では内陸の集落のようになっていますが、かつては湖に浮かぶ島で、その周縁の湖岸部分に集落が点在するという景観でした。白部では農業だけでなく湖での漁業をなりわいとしていた家も多くあったとされ、現在でも湖岸にあった集落の名残《なごり》を見ることができます。

白部の集落から山裾の道を北上して琵琶湖岸に近づくと、湖に突き出た半島が見えてきます。この半島の北の先端に建っているのが伊崎《いさき》寺です。岩壁に建つ伊崎寺は、「伊崎不動」とも呼ばれています。本尊の木造不動明王《ふどうみょうおう》坐像は平安時代の作品で、重要文化財に指定されています。寺の開基は役小角《えんのおづぬ》と伝えられ、修験道《しゅげんどう》の行場《ぎょうば》として成立した寺院であると考えられます。1791（寛政3）年に描かれた伊崎寺の境内図を見ると、境内は島として描かれており現在のように陸続きではなく船で参詣していたと考えられます。

捨て身の行を伝える伊崎の棹飛び

伊崎寺では毎年8月1日に「伊崎の棹《さお》飛び」という行事が行われます。行者が、寺から湖上に向かって突き出した木製の棹の先から、7m下の湖面に向かって飛び込むというものです。テレビなどでも紹介されるため、ご存知の方も多いと思います。

この行事がいつ頃から始められたのかは定かではありません。1534（天文3）年に伊崎寺に参詣した佐々木義賢《よしかた》が、「サヲトビ衆五人」に対して米5升を奉納したことが長命寺文書の記録にあることから、16世紀には行われていたことがわかります。

仏教の教えには、捨身《しゃしん》の行《ぎょう》というものがあり、捨身とは、報恩や修業のために自らの身を犠牲にすることとされています。棹飛びは、まさにこの行法を今に伝える行事であり、度胸試しを行うための行事ではなく、信仰と深く結びついた貴重な行事であると言えるのです。

（矢田直樹）

⬇大同川河口から伊崎をのぞむ
（サンライズ出版撮影）

六字名号（虎斑の名号）　蓮如筆
（西福寺蔵、近江八幡市提供）

空から見た沖島（近江八幡市提供）

湖の道
19
沖島

蓮如来島の伝承と「虎斑《とらふ》の名号《みょうごう》」

近江八幡市

約250人が暮らす湖の中の島

沖島《おきしま》は、近江八幡市長命寺《ちょうめいじ》港の沖合約1・5㎞に浮かび、1・5km^2の面積をもつ琵琶湖で最大の島です。淡水湖の中の島におよそ250人が暮らす、世界的にも珍しい島嶼《とうしょ》でもあります。

島にいつ人が住み始めたのか明らかではありませんが、近辺の湖底から縄文土器や奈良・平安時代の銭貨などが発見されていることから、古くから人の往来する交通の要衝であったことがうかがえます。

その後、平安時代に至って源《みなもとの》満仲《みつなか》の家臣ら7人が島を開拓したと伝わり、1463（寛正4）年には沖島の住人が大嶋《おおしま》神社（現近江八幡市北津《きたつ》田《だ》町）の鳥居を寄進するのに加わっていることが記録されています。

蓮如上人幽霊済度縁起絵伝（部分）
（西福寺蔵）

蓮如が書き与えた六字名号

島の文化にとって大きな画期は、室町時代、蓮如《れんにょ》が来島したと伝えることです。本願寺を中興した蓮如は、1465（寛正6）年以後、延暦寺の攻撃をさけて京都を逃れ、近江国の赤野井《あかのい》・金森《かねがもり》（守山市）、鈎《まがり》（栗東市）、堅田《かたた》・大津（大津市）などを転々とした後、越前吉崎《えちぜんよしざき》（福井県あわら市）へ至ります。さらに1475（文明7）年、吉崎を退去し、各所を経て1478（文明10）年に京都山科へ帰還するのですが、その途中道すがら琵琶湖を航行中に嵐に遭って、沖島に避難したのだと伝えています。

ちょうどその時、島の住人である茶谷《ちゃたに》重右衛門《じゅうえもん》は悲劇に見舞われていました。妻が難産のため赤子を残して亡くなり、わが子愛しさのあまり、幽霊となって現れるようになっていたのです。重右衛門の願いに応えた蓮如が、ムシロの上で筆をとり、「南無阿弥陀仏《なむあみだぶつ》」の六字名号《ろくじみょうごう》を書き与えたところ、妻は成仏したとされます。その後、蓮如に帰依《きえ》した重右衛門は、出家して西了《さいりょう》と名乗り、西福《さいふく》寺を開いたと伝えています。

西福寺に伝わる六字名号は、まさしく蓮如筆のものです。墨の濃淡が虎じまのような斑《まだら》模様に見えることから、「虎斑《とらふ》の名号」と呼ばれます。ムシロの上で書かれたという伝承をほうふつとさせ、寺に伝わる「幽霊済度縁起絵伝《ゆうれいさいどえんぎえでん》」や「幽霊済度名号染筆《せんぴつ》図」などとともに、蓮如による島民教化の歴史を力強く物語ってくれます。

（井上優）

湖の道 20 船木

津田内湖に面した重要港

近江八幡市

➡今は公園になっている船入りの痕跡

⬇船木の集落の中を通る八幡堀

八幡堀と琵琶湖をつなぐ津田内湖

　かつて近江八幡市の琵琶湖沿いには、大中の湖をはじめとして、内湖がいくつも広がっていました。船木《ふなき》（近江八幡市船木町・小船木《こぶなき》町）は、そうした内湖の一つである津田《つだ》内湖の南に位置する集落です。津田内湖は八幡山《はちまん》の西に広がる内湖で、1967（昭和42）年にはじまる干拓工事によって陸化されました。

　1585（天正13）年、羽柴秀《はしばひで》次《つぐ》が八幡山城を築き、山麓に八幡堀を開削《かいさく》しました。八幡山の南をめぐる八幡堀は、堀の東西で琵琶湖とつながっており、堀の西端は、船木の集落をとおって津田内湖に流れ込んでいました。現在、集落の中に湊や船入りは確認できませんが、明治の古地図によると、八幡堀沿いに船入り状の水路が確認できます。現在は公園になっていますが、堀から陸地に向かって細長く伸びた形状は、水路の痕跡《こんせき》だと思われます。

延暦寺の湖上関も設けられた

　江戸時代の船木は、隣の八幡と一緒に船仲間を組織していました。船数調べによれば、八幡・船木の船数は湖東地域でも突出して多く、琵琶湖水運において、重要な位置をしめていたことがわかります。

　八幡は秀次による城下町建設以降、湖上水運の中での地位を高めていきましたが、船木は、中世から湖上水運の中で重要な地位をしめていました。1447（文安4）年、大火で焼失した南禅寺《なんぜんじ》再興のため、資材を運ぶ船の通過を認める文書の宛先として「日吉船木関所東西」があがっています。西の船木関は高島市の、東の船木関が近江八幡の船木と考えられます。このように、延暦寺の湖上関が設けられていることからもその重要性がうかがえます。

　また、1596（文禄5）年から1600（慶長5）年のものと思われる、水口《みなくち》岡山城（甲賀市）の城主長束正家《なつかまさいえ》の書状に、船木湊を利用して物資が運ばれたことが記されています。この書状には大《おお》溝《みぞ》城（高島市）を解体し、その部材を運んで水口岡山城を築いたことが記されています。「小材木、かわら以下ハ舟木へ相着」と書かれているように、その部材は、大溝から琵琶湖を通って船木の湊に運ばれ、そこから水口へと運ばれていました。

（松下浩）

⬆津田内湖干拓地

➡長命寺本堂と三重塔

⬇野洲市のマイアミ浜から長命寺山(右端)をのぞむ(サンライズ出版撮影)

湖の道 21 長命寺

長命寺文書と長命寺参詣曼荼羅

近江八幡市

船着場から石段を登った参拝

大津から北に向かって琵琶湖を眺めると、琵琶湖大橋奥の東岸に漢字の「山」のような形をした3つの峰からなる山が目に入ります。このうち南端の峰が長命寺山《ちょうめいじやま》（標高333m）で、中腹には西国《さいごく》三十三所観音霊場の第三十一番札所、長命寺があります。かつて長命寺山は、周囲を湖水で囲まれた島状の地形をなしていました。そのため、長命寺の参拝は現在のような陸路ではなく、門前の船着場まで船で渡り、山麓から長い石段の参道を登るのが常でした。

長命寺は寺伝によると武内宿禰《たけしうちのすくね》が山を開き、聖徳太子が寺を創立したとされます。中世には比叡山の別院となり、近江国守護の六角《ろっかく》氏による庇護《ひご》も受けました。現在の伽藍《がらん》の多くは室町時代後期から桃山時代にかけて整備されたもので、境内には本堂、三重塔、三仏堂、護摩《ごま》堂、鐘楼《しょうろう》などの伽藍が並びます。

重要文化財に指定される本堂は室町時代の1524（大永4）年に建立され、内陣の厨子《ずし》内には本尊の千手観音立像、その両脇には聖観音立像《しょうかんのん》、十一面観音立像（以上はいずれも秘仏）が安置されています。3体とも平安時代の製作で重要文化財に指定されています。

にぎわう境内を描いた参拝曼荼羅

2018（平成30）年10月31日に「長命寺文書」が重要文化財に指定されました。これは長命寺が所有していた領地の経営等に関する平安時代から明治時代までの古文書約4500点です。この中には、長命寺《ちょうめいじ》の景観を描いた長命寺参詣曼荼羅《さんけいまんだら》も含まれます。

本図は桃山時代から江戸時代初期にかけて描かれたと考えられ、画面いっぱいに長命寺山と長命寺の伽藍を描き、さまざまな身分の老若男女からなる巡礼者でにぎわう様子が描かれます。門前や船着場（現在の長命寺港あたり）も活気にあふれており、観音霊場としての寺の繁栄を物語ります。

長命寺参詣曼荼羅には幾重にも折り畳んだ跡があります。おそらく勧進聖《かんじんひじり》と呼ばれる寺の僧がこの絵を持ち運んで各地を遍歴し、庶民の前で絵を広げて霊験を語る「絵解《えと》き」をしながら、寺への参拝や寄進を呼びかける勧進活動をおこなっていたのでしょう。かつては勧進の旅で忙しかった長命寺参詣曼荼羅ですが、現在は文化財として長命寺で休息しています。

（古川史隆）

⬅長命寺参詣曼荼羅(長命寺所蔵)

→岡山の遠景（北から）

←岡山西二号墳出土装飾付須恵器台付壺

湖の道

22

牧

今も残る山城と古墳

近江八幡市

琵琶湖に面した丘陵に築かれた水茎岡山城

長命寺《ちょうめいじ》山の南方約3km、日野《ひの》川河口近くの近江八幡市牧《まき》町の湖岸には、岡《おか》山と呼ばれる小丘陵があります。山麓からの比高差が100mほどの小高い岡山は、琵琶湖の北湖東岸沿いで最も南にある山塊であり、その立地を活かすようにして築かれた水茎岡山《みずくきおかやま》城の存在が広く知られています。1508（永正5）年に足利義澄《あしかがよしずみ》が入城したとされるこの城は、今も山頂付近に曲輪《くるわ》や土塁《どるい》、堀切《ほりきり》などの遺構が残っています。

昭和50年代に湖岸堤管理用道路整備にともない実施した発掘調査では、石垣をともなう土塁に囲まれた居館跡が見つかり、立派な礎石建物をはじめとする6棟の建物跡が存在したことがわかりました。

装飾付き須恵器が出土した古墳

また、この丘陵には40基ほどの古墳が築造されていて、この時の発掘調査では横穴式石室をもつ2基の古墳が見つかりました。石室はいずれも上半部の石積みが失われていましたが、長方形の石室の床面から副葬品の土器が出土しました。

その中には脚台を持つ壺《つぼ》にサルやウマ、シカと見られる装飾を貼り付けた須恵器《すえき》が含まれていました。装飾は紐《ひも》状の粘土を貼り付けて顔の目鼻やウマのたてがみなどを刺突《しとつ》具で表現した素朴なものですが、装飾付き須恵器の県内での出土例は少なく、珍しいものです。

全国的には兵庫県や岡山県での古墳からの出土例が多く、渡来系氏族との関係性が指摘されていることから、この古墳においても渡来系氏族との関わりが想定できることとなります。

このように古墳や城が築かれてきた岡山ですが、当時はその南側に水茎内湖が広がり、琵琶湖と内湖に囲まれた浮島のような景観であったと思われます。

万葉集巻十には「秋風の日に異に吹けば水茎の岡の木の葉も色づきにけり」と詠われ、景勝の地であったことがうかがえる水茎内湖は、1939（昭和14）年に始まった干拓事業で埋め立てられ、内湖からつながる舟入の痕跡がわずかに牧町に残る程度で、その景色はすっかり様変わりしましたが、丘陵に残る古墳や城跡が、土地に刻まれた記憶として往時を今に伝えています。

（大﨑哲人）

↑岡山城遺跡2号墳石室を西からのぞむ

京阪電気鉄道
近江鉄道
信楽高原鐵道

滋賀県内を通る京阪《けいはん》電気鉄道のうち、本書で紹介している石山坂本線（全長14・1㎞）は、大津電車軌道を前身とする琵琶湖鉄道汽船が1927（昭和2）年に全通させたもので、その2年後、京阪電鉄に合併されました。

近江《おうみ》鉄道は1898（明治31）年に彦根・愛知川《えちがわ》間で営業を開始、多賀、米原、貴生川《きぶかわ》への路線をそれぞれ延伸していき、新八日市《しんようかいち》・近江八幡間で営業していた八日市鉄道との合併などを経て、現在の路線（59・5㎞）を形成しました。

信楽高原鐵道《しがらきこうげんてつどう》は、旧国鉄特定地方交通線の路線として1933（昭和8）年に開業されたもので、JR貴生川《きぶかわ》駅から信楽駅までの全長14・7㎞、6駅を結ぶ県内唯一の非電化路線（ディーゼルカー）として有名です。

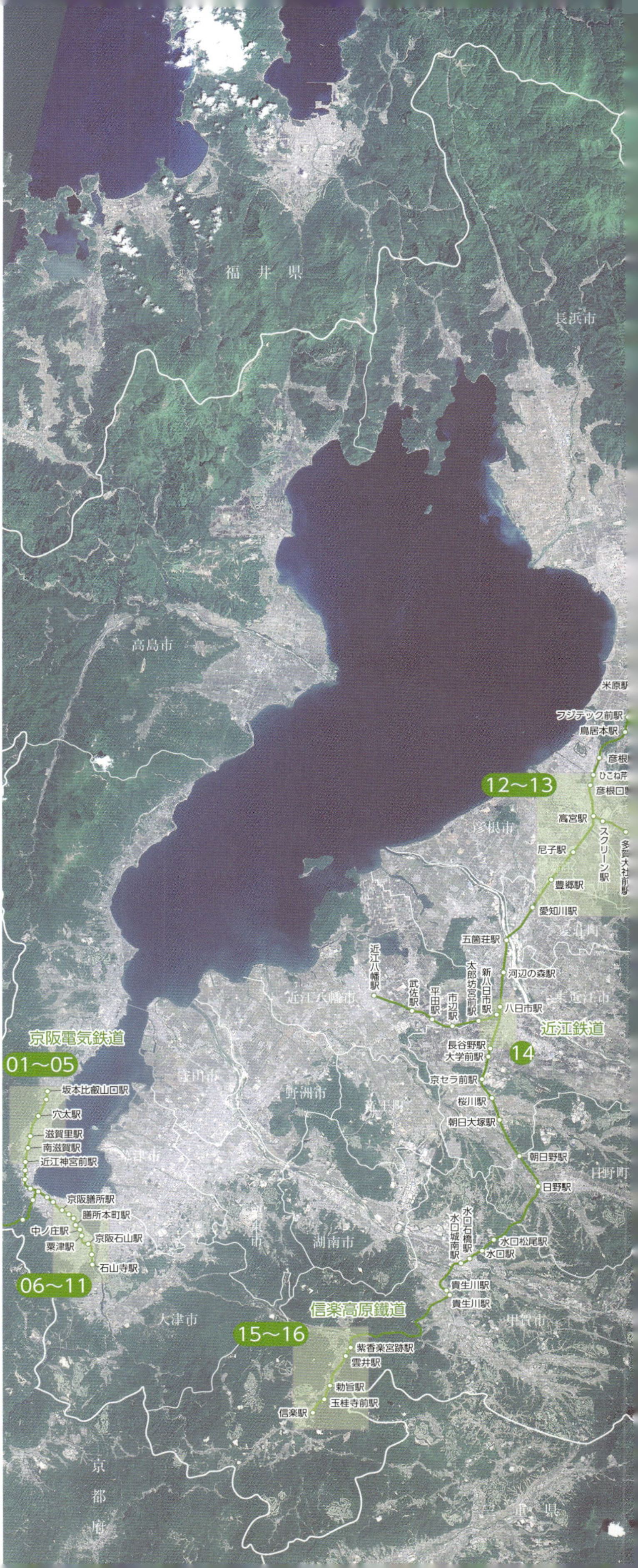

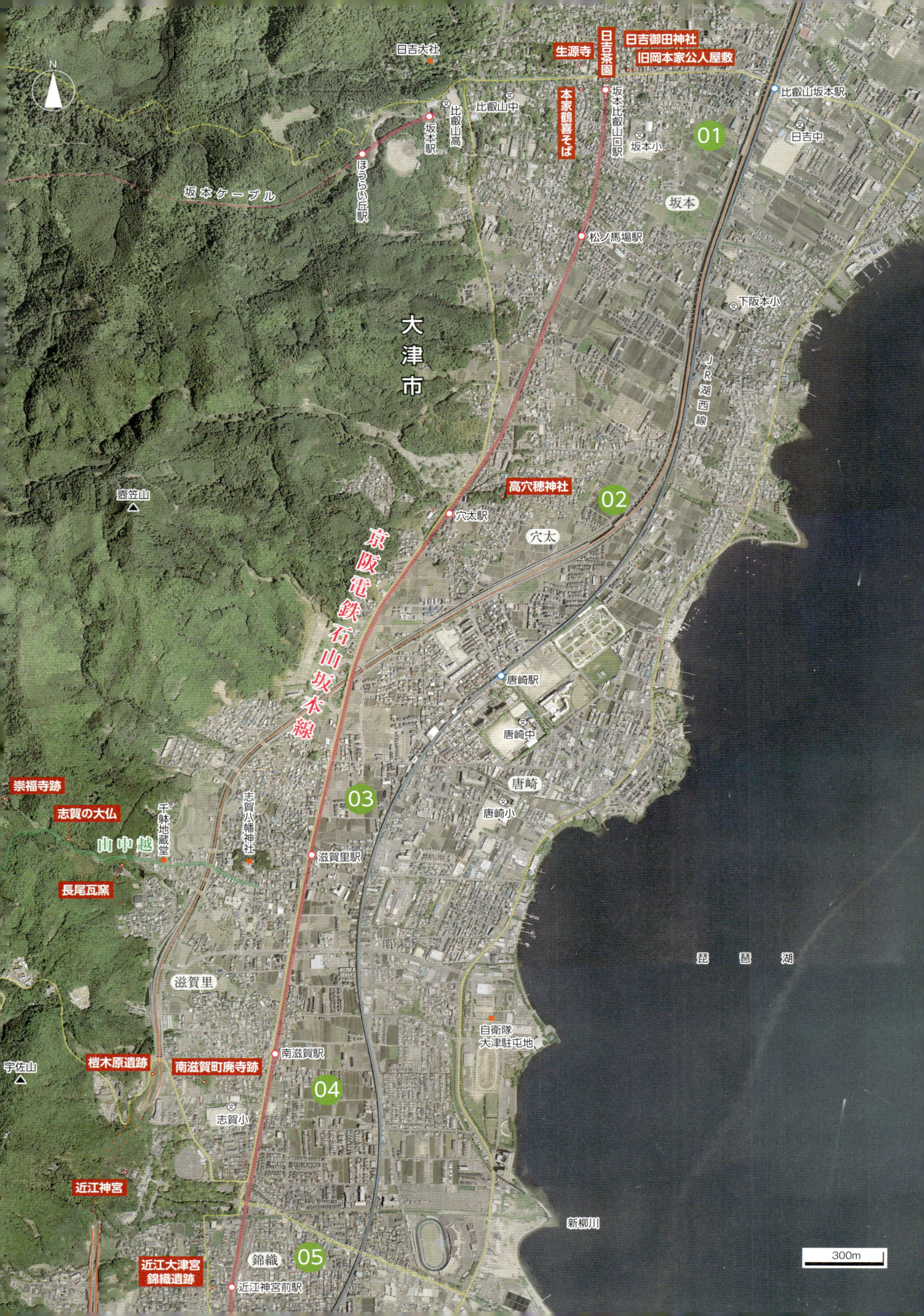
日吉大社
生源寺
日吉茶園
日吉御田神社
旧岡本家公人屋敷
比叡山坂本駅
比叡山中
比叡山高
坂本駅
本家鶴喜そば
坂本比叡山口駅
坂本小
01
日吉中
ほうらい丘駅
坂本ケーブル
坂本
松ノ馬場駅
下阪本小
大津市
JR湖西線
高穴穂神社
02
穴太駅
穴太
壺笠山
京阪電鉄石山坂本線
唐崎駅
唐崎中
唐崎
唐崎小
03
崇福寺跡
志賀の大仏
山中越
千躰地蔵堂
志賀八幡神社
滋賀里駅
長尾瓦窯
琵琶湖
滋賀里
自衛隊大津駐屯地
宇佐山
榿木原遺跡
南滋賀町廃寺跡
南滋賀駅
04
志賀小
近江神宮
新柳川
錦織
05
近江大津宮錦織遺跡
近江神宮前駅
300m

←坂本比叡山口駅（右手奥）と日吉茶園

→日吉御田神社

京阪電気鉄道

01 坂本比叡山口駅

日吉茶園と門前町坂本

大津市

日本最古の茶園

京阪《けいはん》電気鉄道の坂本比叡山口《さかもとひえいざんぐち》駅は、1927（昭和2）年、琵琶湖鉄道汽船松ノ馬場《まつのばんば》・坂本間の開通にともない坂本駅として開業しました。その後、事業者の変遷を経ながらも、90年以上にわたって坂本駅の名で利用者や地域住民に愛されてきましたが、2018（平成30）年3月17日に京阪電気鉄道の坂本比叡山口駅と改称されて現在に至ります。

さて、駅に降りると、まず目に付くのが朱色の瑞垣《みずがき》に囲まれた日《ひ》吉茶園《よしちゃえん》です。比叡山延暦寺を開いた伝教大師最澄《でんぎょうだいしさいちょう》が、中国の天台《てんだい》山《さん》から持ち帰った茶の種子を植えたのが始まりで、わが国最古の茶園と伝えています。

最澄在世中の815（弘仁《こうにん》6）年、嵯峨《さが》天皇が近江の梵釈寺《ぼんしゃくじ》（現在の大津市にあった）で茶を飲んだのが日本最初の喫茶記録でもあり、滋賀県はお茶の歴史と極めて関係が深い地なのです。

門前町の名物そば

また、坂本は延暦寺と日吉大社の門前町として、古代以来の長い歴史に彩られています。最澄が生まれた場所と伝えられる生源寺《しょうげんじ》、綱打ち祭りで知られる日吉御田《ひよしみた》神社、旧岡本家公人《おかもとけくにん》屋敷など、駅の周辺だけでも魅力的な見学スポットがたくさんあります。

さらに、生源寺門前を起点に南へ延びる作り道沿いには、古い商家や民家が軒を連ねて壮観です。主屋《しゅおく》が国登録有形文化財に登録されている本家鶴喜《つるき》そばは代表的なもので、1716（享保《きょうほう》元）年に鶴屋喜八《つるやきはち》が開いたといわれる、手打ちそばの老舗《しにせ》です。

建物は1887（明治20）年ころの建立と伝え、屋根の正面にさらに入母屋《いりもや》の屋根をとりつけるなど、華やかでよく目立つ建築です。「そばは一番、電話は二番、店は角から三軒目」というキャッチフレーズもよく知られています。旧坂本局の電話1番は延暦寺で、2番目が鶴喜そばだったのです。

地域には他にも公共施設や社寺、商家などが多くある中で、名物鶴喜そばがいち早く最先端の通信技術を取り入れ、坂本の近代化をリードする存在だった歴史を物語ってくれます。

（井上優）

←国登録有形文化財　本家鶴喜そば主屋

京阪電気鉄道

02 穴太駅

高穴穂神社と高穴穂宮跡

大津市

➡高穴穂神社
⬅高穴穂宮跡の碑

地名の語源ともされる神社

京阪電気鉄道石山坂本線は坂本比叡山口駅と石山寺《いしやまでら》駅を結ぶ全長14・1kmの路線です。坂本比叡山口駅から京阪浜大津駅までは山沿いを、京阪浜大津駅から石山寺駅までは湖岸に沿うように走っています。

坂本比叡山口駅から2駅目が穴太《あのう》駅です。穴太といえば、近世坂本の石積みを行った穴太衆が有名ですが、古代の天皇と深い関わりを持った地域でもありました。

穴太駅を降りて琵琶湖方面に道を下り、T字路を左折して坂本方面に進むと、左手に高穴穂《たかあなほ》神社と書かれた石柱が目に入ります。「あのう」の語源はこの「穴穂《あなほ》」に由来するとも言われています。高穴穂神社の祭神は景行《けいこう》天皇で、社伝によれば、景行天皇が高穴穂宮で崩御《ほうぎょ》した後、次の成務《せいむ》天皇がこれを祀《まつ》ったことに始まるといわれています。

日本神話における近江王朝の地

一方、「古事記」や「日本書紀」には、景行天皇、成務天皇の都とされる高穴穂宮《たかあなほのみや》についての記述がありますが、その名称からこの穴太に比定されています。宮の遺構は確認されていませんが、高穴穂神社の境内の森に「高穴穂宮趾」の石碑が建っています。

景行天皇は垂仁《すいにん》天皇の第三皇子で、「日本書紀」によれば、即位58年に近江国に行幸し、高穴穂宮に3年間滞在した後、同60年に崩御したとされています。九州南部に勢力を誇った熊襲《くまそ》の征討に向かったり、皇子である日本武《やまとたけるの》尊《みこと》に蝦夷《えみし》を征討させたりといったさまざまな伝説が伝わっています。

景行天皇の第四皇子であった成務天皇は、国造《くにのみやつこ》や県主《あがたぬし》などの地方行政機構を定めたことが「古事記」に記されています。

次の仲哀《ちゅうあい》天皇は日本武尊の第2子で、神功皇后《じんぐうこうごう》の夫、応神《おうじん》天皇の父にあたります。仲哀天皇が高穴穂宮に住んだとする記述は見られませんが、崇神《すじん》天皇から垂仁天皇へとつながる三輪《みわ》王朝と、応神天皇からはじまる河内《かわち》王朝に挟まれた王朝として、この3代を近江王朝とする学説もあります。

謎に包まれた部分が多い高穴穂宮ですが、西暦667年に天智《てんじ》天皇が飛鳥から近江に宮を移した理由というのは、もしかすれば3代の天皇のパワーをもらおうということだったのかもしれません。

（仲川靖）

⬇高穴穂神社に隣接して復元されている穴太衆石積みの石垣
（サンライズ出版撮影）

➡南尾根金堂跡に建つ崇福寺跡の石碑

⬇志賀の大仏

⬇千躰地蔵堂の前を通り、山道となっていく（辻村耕司氏撮影）

京阪電気鉄道

03

滋賀里駅

志賀の大仏と史跡崇福寺跡

大津市

京・大津の往来者を見守る大仏

穴太《あのう》から1駅南に下がると滋賀《しが》里《さと》駅です。この付近には、大津と京都を結ぶ山中越《やまなかごえ》の道が通っています。

山中越は、大津市山中町を経て京都の北白川へと抜ける山越の道です。平安時代以来、京都と大津を結ぶ経路として利用され、朝廷に要求を強要するため、山門《さんもん》（延暦寺）が神輿《しんよ》を押し立てて入京する強訴《ごうそ》の時もしばしばこの道が使われました。

滋賀里駅から山中越の旧道をしばらく進んだところに、花崗岩《かこうがん》に彫られた巨大な石仏があります。「志賀《しが》の大仏《おぼとけ》」と呼ばれる像高3・1mの阿弥陀如来坐像《あみだにょらいざぞう》で、13世紀頃の作といわれています。山中越を往来する人々の安全を祈って彫られたとされるもので、現在、大津市の指定文化財となっています。

大津宮の北西に建設された寺院

志賀の大仏を過ぎてさらに山中越の旧道を進むと史跡崇福《すうふく》寺跡に到着します。崇福寺は、『扶桑略《ふそうりゃく》記《き》』によれば、天智《てんじ》天皇が近江大《おうみおお》津宮《つのみや》の北西の山に霊地があることを知り、その地に寺院を建立したのが起源とされています。

このように、崇福寺は、大津宮の位置を考える重要な手がかりであることから、1928（昭和3）年と1938（昭和13）年に発掘調査が行われました。この場所を崇福寺跡だとする伝承は江戸時代からありましたが、発掘調査によって寺院跡の主要伽藍《がらん》が確認され、崇福寺跡で間違いないとされるにいたりました。

崇福寺跡は、比叡山系から東西に伸びる3本の尾根筋上に広がっており、北尾根からは弥勒《みろく》堂跡、中尾根からは塔跡と小金《しょうこん》堂跡、南尾根からは講堂跡と金堂跡が検出されました。このうち、南尾根の講堂跡と金堂跡については、他の建物跡と方位や礎石の作りが異なることから、桓武《かんむ》天皇が天智天皇を追慕して建立した梵釈《ぼんしゃく》寺の遺構とする説が有力です。

崇福寺の塔跡には心礎《しんそ》が据えられており、そこに穿《うが》たれた小孔《こあな》から舎利《しゃり》を納めた容器が見つかりました。容器は、金銅製の外箱、銀製の中箱、金製の内箱とその内部に金の蓋《ふた》をした瑠璃壺《るりつぼ》と舎利が納められていました。また、舎利容器とあわせて、玉《ぎょく》や鏡、水晶などの荘厳具《しょうごんぐ》が心礎の中に納められており、これらは一括して国宝に指定されています。

（松下浩）

➡昭和13年に発掘された南滋賀町廃寺の塔の瓦積み基壇

⬇長尾瓦窯で出土した蓮華文方形軒瓦（サソリ文瓦）

京阪電気鉄道

04 南滋賀駅

南滋賀町廃寺跡

大津市

大津宮と関わる白鳳寺院の1つ

京阪電鉄石坂線の南滋賀駅から山手に向かう坂道を5分ほど登っていくと、西大津バイパスの少し手前に史跡南《みなみ》滋《し》賀《が》町《ちょう》廃寺跡があります。1928（昭和3）年、天智《てんじ》天皇の大津宮《おおつのみや》究明のために崇福寺や梵釈《ぼんしゃく》寺の候補地として最初の発掘調査が行われ、その後の調査によって奈良県明日香《あすか》村にある川原寺《かわらでら》と同じ伽藍《がらん》配置をとる白《はく》鳳《ほう》時代の寺院であることが知られています。

比叡山の山麓には、この寺院跡の他に穴太《あのう》廃寺、崇福寺跡、園城寺遺跡の4つの白鳳寺院が知られていて、いずれも大津宮との関わりのもとに造営されたと考えられています。京都方面への山越えの道や北陸道沿いの要衝の地にこれらの寺院は位置しており、南滋賀町廃寺も山中越《やまなかごえ》の登り口近くにあります。

サソリ文瓦とも呼ばれる特異な瓦

発掘調査では瓦を周囲に積んだ塔の基壇《きだん》や礎石が見つかり、とても特異な蓮華文方形軒瓦《れんげもんほうけいのきがわら》が出土しています。通常、古代の軒丸瓦は上から見たハスの花をモチーフにしています。ところが、この寺院の軒先を飾った瓦は、四角い面にハスの花を横から描き、実がなるガクを複数重ねた独特のデザインで、見た目の印象からサソリ文瓦と呼ばれる、他の地域では類例のないものです。

この特異な瓦は、寺跡のすぐ南にある榿木原《はんのきはら》遺跡の瓦窯《かわらがま》で作られていたようです。西大津バイパス建設の時の発掘調査で発見された白鳳時代の登り窯で、サソリ文瓦や鴟尾《しび》などが焼かれていたことが明らかになりました。また、60mほど北にある平安時代前期の長尾《ながお》瓦窯では、この寺のサソリ文瓦が窯の構築材に使用されていたことがわかっています。

南滋賀町廃寺跡を訪れると、塔の心礎や、伽藍を囲んでいた回廊の礎石が並んでいる様子を見ることができます。そして、寺跡からもう少し山側に歩みを進めた西大津バイパスの道路脇には、榿木原遺跡の登り窯が移築保存されています。

⬆榿木原遺跡登り窯焚口付近

さらにそこから坂を南に下がって近江神宮の鎮守の森を抜けると史跡近江大津宮錦織《にしこおり》遺跡にたどり着きます。滋賀里駅の山手には史跡崇福寺跡もあり、比叡山麓のこの一帯に残る天智天皇ゆかりの史跡が、往時の繁栄を色濃く伝えています。

（大﨑哲人）

京阪電気鉄道

05 近江神宮前駅

近江神宮

大津市

皇紀2600年記念で造営

京阪電鉄石山坂本線を南下すると南滋賀駅の次は近江神宮前駅です。駅の西側には、史跡近江大津《おうみおおつの》宮錦織《みやにしこおり》遺跡があります。天智《てんじ》天皇が667（天智天皇6）年に遷都した大津宮の所在地は、長らく不明でしたが、1974（昭和49）年以降、この近辺から発見された建物遺構が、研究の結果、大津宮の中心的建物であることが明らかとなりました。

遺跡のすぐ北側には、天智天皇を祭神とする近江神宮があります。近江神宮は、1940（昭和15）年に神武《じんむ》天皇即位の年を元年とする皇紀2600年を記念する事業の一環として、宇佐山《うさやま》山麓の緩い傾斜地を利用し、約6万坪の広大な境内に造営されました。境内のほぼ中心を流れていた柳《やな》川は、流路を南に迂回《うかい》させた新柳川に改修され、旧柳川の河川敷は近江神宮の表参道として整備されました。

近代神社建築を代表する建造物

境内入口付近に建つ第一鳥居をくぐって表参道を進み第二鳥居を過ぎると、朱塗の楼門《ろうもん》が石段の上に見えます。境内の中心はその奥にあり、外拝殿《そとはいでん》と内《うち》拝殿を回廊《かいろう》でつなぐ外院《げいん》と、本殿とその前に建つ祝詞舎《のりとしゃ》を中門《ちゅうもん》と翼廊《よくろう》、透塀《すきべい》で囲む内院《ないいん》とに分かれ、外院と内院を昇廊《のぼりろう》でつなぐ、「近江造《おうみづくり》」もしくは「昭和造《しょうわづくり》」と呼ばれる形式です。

参拝者が主に目にする外拝殿や内拝殿は、規模が大きく重厚な建物ですが、素木造《しらきづくり》で外観に装飾的な要素は多くありません。しかし内部に入ると、外拝殿の中央間天井廻りの架構や、内拝殿の折上小《おりあげこ》組格天井《くみごうてんじょう》など近世以前から伝わる木造建築の技術がふんだんに用いられています。

➡参道から近江神宮楼門をのぞむ（びわこビジターズビューロー提供）

また、蟇股《かえるまた》彫刻などの細部意匠には、滋賀県内の中世の社寺建築を参考にした復古的な要素も見られ、本殿や祝詞舎、内拝殿、外拝殿をはじめとする40棟が、近代神社建築を代表する建造物として国の登録有形文化財に登録されています。

（尾山義高）

➡近江神宮内拝殿　外拝殿から見た内拝殿、一番奥に見える屋根が本殿の屋根

⬇近江神宮外拝殿の中央間天井廻りの架構

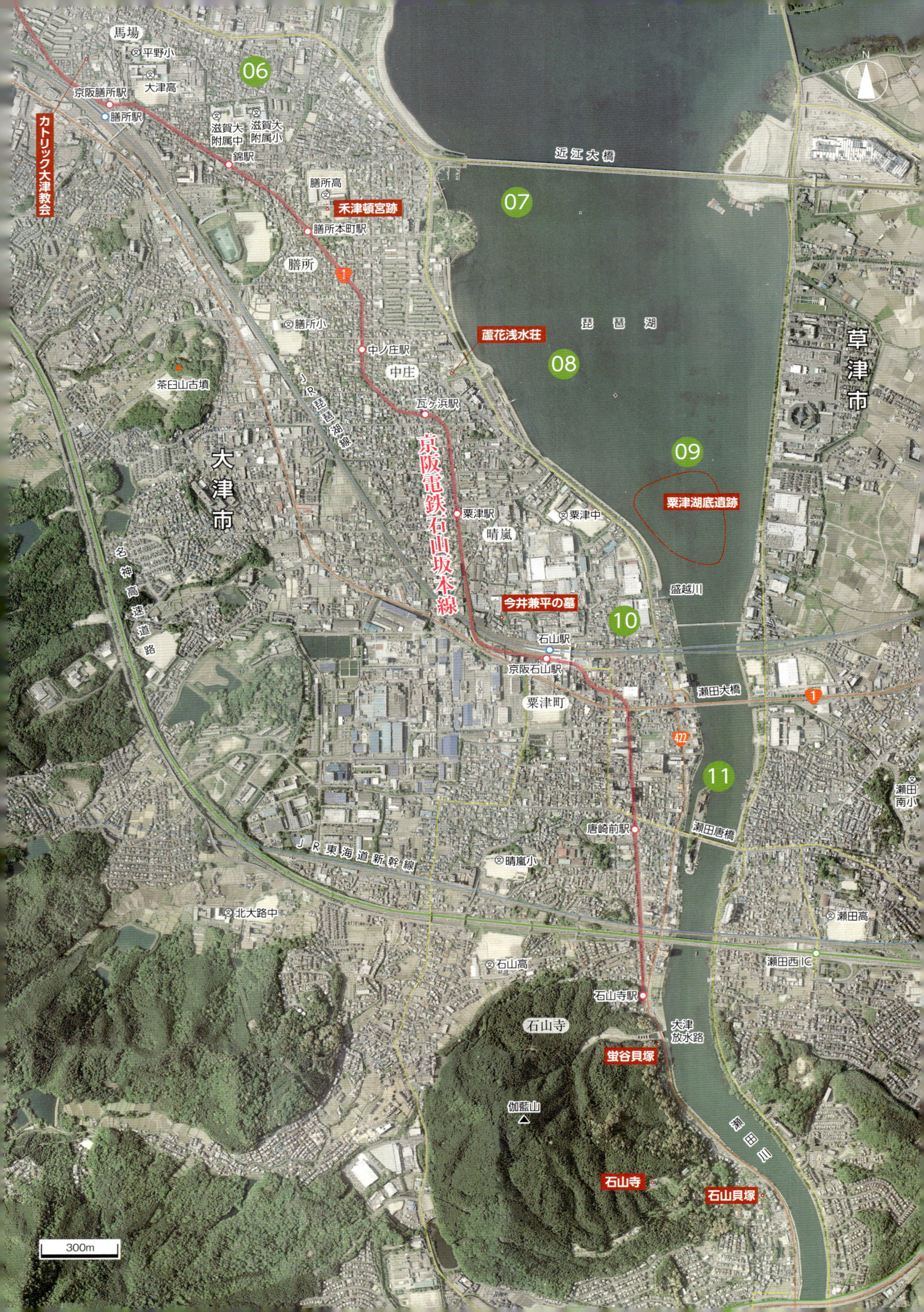

馬場
平野小
06
京阪膳所駅
大津高
膳所駅
カトリック大津教会
滋賀大附属中
滋賀大附属小
錦駅
膳所高
禾津頓宮跡
膳所本町駅
膳所
近江大橋
07
膳所小
中ノ庄駅
蘆花浅水荘
琵琶湖
08
中庄
茶臼山古墳
JR琵琶湖線
瓦ヶ浜駅
京阪電鉄石山坂本線
草津市
09
大津市
粟津湖底遺跡
粟津駅
粟津中
晴嵐
名神高速道路
盛越川
今井兼平の墓
10
石山駅
京阪石山駅
粟津町
瀬田大橋
422
11
瀬田南小
唐崎前駅
瀬田唐橋
JR東海道新幹線
晴嵐小
瀬田高
北大路中
瀬田西IC
石山高
石山寺駅
石山寺
大津放水路
蛍谷貝塚
伽藍山
瀬田川
石山寺
石山貝塚
300m

←教会聖堂の内部
↓カトリック大津教会

京阪電気鉄道

06 京阪膳所駅

カトリック大津教会

大津市

京阪膳所駅前のランドマーク

京阪電気鉄道は、近江神宮前駅からびわ湖浜大津《はまおおつ》駅、石場《いしば》駅などを経て、京阪膳所《ぜぜ》駅へと至ります。浜大津駅から石場駅までの間は、昭和30年代の大規模な埋め立てが行われるまで湖岸の築堤上に沿って鉄道が走り、車窓から琵琶湖の絶景が広がっていました。

京阪膳所駅は1913（大正2）年、大津電車軌道の馬場《ばんば》駅として開業しました。その後、大津駅前駅、膳所駅前駅などと名称や事業者の変遷を経て、1953（昭和28）年に京阪電気鉄道の京阪膳所駅と改称されて、現在に至ります。

膳所駅前のランドマークとして親しまれてきたのが、1940（昭和15）年に完成・献堂《けんどう》されたカトリック大津教会です。近年は周辺に高層ビルなどが建ち、遠方からは望みづらくなりましたが、空高く聳《そび》える青い瓦と、望楼《ぼうろう》上の十字架はとても印象的なものです。

近代の滋賀県におけるキリスト教の布教は明治時代に始まりますが、プロテスタント系の教会が中心のものでした。カトリック教会による本格的な伝道は昭和初期、アメリカ合衆国に本拠を置くメリノール宣教会による組織的伝道が基礎となっています。

教区長の意向が生んだ和風の外観

伝道の中心となった京都教区のパトリック・バーン教区長（1888〜1950）は、信仰を土着させるために、教会の建物は絶対に日本風のものであるべきだという信念を抱いていたといわれています。

そのため大津教会は、屋根を青瓦で葺《ふ》いた切妻造《きりづまづくり》の木造2階建てで、妻面《つまめん》と車寄《くるまよ》せに重なる千鳥破《ちどりは》風《ふ》や、細部の組物、懸魚《けぎょ》のデザインなど、伝統的な日本建築そのものの外観です。

ところが、聖堂の内部に入るとバシリカ式の荘厳な教会様式を基本として、天井の高い身廊《しんろう》と両脇の側廊《そくろう》を連続アーチで区切り、随所にカラフルなタイルを張って飾られるなど、異国的で神聖な雰囲気をかもしています。それぞれに美しい、外観と内部のギャップが魅力です。

ミサや諸典礼などの時間を除き、内部を見学することもできますので、お問い合わせの上、祈りの場としてのマナーをよく守ってご訪問ください。

（井上優）

←大津教会階段のモザイクタイル

➡発掘調査中の県立膳所高等学校と琵琶湖岸の膳所城跡、近江大橋（平成14年撮影）

⬇聖武天皇の禾津頓宮跡と見られる大型掘立柱建物跡

京阪電気鉄道

07 膳所本町駅

禾津頓宮跡

大津市

紫香楽宮跡と並ぶ聖武天皇の足跡

篤《あつ》く仏教を信仰し、大仏造立を発願《ほつがん》したことで広く知られている聖武《しょうむ》天皇は、毎年秋の正倉院《しょうそういん》展（奈良国立博物館）で公開される数々の遺品が今も多くの人を魅了している奈良時代の天皇です。

県内での聖武天皇ゆかりの文化財は、一時期は首都となり、大仏づくりも進められた史跡紫香楽《しがらきの》宮《みや》跡（甲賀市信楽町）が全国的に有名ですが、京阪電鉄石坂線膳所《ぜぜ》本町《ほんまち》駅すぐそばの県立膳所《ぜぜ》高等学校にある禾津頓宮《あわづとんぐう》跡も、発見当時に大きく注目された聖武天皇の足跡です。

この時代の政治の中心は奈良の平城京でした。しかし、聖武天皇は在位中に都を転々と遷《うつ》したことでも知られています。『続日本紀《しょくにほんぎ》』には、740（天平12）年、平城宮を出て恭仁宮《くにのみや》、紫香楽宮へと天皇が宮を遷す時、伊賀、伊勢、美濃、そして近江国を行幸《ぎょうこう》し、志賀郡の禾津に3泊したと記されています。しかし、その実態はわかっていませんでした。

校舎新築工事にともなう大発見

2002（平成14）年、県立膳所高等学校の校舎新築工事にともない、グラウンドの下を発掘調査したところ、禾津頓宮の中心建物と見られる奈良時代中頃の大型掘《ほっ》立柱建物《たてばしらたてもの》の柱穴《ちゅうけつ》を発見しました。

建物は宮殿や役所の中心建物に採用される二面庇《にめんひさし》建物という格式の高いもので、直径約40cmの太い柱を持ち、屋根の軒が大きく広がる立派な構造でした。そして、柱穴の状況から、とても丁寧に柱の周りを土で突き固めて建設した後、短期間のうちに解体撤去したことを見て取ることができました。

発掘調査を行う以前、この付近は膳所城の城下町で幕末には膳所藩の藩校があったことしかわかっていませんでした。しかし、まったく予想もしていなかった聖武天皇の禾津頓宮が発見され、その内容は天皇の東国行幸の計画性や、わずか3泊のためにも立派な仮宮《かりみや》をともなっていた権威の強大さを裏付ける具体的な足跡として重要なものでした。このため、県では新校舎の建築位置を変更して建物跡を地下保存し、2009（平成21）年に県の史跡に指定しました。

グラウンド下からの驚きの発見は、高校生が行き交う校庭の地面に柱の位置が表示され、歴史を読み解く大切な情報として現在も引き継がれています。（大﨑哲人）

⬇膳所城下町遺跡の奈良時代虎口状区画溝

➡蘆花浅水荘の離れ座敷

⬇蘆花浅水荘全景

京阪電気鉄道

08

中ノ庄駅

山元春挙の別荘蘆花浅水荘

大津市

かつては湖岸に面した広大な別荘

膳所本町駅から1駅南下すると、中ノ庄《なかのしょう》駅です。現在、このあたりは、湖周道路が湖岸との間を隔てていますが、かつては湖岸に面した風光明媚《ふうこうめいび》な場所で、京都から近いこともあり大正時代から昭和初頭にかけて、広大な敷地を有した別荘や瀟洒《しょうしゃ》な住宅が多く建てられました。

その中に、日本画家の山元 春挙《やまもとしゅんきょ》が自らの別荘として造営した、重要文化財の「蘆花浅水荘《ろかせんすいそう》」が所在しています。

蘆花浅水荘の敷地は1230㎡ほどあり、本屋《ほんや》、離れ、持仏堂、渡り廊下、表門、土蔵が建ち並んでいます。これらの建物は数寄屋《すきや》造《づくり》を基調とした意匠で材料や技法にも優れ、大正時代の木造別荘建築をよく伝えているとして、敷地とともに建物10棟が重要文化財に指定されています。

敷地は、西方に表門を構え、表門をくぐると離れがあり、離れと中庭を挟んで本屋が建ち、それらの周囲に土蔵や持仏堂《じぶつどう》、渡り廊下などを配しています。

また琵琶湖側には広大な庭園が広がり、往時には琵琶湖を挟んで湖東・湖南の山々が望めました。庭園と琵琶湖の境には船着場が設けられており、船で出入りすることができました。琵琶湖が埋めたてられた現在でも、石組みの船着場を見ることができます。

茶室の機能もあわせ持つ持仏堂

中心となる建物は2階建ての本屋で、2階には春挙の創作の場である16畳余りのアトリエと洋風の応接室があります。離れは接客の建物で、庭園に面した11畳の座敷を設けています。座敷に面した畳廊下には、庭園や庭園の先に見える琵琶湖、湖東の山々の眺望のため3間《けん》幅の大きな開口部を設けています。

また、持仏堂は離れと渡り廊下でつながり、恩師や父母の霊を祀《まつ》る仏堂として建てられたものですが、茶室としての機能をあわせ持ち、仏堂でありながら側面ににじり口、内部は床《とこ》を備え、背後には水屋を設けた、春挙の趣向が強く反映された独創的な建築です。

日本の伝統的な木造建築技法は、江戸時代から明治時代になってさらに磨きが掛かり、明治時代末から大正時代に頂点を迎えるとされています。蘆花浅水荘の建築群は、日本の伝統木造技法の頂点に位置する建築として、数寄屋造の優れた意匠とともに高い価値を有しています。

（菅原和之）

⬆蘆花浅水荘の持仏堂

京阪電気鉄道

09 粟津駅

粟津湖底遺跡と石山貝塚

大津市

➡上空から見た粟津湖底遺跡

⬇第３貝塚の貝層の堆積状況

日本最大規模の淡水貝塚

　京阪石坂線中ノ庄《なかのしょう》駅から石山方面に向かって2駅目が粟津《あわづ》駅です。駅から東へ500mほど進むと琵琶湖に着きます。湖底にある水中遺跡なので、直接には見ることはできませんが、この沖合には縄文時代のタイムカプセルのような粟津湖底遺跡があります。

　粟津湖底遺跡は、潜水調査や発掘調査などによって、縄文時代早期（約1万年前）の遺構や、中期頃（5000年前頃）の3つの貝塚が、南北約900m、東西約500mの範囲に残る、日本最大規模の淡水貝塚であることが確認されました。

　貝塚とは、食べ残した貝殻や骨、使い終わった道具などが捨てられた場所で、大量の貝殻から染み出したカルシウム分の影響で骨や骨《こつ》角器《かくき》などが分解されずに残っています。粟津湖底遺跡は湖底にあるため、他の貝塚では見られない木製の道具やどんぐり・クルミなどの食べかすも残っていました。

明らかになった縄文人の食生活

　特に、1990・91（平成2・3）年に、琵琶湖の浚渫《しゅんせつ》工事に先立ち行われた粟津第3貝塚の発掘調査では、煮炊きに使った土器のほか、狩猟のための石の矢じりや木製の弓、骨製の釣針やヤス、どんぐりなどの調理に使った石皿《いしざら》などの道具類が見つかりました。

　また、漆塗《うるしぬり》の櫛《くし》やピアス、木製の腕輪、クルミや獣骨を加工したペンダントなどの装飾品も出土しています。

　貝塚から出土した24トンにおよぶ貝殻や鳥獣骨、魚骨、どんぐりなどの木の実などのカロリー比を調べた結果、これまで狩猟を中心とした生活を送っていたと考えられていた縄文人たちが、じつは、貝や鳥・獣肉よりも、野山で採取した木の実や、漁労で採れる魚類を多く摂《と》る食生活を送っていたことが明らかとなりました。

　県内にはこの他の淡水貝塚として、瀬田川沿いの石山貝塚や蛍谷《ほたるだに》貝塚が知られています。石山寺門前の石山貝塚は縄文時代早期（約7000年前）の遺跡で、1950〜51（昭和25〜26）年の「平安学園考古学クラブ」（現　龍《りゅう》谷《こく》大学付属平安高校考古学研究室）による発掘調査によって、多くの土器や石器のほか、人骨や貝殻で作られたビーズや腕輪などが発見されています。

（北原治）

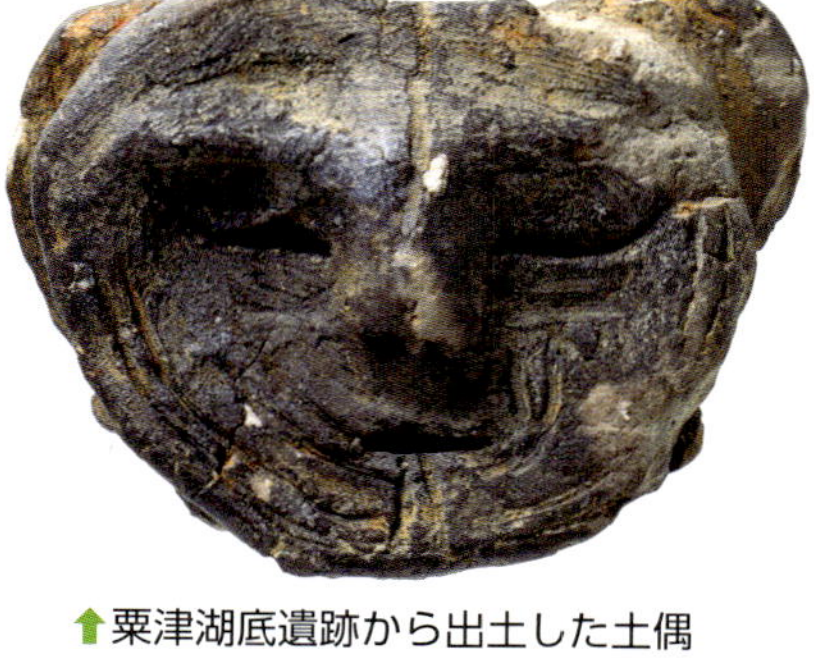

⬆粟津湖底遺跡から出土した土偶

➡今井兼平の墓

⬇粟津合戦で奮闘する今井兼平（『近江名所図会』）

10 京阪石山駅

今井兼平の墓

大津市

京阪石山《けいはんいしやま》駅は1914（大正3）年、大津電車軌道の石山駅前《いしやまえきまえ》駅として開業しました。1953（昭和28）年に京阪石山駅と改称されています。1903（明治36）年に開業した官設鉄道石山駅（現在のJR西日本石山駅）に隣接し、ともに大津市粟津《あわづ》町に所在します。

粟津は1933（昭和8）年に大津市、石山町の両市町と合併するまでは膳所《ぜぜ》町に属して石山町域ではありませんでしたから、石山駅という名称は少し不思議な命名です。著名な観音霊場である石山寺へ参詣する入口だという、地域の強い意識が反映されたのかもしれません。

木曽義仲に仕えて奮戦

駅の北西約200mほどの場所、盛越《もりこし》川のほとりに今井兼平《いまいかねひら》の墓があります。今井兼平は平安時代末期の武士で、乳《ち》兄弟である源義《みなもとのよし》仲《なか》（木曽義仲）に仕えて源平争乱期に活躍しましたが、粟津合戦で主君を守り壮絶な戦死を遂げた人物として知られます。粟津合戦は1184（寿永3）年1月、近江粟津原《あわづはら》（現在の大津市）で源義仲軍と源範頼《のりより》・義経《よしつね》軍（鎌倉軍）が激突した最終決戦です。

『平家物語』などによると、最期は義仲の馬が深田に埋没して討ち取られてしまい、無敵の戦いを続けていた兼平もそれを見て、もはやこれまでと太刀を口に含み、馬から逆落ちして自決したとされます。

膳所藩本多氏が建立

江戸時代の1661（寛文元）年、兼平を思慕《しぼ》した膳所藩主の本《ほん》多俊次《だとしつぐ》が「墨黒谷《すぐろだに》」の地に墓碑を建立したと伝えられますが、次代の藩主となった本多康将《やすまさ》により、現在の地に墓地が移されました。

⬆兼平墓地遠景

さらに1911（明治44）年、今井家の末裔《まつえい》らによって墓地の拡張整備が行われ、墓碑も再建されています。頂部が丸みを帯びた無《む》縫塔《ほうとう》という形状の墓石に、「今井四郎兼平」などの文字が刻まれているものです。境内には他にも、兼平を慕う人々が建てた石灯籠《いしどうろう》や記念碑などが林立しており、人気の高さを示しています。

駅前の喧騒《けんそう》とは対照的に静かな墓地にたたずみ、簡素な兼平の墓の前にぬかずいてみると、はるか830余年前に散ったもののふ（武士）の、潔い生き様が目に浮かんでくるようです。（井上優）

→硅灰石と多宝塔

←かつての御前立と伝えられる如意輪観音半跏像（石山寺蔵、写真は滋賀県教育委員会提供）

京阪電気鉄道

11 石山寺駅

石山寺

大津市

京阪電鉄石坂線の終着駅となるのが石山寺《いしやまでら》駅です。改札を出て目の前を流れる瀬田《せた》川の右岸沿いを南に歩くと、参拝者で賑《にぎ》わう石山寺門前に到着します。

補陀落山に見立てられた奇岩の地

石山寺は、奈良時代に聖武《しょうむ》天皇の勅願《ちょくがん》によって創建された官立《かんりつ》寺院です。平安時代になると真言密《しんごんみっ》教《きょう》の学問寺として栄えます。さらに、西国三十三所観音霊場でもあり、かつては皇族や貴族らの石山詣《もう》でが流行しました。紫式部《むらさきしきぶ》は、石山寺に籠《こ》もって源氏物語の構想を得たと伝えられています。ここでは観音霊場としての石山寺にスポットを当て、はるばる巡礼者が目指した本尊の観音菩薩《かんのんぼさつ》を紹介します。

石山寺の創建は７４７（天平19）年と伝えられます。７６１（天平宝字５）年から翌年にかけて、国家的事業として伽藍《がらん》が大規模に整備、拡張されます。その中心となったのが「造石山院所」で、東大寺造営の役所である「造東大寺司」の出先機関として設置されました。本尊の観音菩薩が造像されたのもまさにこの時です。

石山の地に寺院が建立された要因は、水陸交通の要衝という立地だけではなく、いたる所で奇岩が露出する当地の地質にあることも見逃せません。この奇岩は石山寺硅灰石《けいかいせき》（天然記念物）として知られ、「石山」の名の由来となっています。湾曲し、風化した巨石がさまざまな形となってそそり立つ奇観が、観音菩薩の浄土である補《ふ》陀落山《だらくさん》に見立てられたのでしょう。

高さ約3mにおよぶ秘仏

本尊の観音菩薩像（如意輪観音《にょいりんかんのん》像《ぞう》、重要文化財）は、平安時代の１０９６（永長元）年に再建された本堂（国宝）に安置されています。奈良時代創建当初の本尊は塑《そ》造《ぞう》（粘土製）でしたが、平安時代の火災によって損傷したため、現在は木造となっています。像高約３ｍにおよぶ巨大な像で、珪灰石上の台座に坐《ざ》しています。秘仏のため、御開帳は特別な機会に限られます。その姿は、本尊の御前立《おまえだち》（身代わり）と伝えられる像高約40㎝の如意輪観音像（重要文化財）からうかがい知ることができます。

なお、石山寺は近江八景の一つ「石山秋月《いしやましゅうげつ》」の舞台で知られる景勝地で、四季折々の風景が楽しめます。

（古川史隆）

↑桜の名所としても知られる石山寺門前
（びわこビジターズビューロー提供）

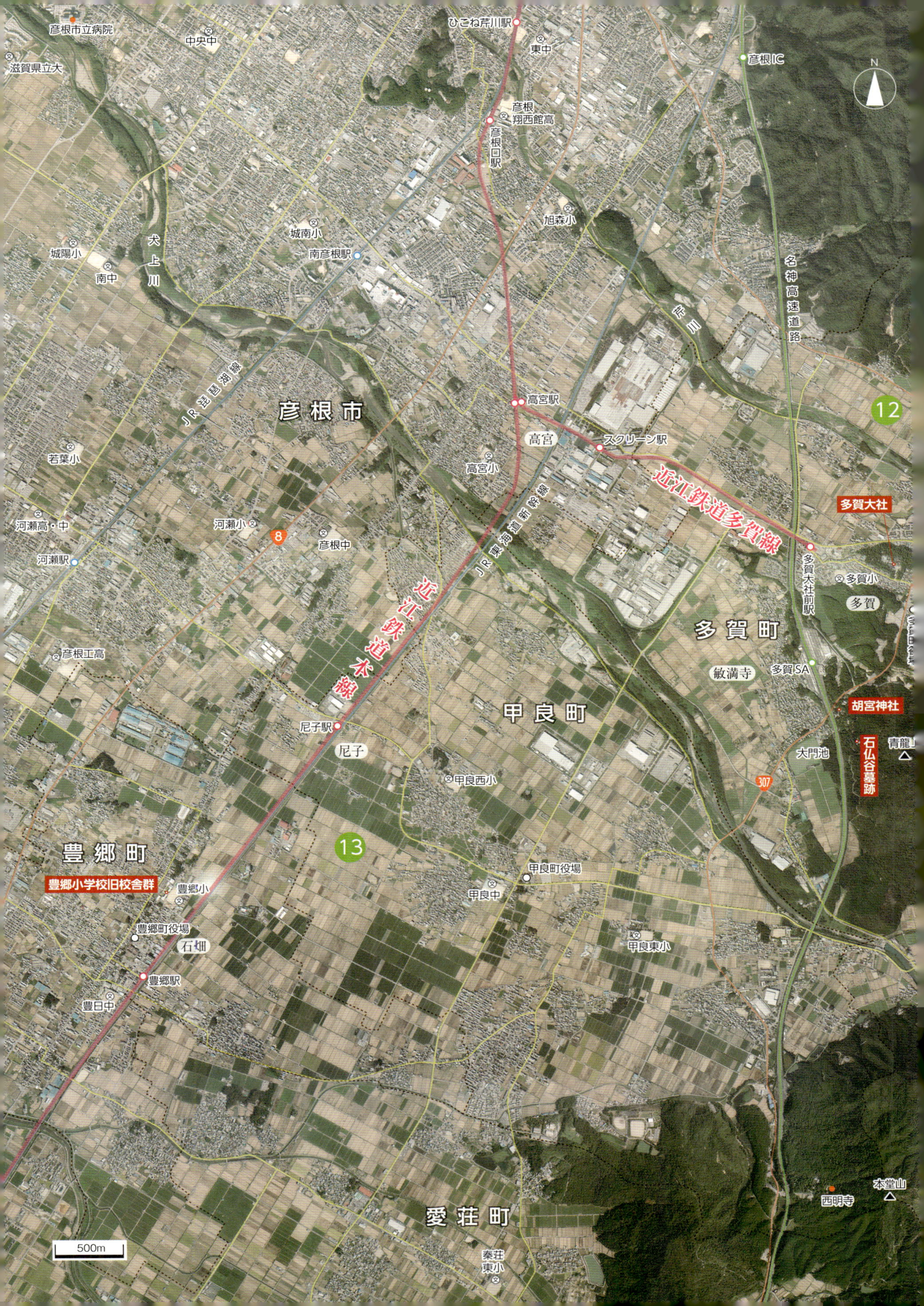
彦根市立病院
中央中
滋賀県立大
ひこね芹川駅
東中
彦根IC
彦根翔西館高
彦根口駅
旭森小
城南小
城陽小
南彦根駅
南中
犬上川
名神高速道路
犬上川
彦根市
高宮駅
JR琵琶湖線
高宮
スクリーン駅
12
若葉小
高宮小
近江鉄道多賀線
多賀大社
河瀬高・中
河瀬小
8
彦根中
JR東海道新幹線
多賀大社前駅
河瀬駅
多賀小
多賀
近江鉄道本線
多賀町
彦根工高
敏満寺
多賀SA
胡宮神社
甲良町
尼子駅
尼子
大門池
青龍山
石仏谷墓跡
甲良西小
307
13
豊郷町
甲良町役場
豊郷小学校旧校舎群
豊郷小
甲良中
豊郷町役場
石畑
甲良東小
豊郷駅
豊日中
本堂山
西明寺
愛荘町
500m
秦荘東小

➡多くの崇敬を集める多賀大社
⬇国指定名勝胡宮神社庭園
（いずれも多賀町教育委員会提供）

近江鉄道

12 多賀大社前駅

多賀大社

多賀町

多賀大社参詣の最寄り駅

愛知川《えちがわ》から日野《ひの》まで御代参《ごだいさん》街道にほぼ並行して走る近江鉄道は、「伊勢参り」のための徒歩に代わる交通手段となることが、設立当初から企図《きと》されていました。

彦根・愛知川間での営業開始から2年後の1900（明治33）年12月28日に、彦根・貴生川《きぶかわ》間を開通させた近江鉄道は、三重県の伊勢神宮への初詣《はつもうで》客に対する大割引を行い、翌年の正月三が日で2万7000人を運びました。

高宮と多賀大社の間は1914（大正3）年に営業が開始され、終点の多賀駅（1998年に多賀大社前駅に改称）は文字どおり多賀大社参詣の最寄り駅となりました。修学旅行などの団体ツアーが一般化した昭和初期には、国鉄から借り受けた何両もの客車を引いて多賀駅に到着する機関車を見ることもありました。

多賀大社は伊邪那岐《いざなぎ》・伊邪那美《いざなみ》の2神を祭神とし、天照大神《あまてらすおおかみ》の親神、延命長寿の神として民間の信仰を集めています。神社の始まりはよくわかっていませんが、境内に残る建物のうち、豊臣秀吉《とよとみひでよし》の寄進によって建てられた奥書院《おくしょいん》は県の有形文化財、付属する庭園は国の名勝に指定されています。また、本殿等多数の建造物が多賀町指定文化財となっています。

多賀大社と並ぶ古社、胡宮神社

多賀大社の南に位置する丘陵から青龍山《せいりゅうざん》の山麓一帯には、浅井《あざい》長政《ながまさ》の焼き討ちによって衰退した敏満寺《びんまんじ》が存在していました。丘陵上は名神高速道路と付属の多賀サービスエリアが建設され変貌《へんぼう》を遂げていますが、発掘調査で敏満寺に係わる建物や区画、城郭などの遺構が確認されています。また、青龍山山麓の石仏谷《いしぼとけだに》にはおびただしい量の石造物とともに中世の墓跡《はかあと》が残され、国の史跡に指定されています。

この墓跡の近くには胡宮《このみや》神社が鎮座しています。胡宮神社は敏満寺の鎮守社と伝えられ、国の名勝に指定された庭園が付属する社務所は元敏満寺の塔頭《たっちゅう》福寿院《ふくじゅいん》でした。現在の本殿は江戸時代の建物で県指定有形文化財となっています。神社には僧重源《ちょうげん》が敏満寺に寄進した仏舎利《ぶっしゃり》を納める五輪塔《ごりんとう》形の容器が伝来し、現在は京都国立博物館に寄託されています。

（上垣幸徳）

⬅敏満寺石仏谷墓跡の出土遺物
（多賀町教育委員会提供）

近江鉄道 13 豊郷駅

豊郷小学校

豊郷町

➡吹き抜けの大空間が印象的な酬徳記念図書館の内部

⬇旧豊郷小学校校舎正面

近江商人が寄付した東洋一の小学校

近江鉄道多賀大社駅から一度高《たか》宮《みや》駅で乗り換え、八日市《ようかいち》方面の列車に乗り、しばらくすると豊郷《とよさと》駅に着きます。駅から700mほど北へ歩いたところ、旧中山道《なかせんどう》沿いに豊郷《とよさと》小学校旧校舎群は建っています。この校舎群は1937（昭和12）年に豊郷小学校の2代目校舎として建設され、2004（平成16）年に新校舎が完成するまで使用されていました。

豊郷は近江商人ゆかりの地で多くの実業家を輩出し、彼らの寄付により戦前の豊郷には立派な役場庁舎や病院が建てられました。豊郷小学校旧校舎群もそのひとつで、豊郷出身で丸紅《まるべに》の重役を務めた古《ふる》川鉄治郎《かわてつじろう》が私財の3分の2を寄付し建設されたものです。

建物は敷地西側の前庭を囲むようにして、北から酬徳《しゅうとく》記念図書館、校舎、講堂の順に配置されており、いずれも当時の地方の小学校としては珍しい鉄筋コンクリート造《づくり》です。建設当初はほかに体育館や実習農場、プールなどの施設もあり、その充実した設備から「東洋一の小学校」と呼ばれました。設計は近江八幡を拠点に全国に作品を残したヴォーリズ建築事務所によるもので、全体的に装飾は抑えられていますが、校舎正面は左右対称の安定感のある構成により堂々とした外観となっています。

一方で、内部は広い廊下や童話ウサギとカメの像が配された階段など温かみのある空間になっています。図書館と講堂もシンプルな内外観ですが、要所に施された装飾により親しみやすい雰囲気を持っており、特に図書館の内部は吹き抜けの大空間に、アールデコ調の手すりや照明がアクセントとなって質の高い空間をつくり出しています。

➡階段に取り付けられた童話ウサギとカメをモチーフとしたブロンズ像

保存運動により復活

郷土の誇りである立派な校舎も一時は取り壊しが検討されましたが、永年親しまれた校舎を惜しむ地元住民等により保存運動が起き、2009（平成21）年に耐震化を含めた修理が行われ、建設当初の姿を取り戻しました。

2013（平成25）年には国の登録有形文化財に登録され、今ではアニメーションや映画の舞台としても活用されています。

（坪田叡伴）

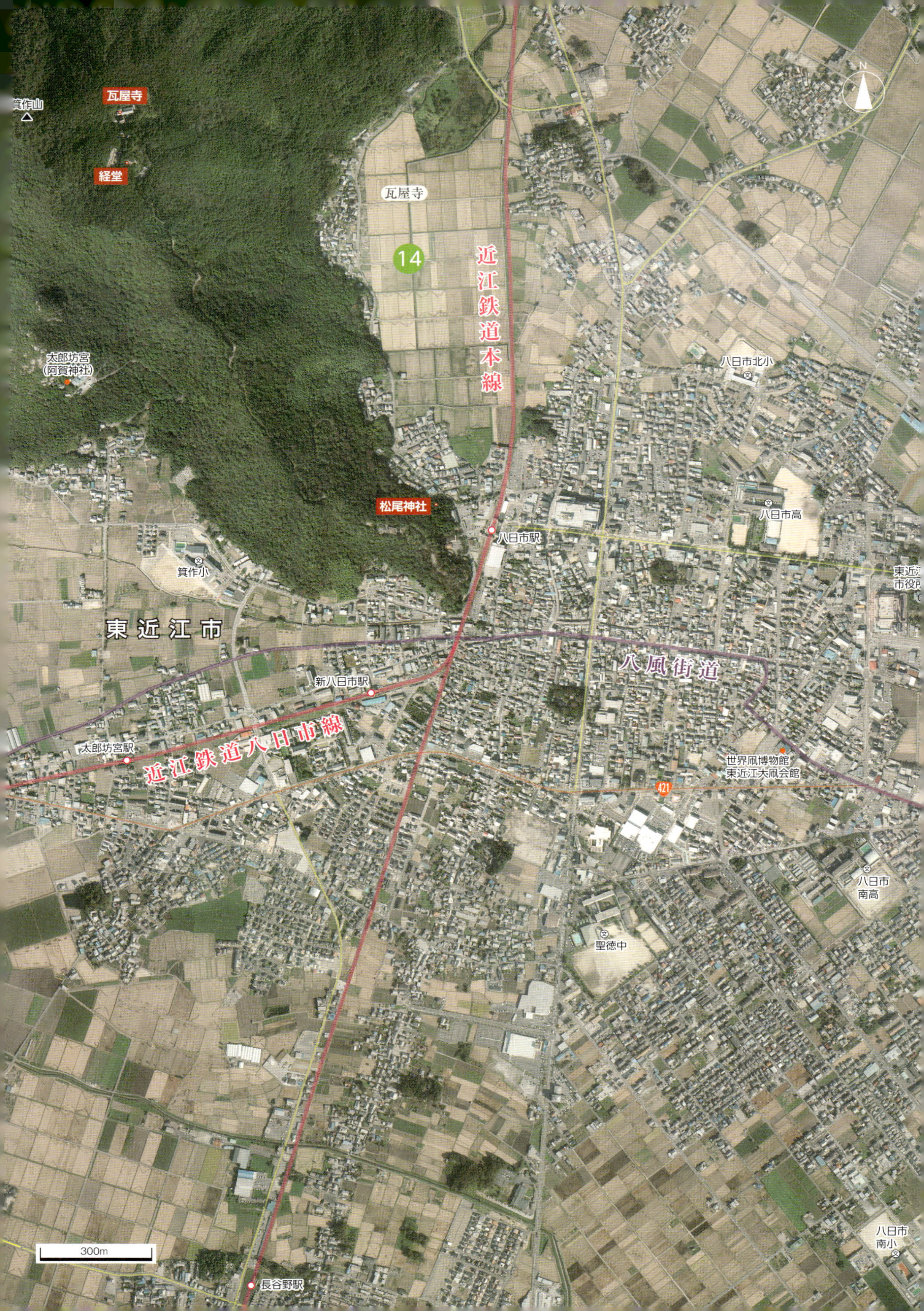

箕作山
瓦屋寺
経堂
瓦屋寺
14
近江鉄道本線
太郎坊宮
(阿賀神社)
八日市北小
松尾神社
八日市駅
八日市高
箕作小
東近江市役所
東近江市
八風街道
新八日市駅
太郎坊宮駅
近江鉄道八日市線
世界凧博物館
東近江大凧会館
421
八日市南高
聖徳中
八日市南小
300m
長谷野駅

→三角屋根の八日市駅と箕作山。中央左に松尾神社の鳥居が見える（サンライズ出版撮影）

↓こけら経が発見された松尾神社

近江鉄道 14 **八日市駅**

松尾神社と瓦屋寺

東近江市

「こけら経」が発見された松尾神社

豊郷《とよさと》駅から南に4駅目が八日市《ようかいち》駅です。八日市駅は、湖東近江路線、万葉あかね線、水口・蒲生野《がもうの》線の結節点で、１８９９（明治32）年に開設されました。駅の西側にある松尾《まつお》神社は、近年「こけら（杮）」と呼ばれる薄い木の板に、法華経《ほけきょう》が書かれた「こけら経」が発見されたことで話題になった神社です。

発見されたこけら経は、書写された年月日、筆者名、書写場所が明らかで、南北朝時代に遡《さかのぼ》るこけら経の伝世品として希少であり、２０１７（平成29）年に滋賀県指定有形文化財に指定されました。

江戸初期の建造物群が残る瓦屋寺

一方駅の北西、箕作《みつくり》山に登ると瓦屋《かわらや》寺にいたります。瓦屋寺は東近江市建部《たけべ》瓦屋寺町に所在する臨済宗妙心寺派寺院です。聖徳太子が摂津《せっつ》の四天王《してんのう》寺を建立した際、この山の土を採取して渡来人に瓦を焼かせ、土をとった跡地に寺を建てたのがはじめと伝えられています。江戸時代前期に香山祖桂禅師《こうざんそけいぜんじ》のはたらきにより瓦屋寺は妙心寺派小本山としての寺格をもち、地域にとって重要な存在となりました。

↑登録有形文化財が並び建つ瓦屋寺の境内

瓦屋寺の本堂は開山堂にかかる木牌により１６４５（正保２）年の建立とわかります。本堂は建築年代が明らかで、なおかつ建ててから改造が少ない茅葺三間《かやぶきさんげん》本堂として貴重です。和様《わよう》と禅宗様《ぜんしゅうよう》を巧みに取り入れています。

隣に建つ地蔵堂は、もとは方三《ほうさん》間《げん》宝形造《ほうぎょうづくり》茅葺《かやぶき》であると推測できますが、切妻屋根《きりづまやね》、桟瓦葺《さんがわらぶき》に変更されています。開山堂は方一間で礼堂《らいどう》、相《あい》の間《ま》が接続しています。無縫塔《むほうとう》を安置するなど、禅宗様開山堂の宝形造で内部を土間とし、正統派ともいえる構成の仏堂です。黄檗版一切経《おうばくばんいっさいきょう》を収める経堂《きょうどう》（海《かい》印蔵《いんぞう》）は内部中央に八角輪蔵《はっかくりんぞう》を置き、経典を納めています。

また、ほかに禅宗様の意匠で構成された賓頭盧堂《びんずるどう》、堂々とした構えの鐘楼《しょうろう》、壮大な梁組《はりぐみ》と式台玄関《しきだいげんかん》の細部意匠が見どころである庫裏《くり》などがあります。

各建物それぞれが高い価値を有しており、江戸初期から伽藍《がらん》配置もよく保たれており、瓦屋寺の建造物群全体が価値の高いことから、２０１８（平成30）年に本堂、地蔵堂、開山堂、経堂（海印蔵）、賓頭盧堂、鐘楼、庫裏が登録有形文化財として登録されました。

（原香菜絵）

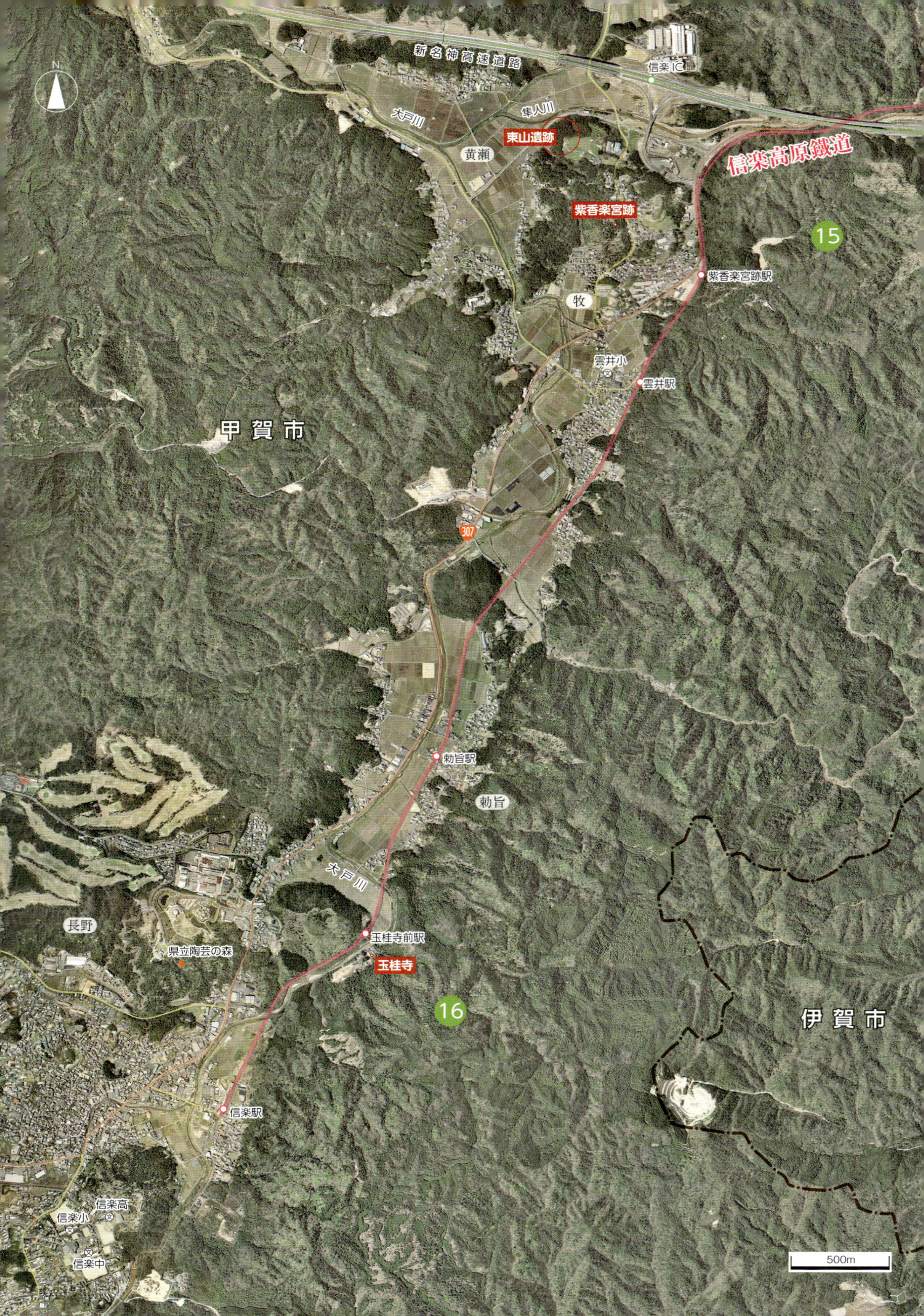
N
新名神高速道路
信楽IC
隼人川
大戸川
東山遺跡
黄瀬
信楽高原鐵道
紫香楽宮跡
15
紫香楽宮跡駅
牧
雲井小
雲井駅
甲賀市
307
勅旨駅
勅旨
大戸川
長野
県立陶芸の森
玉桂寺前駅
玉桂寺
16
伊賀市
信楽駅
信楽高
信楽小
信楽中
500m

➡史跡紫香楽宮跡内裏野地区の発掘調査で検出された寺院跡の遺構

⬇内裏野地区入り口に建つ「紫香楽宮址」の石標

信楽高原鐵道

15 紫香楽宮跡駅

紫香楽宮跡

甲賀市

甲賀寺建立の拠点、紫香楽宮

貴生川《きぶかわ》駅を出発した信楽高原鐵道の列車は、飯道《はんどう》山の裾野を走ります。全路線の3分の2にあたる紫香楽宮跡《しがらきぐうし》駅までの9・6kmは急カーブの連続で、厳しいところでは33‰《パーミル》の勾配《こうばい》を持つところもあります。駅から国道307号を渡り、信楽町牧《まき》の住宅街を西に歩くと10分ほどで、史跡紫香楽宮跡《しがらきのみやあと》の内裏野《だいりの》地区にたどり着きます。

740～745（天平《てんぴょう》12～17）年に聖武《しょうむ》天皇は、信楽地域に盧舎《るしゃ》那仏《なぶつ》の造立《ぞうりゅう》と、それを本尊とする甲賀寺の建立を企て、そのための拠点として紫香楽宮を造営しました。しかし、信楽地域での大仏の造顕は挫折し、紫香楽宮は放棄されます。その後、聖武天皇念願の盧舎那大仏は752（天平勝宝《しょうほう》4）年4月9日に東大寺で開眼しました。紫香楽宮で発せられた大仏造立の詔《みことのり》から9年後のことです。

使い分けが必要な紫香楽宮

駅名にもある紫香楽宮という呼称については、紫香楽宮の時代と現代に分けて整理する必要があります。

紫香楽宮の時代の紫香楽宮は離宮として出発し、信楽町の宮町盆地の内側を中心としたエリアに存在していたと考えられています。744（天平16）年2月に聖武天皇は紫香楽宮行幸を強行、紫香楽宮を正式な都とする意向を示し、同年11月の元正太上天皇《げんしょうだいじょう》の紫香楽行幸によってそれは現実のものとなります。

一方、現代の史跡紫香楽宮跡は、文部科学省によって国の史跡として告示された指定の範囲を指し、かつての紫香楽宮があった宮町地区と、その周辺に広がる新宮《しんぐう》神社地区・鍛冶屋敷《かじやしき》地区・北黄瀬《きたきのせ》地区・内裏野地区の5つの地区全体の名称となっています。

このうち内裏野地区は、現在では寺院跡であることが明らかになっていますが、1926（大正15）年の最初の史蹟指定のときに、「紫香楽宮阯《しがらきぐうし》」という名称で指定されました。現在でも史蹟紫香楽宮阯というと内裏野地区だけをさす場合があります。

さらに、5地区の史跡周辺にも、紫香楽宮に関連する遺跡が埋もれています。内裏野地区の北側に分布する東山《ひがしやま》遺跡では、最近の発掘調査で、新たに大型建物などが発見され、甲賀寺との関連性が強い施設であると想定されています。

（大道和人）

⬇史跡紫香楽宮跡遠景（南から）
（甲賀市教育委員会提供）

信楽高原鐵道

16 玉桂寺前駅

玉桂寺

甲賀町

➡玉桂寺の表門

⬇県指定天然記念物玉桂寺のコウヤマキ

保良宮跡と伝わる真言宗寺院

旧国鉄信楽線は、1933（昭和8）年の開業時、貴生川《きぶかわ》・雲井《くもい》・信楽の3駅で、1963（昭和38）年に勅旨《ちょくし》駅が開業しました。その後、廃止の危機を経て、第三セクター方式で設立された信楽高原鐵道が開業した1987（昭和62）年7月13日に紫香楽宮跡《しがらきぐうし》駅と玉桂寺前《ぎょくけいじまえ》駅の2駅が新たに誕生しました。

電車は、紫香楽宮跡駅を過ぎると、雲井駅、勅旨駅を経て玉桂寺前駅に着きます。駅名にもなっている玉桂寺《ぎょっけいじ》は、線路と平行に走る大戸《だいど》川右岸の山麓に立地する真言《しんごん》宗の寺院で、本尊は弘法大師空海《こうぼうだいしくうかい》です。

寺伝によれば、淳仁《じゅんにん》天皇が、平城京の北の都として建立した離《り》宮《きゅう》保良宮跡《ほらのみやあと》（保良宮伝説は甲賀、大津など各地にある）に、空海が堂舎を建立したことに始まるとされています。

旧蔵の重要文化財阿弥陀如来《あみだにょらい》立像《りゅうぞう》（浄土宗所有）は、鎌倉時代の慶派の作品として有名です。仏像の体内からは願文《がんもん》が発見されており、法然《ほうねん》の弟子源智《げんち》が1212（建暦《けんりゃく》2）年の法然の一周忌に際し、数万人が結縁《けちえん》してこの像を造ったことを示す「結縁交名《きょうみょう》」により極楽往生を願ったことがわかっています。

境内にコウヤマキが群生

また、境内には県指定天然記念物「玉桂寺のコウヤマキ」があります。コウヤマキは日本特産のスギ科の針葉樹として有名で、福島県から四国・九州に広く分布している木です。材は水に強く、古代から大切に育てられ生活に密着した形で、船、橋、風呂桶《ふろおけ》、棺《ひつぎ》などに広く用いられてきました。木を見上げると、一見、大小数十本の株があるように見えますが、もとは2本の木でした。枝が次第に根を下ろし、そこからまた枝が広り根を下ろすことで長い年月で現在の様な樹形になりました。弘法大師が1200年前に植えたという伝説がありますが、樹齢は500～600年程度ではないかといわれています。このような巨木のコウヤマキは県内では数少なく貴重です。

（木戸雅寿）

➡玉桂寺のコウヤマキ

街道沿いの歴史が学べる博物館・資料館

（データは2019年10月現在のものです。写真は各館提供）

大津市歴史博物館
地図 ☞ P.8

所 大津市御陵町2-2
休 月曜日（祝日の場合は翌日）、祝日の翌日（土・日を除く）、年末年始（12/27～1/5）、館内点検（毎年6月中・下旬）
¥ 一般330円、高大生240円、小中学生160円
TEL 077-521-2100　FAX 077-521-2666

草津市立草津宿街道交流館
地図 ☞ P.73

所 草津市草津3-10-4
休 月曜日（祝日の場合は翌日）、祝日の翌日（土・日を除く）、年末年始（12/28～1/4）
¥ 一般200円、高大生150円、小中生100円
史跡草津宿本陣との共通券
一般350円、高大生260円、小中生180円
TEL 077-567-0030　FAX 077-567-0031

栗東歴史民俗博物館
地図 ☞ P.159

所 栗東市小野223-8
休 月曜日（祝日・振替休日を除く）、祝日・振替休日の翌日（土・日・祝日を除く）、年末年始（12/28～1/4）、展示替のための臨時休館
¥ 無料（特別展開催時には観覧料が設定されることがあります。）
TEL 077-554-2733　FAX 077-554-2755

銅鐸《どうたく》博物館（野洲市歴史民俗博物館）
地図 ☞ P.69

所 野洲市辻町57-1
休 月曜日（祝日振り替休日は開館）、祝日・振り替え休日の翌日（土・日、祝日等は開館）、年末年始（12/28～1/4）
¥ 一般200円、高大生150円、小中生100円（企画展期間中は変更する場合あり）
TEL 077-587-4410　FAX 077-587-4413

湖南市東海道石部宿歴史民俗資料館
地図 ☞ P.159

所 湖南市雨山2-1-1
休 月曜日（祝日の場合は翌日）、祝日の翌日（土・日を除く）、年末年始（12/28～1/4）
¥ 大人350円、児童・生徒150円
TEL 0748-77-5400　FAX 0748-77-5401

甲賀市水口歴史民俗資料館／水口城資料館
地図 ☞ P.170

所 甲賀市水口町水口5638
休 木・金曜日、年末年始
¥ 大人150円、小中生80円
水口城資料館との共通券　大人200円、小中生100円
TEL 0748-62-7141　FAX 0748-63-4737

甲賀市土山歴史民俗資料館
地図 ☞ P.173

所 甲賀市土山町北土山2230
休 月曜日、火曜日、年末年始
¥ 無料
TEL 0748-66-1056　FAX 0748-66-1067

滋賀県立安土城考古博物館
地図 ☞ P.101

所 近江八幡市安土町下豊浦6678
休 月曜日　※月曜日が祝日・振替休日の場合は翌日　※年始年末（12/28～1/4）、メンテナンス休館あり
¥（常設展料金）大人500円、高大生320円、小中生無料　※特別展・企画展開催中は、別の料金設定になります。
TEL 0748-46-2424　FAX 0748-46-6140

近江八幡市立資料館
地図 ☞ P.95

所 近江八幡市新町二丁目22
休 月曜日、祝日の翌日、年末年始、ただし、5・6・10・11月は休館日なしで開館（要事前確認）
¥ 旧西川家住宅との共通入館券
一般500円、小・中学生250円
TEL 0748-32-7048　FAX 0748-32-7051

近江日野商人館
地図 ☞ P.136

所 蒲生郡日野町大窪1011
休 月・火（祝日の場合は翌水曜日）、年末年始（12/29～1/4）
¥ 大人300円、小中生120円
TEL 0748-52-0007　FAX 0748-52-0172

近江日野商人ふるさと館「旧山中《やまなか》正吉《しょうきち》邸」
地図 ☞ P.136

所 蒲生郡日野町西大路1264番地
休 毎週月・火曜日（祝日の場合は翌日）、年末年始（12/29～1/4）
¥ 大人300円、小中学生120円
TEL 0748-52-0008　FAX 0748-52-3850

東近江市近江商人博物館・中路《なかじ》融人《ゆうじん》記念館
地図 ☞ P.67

所 東近江市五個荘竜田町583
休 月曜日（祝日を除く）、祝日の翌日（土・日を除く）、年末年始
¥ 大人300円、小中学生150円
TEL 0748-48-7101　FAX 0748-48-7105

彦根城博物館
地図 ☞ P.107

所 彦根市金亀町1－1
休 12月25日～31日（その他臨時休館あり）
¥ 博物館単券　一般500円、小中学生250円（展覧会によって料金は変更になる場合があります。）
展示替え時　一般300円、小中学生150円
彦根城・彦根城博物館・玄宮園セット券
一般1200円、小中学生350円
TEL 0749-22-6100　FAX 0749-22-6520

米原市醒井宿資料館
地図 ☞ P.62

所 米原市醒井592
休 月曜日（祝日の場合は翌日）、年末年始（12/27～1/5）
¥ 大人(高校生以上) 200円、小人(小中生) 100円
TEL 0749-54-2163

米原市柏原宿歴史館
地図 ☞ P.62

所 米原市柏原2101
休 月曜日（祝日の場合は翌日）、祝日の翌日（土・日の場合は除く）、12/27～1/5
¥ 大人300円、小人（小中生）150円
TEL 0749-57-8020　FAX 0749-57-8020

長浜市長浜城歴史博物館
地図 ☞ P.50

所 長浜市公園町10-10
休 年末年始（12/27～1/2）、臨時休館あり
¥ 大人410円、小中生200円
TEL 0749-63-4611　FAX 0749-63-4613

高島歴史民俗資料館
地図 ☞ P.26

所 高島市鴨2239
休 月曜日、火曜日、祝日（ただし、5/5・11/3は開館）、年末年始（12/28～1/4）
¥ 無料
TEL 0740-36-1553　FAX 0740-36-1554

協力者（敬称略　五十音順）

石山寺
今堅田自治会
永源寺
近江八幡市
大津市教育委員会
大津市埋蔵文化財調査センター
大津市歴史博物館
園城寺
カトリック大津教会
観音寺（草津市芦浦町）
北九州市立自然史・歴史博物館
草津市教育委員会
草津市立草津宿街道交流館
甲賀市教育委員会
西福寺
地安寺
滋賀県広報課
公益財団法人滋賀県文化財保護協会
滋賀県埋蔵文化財センター
滋賀県立安土城考古博物館
滋賀県立琵琶湖文化館
滋賀大学経済学部附属史料館
聖衆来迎寺
常明寺
菅浦自治会
須賀神社
清涼寺
善性寺

宗安寺
摠見寺
高島市教育委員会
多賀町教育委員会
竹田神社
超明寺
天満神社
長浜市
長浜市長浜城歴史博物館
長等創作展示館・三橋節子美術館
野路町内会
八幡神社（東近江市政所町）
彦根市
日吉神社（東近江市今堀町）
日吉神社文書管理委員会（東近江市）
日吉大社
公益社団法人びわこビジターズビューロー
宝厳寺
本願寺八幡別院
株式会社本家つる㐂
米原市教育委員会
満月寺
野洲市教育委員会
野洲市歴史民俗博物館
櫟野寺
栗東歴史民俗博物館
蓮華寺

岩井將
川島朱実
木内康博
関和夫
武石全慈
辻村耕司
土山基
二木長右衛門
山本清弘
横江孚彦

街道でめぐる滋賀の歴史遺産

2019年10月25日　初版　第1刷発行

編　集：滋賀県教育委員会事務局文化財保護課

発行者：岩根順子

発行所：サンライズ出版
〒522-0004 滋賀県彦根市鳥居本町655-1
TEL 0749-22-0627　FAX 0749-23-7720

印刷・製本：シナノパブリッシングプレス

ISBN978-4-88325-664-8 Printed in Japan
定価はカバーに表示しております。